위로받은 성도의 삶

그러면 이제 우리는 어떻게 살 것인가?

〈하이델베르크 요리문답 강해 시리즈 III〉

위로 받은 성도의 삶 :
그러면 이제 우리는 어떻게 살 것인가?

초판일 · 2015년 6월 5일 ㅣ 재판일 · 2016년 8월 30일 ㅣ 3쇄 · 2017년 4월 13일
개정판 · 2020년 6월 30일
지은이 · 이승구
펴낸이 · 김현숙
편집인 · 윤효배
펴낸곳 · 도서출판 말씀과 언약
　　　　서울시 서초구 동산로6길 19, 302호
　　　　T_001-8883-0516
디자인 · Yoon & Lee Design

ISBN : 979-11-970601-0-6　93230

가격 : 15,000원

하이델베르크 요리문답 강해 시리즈 Ⅲ (개정판)

위로 받은 성도의 삶

그러면 이제 우리는 어떻게 살 것인가?

이승구 지음

도서출판 말씀과 언약

2020

Exposition on Heidelberg Catechism Series Ⅲ

How Should We then Live?

The Life of the Comforted Believers

by

Seung-Goo Lee

Verbum Dei Minister

B. A., M. Ed., M. Div., M. Phil., Ph. D.

The Word & The Covenant Pub. House

2020

이 책은
〈한국개혁주의연구소〉의 후원으로 출간이 가능하게 되었습니다.
이 땅에 개혁파적 사상이 가득하게 하기 위해
성경에 충실한 개혁파적인 책들을 출간하도록
귀한 도움을 주신 〈한국개혁주의연구소〉에 감사드립니다.
또한 이런 일이 이루어질 수 있도록 매달 귀한 후원비를 보내 주시는
다음 여러 교회와 성도들께도 깊이 감사드립니다.

예수비젼교회 (도지원 목사 시무)
올곧은교회 (신호섭 목사 시무)
만수동교회 (최은준 목사 시무)
신반포중앙교회 (김지훈 목사 시무)
경신교회 (신민범 목사 시무)
언약교회 (박주동 목사 시무)
사명의교회 (김승준 목사 시무)

들어가는 말

이 책은 하이델베르크 요리문답 강해의 세 번째 책입니다. 1권인 『진정한 기독교적 위로』가 1998년에 나왔었고, 2권인 『성령의 위로와 교회』가 2001년에 나왔었으니, 그 속도대로 라고 해도 2004년에 나왔어야 하는 이 3권이 10년도 더 지난 지금에야 나오게 된 것에 대해서 그 동안 이 책이 나오기를 재촉하시던 많은 분들에게 송구(悚懼)해 하면서, 동시에 드디어 이렇게 나오게 되었다고 말씀드릴 수 있음을 감사하게 생각합니다. 이 3권 출판이 늦어진 것은 이런 저런 책들의 출판이 시간을 요구하는 일이었기 때문이기도 했지만,[1] 근본적으로는 이왕 시작한 일이니 좀 더 좋은 책으로 내고 싶은 마음 때문이었다고 할 수 있습니다. 그러나 결과적으로 그렇게 놀라운 내용의 책도 아니면서 그저 늦어지기만 한 것에 대해서 다시 죄송해 하면서 이제 남은 기도에 대한 마지막 권(『하나님께 아룁니다: 감사의 최고 표현인 기도』)은, 주께서 허락하시면!(*Deo volente*), 좀 더 빠른 시간에 나타날 수 있기를 바래 봅니다. 1/3의 작업은 되었으니 빨리 나올 것이라 생각

---

[1] 『생명 복제, 그 위험한 도전』(서울: 예영, 2003, 재판 2006); 『사도신경』(서울: SFC, 2004); 『기독교 세계관으로 바라보는 21세기 한국 사회와 교회』(서울: SFC, 2005); 『21세기 개혁신학의 동향』(서울: SFC, 2005); 『한국 교회가 나아갈 길』(서울: SFC, 2007); 『전환기의 개혁신학』(서울: 이레서원, 2008); 『광장의 신학』(수원: 합신 출판부, 2010); 『우리 사회 속의 기독교』(서울: 나눔과 섬김, 2010), 개정판, 『거짓과 분별』(서울: 예책, 2014); 『톰 라이트에 대한 개혁신학의 반응』(수원: 합신 출판부, 2013); 『우리 이웃의 신학들』(서울: 나눔과 섬김, 2014). 이는 그 동안 저자가 놀지 않았음을 말하기 위한 열거인지? 그런다고 해도 3권이 늦어진 것에 대한 변명은 될 수 없을 것이다.

하지만 그보다 좀 더 많이 작업해 놓고서도 차일피일 미루다가 지금에야 나오는 이 3권을 생각하면 그 일도 장담할 수는 없습니다. 언제나 진정으로 주께서 원하실 때만 모든 일이 이루어질 수 있기 때문입니다.

이 3권은 '위로 받은 성도들의 삶'에 대한 것입니다. 그러므로 매우 현실성 있게 우리가 구원 받은 성도, 즉 하나님 나라 백성들, 다른 말로 언약 백성들로서 과연 어떻게 살아야 하는 지에 대해서 다루었습니다. 〈하이델베르크 요리문답〉의 구조 자체가 그러하지만, 과거 선배들의 전례를 따라서 그리스도인의 삶의 문제를 십계명과 연관하여 다루었습니다.[2] 이것은 〈하이델베르크 요리문답〉 작성자들과 개혁파 선배들이 성경과 기독교를 얼마나 잘 이해했는지를 잘 드러내는 방식입니다. 율법을 죄를 깨닫는 것 위주로만 생각하던 루터파적인 강조를 뛰어 넘어서 율법과 복음으로부터 죄의 심각성을 절감(切感)하고 진정으로 절망(絕望)한 상태에서 (율법 안에도 이미 내재해 있는) 복음이 선포하는 그리스도의 구속을 받아들여 진정한 위로를 받은 성도(聖徒)로서 과연 어떻게 살아야 하는지, 성도의 삶의 원칙(the principle of life)을 특히 옛 언약 백성에게 주셨던 십계명과 연관하여 신구약 전체의 명령법(imperative) 전체에서 발견하는 것입니다. 그러므로 진정한 그리스도인들은 결국 이런 성경 이해와 그런 구조를 지닌 기독교적 삶에 대한 이해를 가질 수밖에 없고, 반드시 그런 삶을 살아야만 합니다.

다양한 신학들의 특성들을 비교해 보신 분들은 이것이 바로 개혁 신학적 이해라는 것을 알 수 있습니다. 그래서, 바로 이런 점을 염두에

---

[2] 다른 책들도 그렇지만 특히 다음 책들을 생각하면서 말입니다. John Murray, *Principles of Conduct* (Grand Rapids: Eerdmans, 1957); John M. Frame, *The Doctrine of the Christian Life* (Phillipsburg, New Jersey: P&R, 2008). 그러므로 이 두 책이 이 책에 미친 영향은 지대하다는 것을 미리 말씀 드립니다.

두고서, 워필드(B. B. Warfield)는 "칼빈주의는 정상(頂上)에 이른 기독교"라고 말하기를 즐겨했습니다. 진정한 기독교적 위로를 받은 그리스도인들은 이중(二重)으로 감사하면서 (즉, (1) 구원해 주신 것에 대한 감사와 (2) 구원 받은 자가 그에 따라 살 수 있는 삶의 원리를 주신 것에 대한 감사!) 성령님께 의존해서 이 삶의 원칙을 따라 하나님의 영광만을 위하여(soli Deo Gloria) 살아가는 삶을 살려고 애쓰게 됩니다. 여기에 우리들의 선행(善行, good works)이 있습니다. 우리는 그것을 영적인 선(spiritual goodness)이라고 여겨서 그것이 성령님의 힘으로 이루어짐을 인정하기에 **우리 편에서의 그 어떤 공로도 전혀 인정하지 않습니다.** 이것에 충실하면 오늘날 나타나는 '바울에 대한 새 관점'(NPP: New Perspective on Paul)의 주장들에 우리들이 휘둘릴 이유가 전혀 없습니다. 그러므로 〈하이델베르크 요리문답〉에 충실하면 성경도 바로 알고, 바른 기독교 안에서 바른 삶을 향해 나아가게 됩니다.

이 강해서의 2권 서문에서 이 강해서들은 사실상 작은 교의학(small Dogmatics), 즉 조직신학의 시도라고 말한 바 있는데, 1권『진정한 기독교적 위로』에서는 신론, 기독론이 다루어지고, 인간론과 종말론이 간단히 다루어지고 있다면, 2권인『성령의 위로와 교회』에서는 구원론 일부와 교회론, 그리고 이 3권에서는 구원론의 나머지 부분과 그와 연관되는 기독교 윤리가 다루어지고 있습니다. 그러므로 이 책들이 참으로 작은 교의학(small Dogmatics)이라고 할 수 있습니다. 후에 이를 더 학문적으로 깊이 논의하는 진정한『개혁파 교의학: 하나님 나라 신학』(Reformed Dogmatics: Kingdom Theology)이 나타날 수 있기를 원합니다.

이 강해서에서 〈하이델베르크 요리문답〉을 제시할 때는 이전 강해서와 연속성을 위해서 필립 샤프 등이 제시했던 이전 판을 사용하여 제시하였으나, 때때로 의미를 더 분명하게 하기 위해 북미 기독교 개혁교회(Christian Reformed Church)에서 1975년에 새로 개정한 판에서는 어떻게 새롭게 번역 되었는지를 밝히기도 했습니다. 그 새로운 번역본은 북미개혁 교회인 CRC 교단의 홈페이지에 올려져 있어서 쉽게 접근할 수 있으니 다음을 참조하시 면 됩니다. (http://www.crcna.org/welcome/beliefs/confessions/heidelberg-catechism).

그 동안 우리나라 성도들이 〈하이델베르크 요리문답〉과 더 많이 대화할 수 있는 기회가 주어진 것에 대해서 하나님께 감사드립니다. 1998년 1권이 나올 때에는 전혀 없던 강해서들이 김헌수 목사님, 허순 길 교수님, 김병훈 교수님, 이성호 교수님, 송영조 목사님 등 귀하신 분들의 여러 강해서들로 우리 주변에 있을 뿐만 아니라, 프레드 클로 스터의 전체적 설명도 주어져 있고, 우르시누스의 강해서도 친절하게 번역되어 우리 곁에 있습니다. 그러므로 이제 한국에 사는 그리스도인 들인 우리들이 잘 몰라서 이런 방향으로 나아가지 못했다고 핑계할 수 없는 상황 속에 있는 것입니다. 문제는 우리가 이 여러 책들과 깊이 있 게 대화하면서 〈하이델베르크 요리문답〉 작성자들의 그 신앙과 같은 신앙을 더 분명히 하여 나가고, 진정 그런 삶을 살아가야 한다는 데에 있습니다.

이 일을 위해 주께서 이 작은 책도 의미 있게 사용해 주시기만을 간절히 기원하면서, 이제 〈하이델베르크 요리문답〉에 대한 강해의 세 번째 책을 여러 독자들 앞에 선보입니다. 이 책의 발간은 압구정동에 있는 〈세실 내과〉 원장이시며 서울 영동교회 장로님이신 홍관수 장로 님의 출판비 지원으로 가능하게 되었음을 밝히면서, 홍 장로님의 귀한 도우심에 대하여 저자로서 또한 모든 독자들을 대표해서 깊은 감사의 말씀을 전합니다. 〈성도들을 위한 성경신학 모임〉의 열심 있는 회원이 기도 하셨고, 다니엘 교회에서 십계명 강해를 할 때 같이 들으셨던 것

을 기억하시는 귀한 장로님의 도움으로 우리 모두가 큰 유익을 얻게 됨
은 저자에게는 큰 감사의 원천이요, 독자들에게도 감사의 제목이 될 수
있기 때문입니다.

2015년 4월 29일
합동신학대학원대학교 연구실에서

개정판에 붙이는 글

2015년에 나온 이 책을, 이 강해서 시리즈에 있는 다른 책들과 함께, 열심히 읽어 주신 여러 독자들에게 감사드립니다. 이제 3쇄까지가 다 소진되어 새로운 출판사에서 이 개정판을 선보입니다. 내용은 2015년에 나온 것과 같습니다. 곳곳에 있는 오탈자를 바로 잡고, 도입 부분과 하나님에 관한 계명들을 다룬 제 2 부, 이웃들과의 관계를 다루는 계명들을 다룬 제 3 부로 조금 편성을 달리한 것 외에 내용은 같은 것입니다. 원고가 완성되어서 얼마 후에 나올 이 강해서의 제 4 권인 『하나님께 아룁니다: 감사의 최고 표현인 기도』와 함께 계속해서 많은 분들이 읽어서 우리들이 이 복잡한 세상에서 참 그리스도인답게 살아가는 일에 도움이 되었으면 합니다.

이 책으로 처음 출간을 시작하는 〈도서출판 말씀과 언약〉도 이 땅에 역사적 개혁신학을 잘 제시하여 교회들에 도움을 주어 여러 교회들이 성경적 교회들이 되도록 하려는 그 사명을 잘 이루어 나갈 수 있기를 간절히 기도하면서 이 책을 여러분들께 선보입니다.

2020년 6월 말
코로나19의 빠른 종식을 기원하면서

차 례

제 1 부

위로 받은 성도의 삶 :

구원함을 받은 성도들의 감사의 표현으로서의 삶

"그러면 이제 우리는 어떻게 살 것인가?"

본문: 요 5:19-29.

우리는 구원의 의미를 논의하고, 구원받는 사람들이 교회와 관련해서 어떤 유익을 얻는가 하는 것을 논의했습니다.[1] 이렇게 하나님의 놀라운 은혜로 지금 여기서 구원받은 우리들은 이제 이 땅에서 어떻게 살아가야 합니까? 바로 이런 질문이 구원함을 받은 사람들의 자연스러운 반응일 것입니다. "주께서 나를 구해 주셨으니, 주여 우리가 무엇을 어떻게 해야 합니까?" 이런 기도는 성경의 인물들이나 역사 가운데서 참 신자들이나, 우리들 모두가 경험한 구원받은 사람들의 자연스러운 반응입니다. 그러므로 그들의 의식과 활동과 생활에서 이런 반응으로 나아가지 않는 사람들은 아직 구원이 무엇인지 절실히 깨닫지 못하는 사람들이라고 할 수 있습니다. 바울도 영광스럽게 되어 승천하신 주님을 만나 뵙고, 그 주님이 과연 어떤 분이신 지를 잘 깨달은 후에 첫째로

---

[1] 이것은 하이델베르크 요리문답 제 1 문부터 제 85 문까지를 염두에 두고 하는 말이면서, 그에 대한 강해인『진정한 기독교적 위로』(서울: 나눔과 섬김, 2013)와『성령의 위로와 교회』(서울: 이레서원, 2013)의 내용을 생각하면서 하는 말입니다.

나온 반응이 "주여 무엇을 하리이까?" 하는 것이었습니다(행 22:10). 그 외에도 복음을 듣고, 참으로 믿은 사람들은 누구나 아주 자연스럽게 "우리가 이제는 무엇을 어떻게 해야 합니까?" 하는 반응을 보입니다.

1. 복음을 받아들인 태도가 아닌 것(1): 반율법주의(Antinomianism)

여기서 이 문제에 대한 대답으로 나가기 전에 이런 자연스러운 반응과 관련해서 먼저 우리가 생각하고 정리할 문제 하나를 생각해 보기로 하겠습니다. 그것은 복음을 참으로 믿고 그에 대해서 바르게 반응하는 사람은 반드시 하나님의 뜻을 추구하고 나아가게 된다는 것입니다. 이를 좀 더 구체적으로 이해하기 위해 바울의 질문을 우리가 반복해 보기로 합시다: "은혜를 더하게 하려고 죄에 거하겠느냐?"(롬 6:1). 이는 "죄가 더한 곳에 은혜가 더욱 넘쳤다"는 복음의 함의를 말하는 바울의 설명(롬 5:20)에 대한 여러 가지 오해들 가운데 하나를 바울이 언급하면서 수사(修辭)적으로 묻는 질문입니다. 주께서 우리의 모든 죄를 예수 그리스도의 십자가에서의 보혈의 공로에 근거하여 용서하셨다는 이 복음은 참으로 믿는 모든 사람들을 구원하는 능력이 있고, 그 복음은 우리의 모든 문제를 극복하는 것임을 생각할 때, 상대적으로 큰 죄를 범한 사람들은 자신의 죄를 용서하시는 주님의 능력이 얼마나 큰 것인지를 절감할 수 있을 것입니다. 그러나 죄의 본질을 생각해 보면 우리의 모든 죄는 하나님 앞에서 모두 다 아주 심각한 것이고, 용서받을 수 없는 큰 죄들입니다. 하나님의 절대적 기준에 비추어 보면, 우리의 죄들 사이의 상대적 차이는 전혀 아무것도 아닌 것이 되어 버리고, 우리의 죄들 전부가 다 심각한 죄로 나타납니다. 그러므로 하나님께서는 참으로 믿는 우리들 모두에게 예수님의 십자가에 근거해서 말할 수 없는 큰 은혜를 베풀어 주신 것입니다. 그런데도 우리가 다시 죄 가운데 거할 수 있겠습니까?

이에 대한 바울의 대답은 아주 명백하게 "그럴 수 없느니라"는 것입니다(롬 6:2 상). 왜 그렇습니까? "죄에 대하여 죽은 우리가 어찌 그 가운데 더 살리요"(롬 6:2하). 이것이 바울의 이유 설명입니다. 복음을 받아들이고, 주 예수께서 나를 위해 죽어 주셨다고 말하는 사람은 모두 다 죄에 대해서 죽은 사람들이라는 것입니다. 믿지 아니하는 사람들, 즉 영적으로 죽어 있는 사람들은 죄에 대해서 살고, 하나님께 대해서는 죽은 사람들입니다. 우리들도 한 때 그런 사람들이었습니다. 그러나 주께서 우리를 영적으로 다시 살려 주실 때는 먼저 우리가 죄에 대해서 죽고, 하나님께 대해서 사는 일이 우리에게 발생한 것입니다. 중생(重生, regeneration)에서 이 영적인 출생이 일어납니다. 이 하나님의 새 창조로 말미암아 우리는 죄에 대해서는 죽고, 하나님께 대해서는 살게 된 것입니다. 그렇기에 중생한 사람들은 이제 더 이상 죄에 대해서 살 수 없습니다. 중생하여 복음에 대해 바르게 반응하는 사람들은 죄를 상습적으로 범하는 것을 자연스러운 것이라고 생각하지 않습니다. 복음을 바르게 받아들인 사람들은 절대로 방종에로 나아가는 사람들이 될 수 없습니다.

〈하이델베르크 요리문답 제 87 문〉은 다음과 같이 질문하고 답합니다.

(제 87 문) 그렇다면, 계속해서 사악하고 감사하지 않는 삶 가운데서 하나님께로 돌이키지 않는 사람들은 구원받을 수 없습니까?

(답) 결코 구원받을 수 없습니다.

왜냐하면 성경은 정결하지 않은 사람이나,

우상숭배자나, 간음하는 사람이나, 도적이나,

탐하는 사람이나, 술 취하는 사람이나,

중상하는 사람이나, 강도나, 그와 같은 사람들은

하나님 나라를 상속받지 못한다고 선언하고 있기 때문입니다.[2]

이것이 성경을 바로 믿고 복음을 바로 믿게 된 사람들의 자연스러운 결론입니다. 특히 이 고백이 근거하고 있는 고린도전서 6:9-10("불의한 자가 하나님의 나라를 유업으로 받지 못할 줄을 알지 못하느냐? 미혹을 받지 말라. 음행하는 자나, 우상 숭배하는 자나, 간음하는 자나, 탐색하는 자나 남색하는 자나, 도적이나, 탐욕을 부리는 자나, 술 취하는 자나, 모욕하는 자나, 속여 빼앗는 자들은 하나님의 나라를 유업으로 받지 못하리라"), 에베소서 5:5-7("너희도 정녕 이것을 알거니와 음행하는 자나 더러운 자나 탐하는 자 곧 우상 숭배자는 다 그리스도와 하나님의 나라에서 기업을 얻지 못하리니, 누구든지 헛된 말로 너희를 속이지 못하게 하라. 이로 말미암아 하나님의 진노가 불순종의 아들들에게 임하나니, 그러므로 그들과 함께 하는 자가 되지 말라"), 그리고 요한일서 3:14("우리는 형제를 사랑함으로 사망에서 옮겨 생명으로 들어간 줄을 거니와 사랑하지 아니하는 자는 사망에 머물러 있느니라")을 참으로 믿은 사람들은 구원받기 위해서는 "하나님 나라의 복음"을 참으로 믿어야만 하고,

---

[2] *Heidelberg Catechism*, **Q 87**: Cannot they then be saved, who, continuing in their wicked and ungrateful lives, are not converted to God?

Answer: By no means; for the holy scripture declares that no unchaste person, idolater, adulterer, thief, covetous man, drunkard, slanderer, robber, or any such like,

shall inherit the kingdom of God.

그렇게 믿는 사람들은 이런 방종의 삶에로 나아갈 수 없다고 인정하게 됩니다.

그런데도 기독교의 역사 가운데서 복음이 선포되자 그것을 믿고 받아들였다고 하면서 이 복음을 받아들였기에 방종한 삶에로 나아가도 전혀 문제가 되지 않는다고 생각하는 사람들이 간혹 나타났었습니다. 또 이렇게까지 방종을 향해 가려는 의도는 없었지만 복음을 듣고 받아들인 사람들은 이제 더 이상 그 어떤 율법의 요구 아래에도 있을 수 없다고 주장하는, 복음의 자유하게 함을 말하려고 했지만, 결국은 복음을 왜곡하고 방종케 하는 결과를 낼 수도 있는 주장을 하는 사람들이 때때로 나타났었습니다. 그러나 이런 가르침은 복음의 자유하게 함을 잘 드러낸 가르침이라고 하기 어렵습니다. 이것은 오히려 복음을 왜곡한 것이라고 하지 않을 수 없습니다. 이런 가르침을 일반적으로 반율법주의(anti-nomianism)라고 불러 왔습니다. 그러므로 우리는 무엇보다 먼저 복음을 제대로 받아들인 사람들은 하나님의 법의 '삶의 규범'(the rule of life)으로서의 성질을 부인하는 반율법주의의 주장자나 추종자가 될 수 없다는 것을 강조하지 않을 수 없습니다.

"하나님 나라의 복음"을 참으로 받아들인 사람들은 이제 그 어떤 종류의 규범 아래도 있지 않다고 말하거나 생각하는 것은 복음에 충실한 것이 아니라는 말입니다. 이는 복음을 참으로 믿는 사람들은 자원(自願)하여서 어떤 일정한 규범 아래 있게 된다는 뜻입니다. 이것을 과거의 개혁파 선배들은 "율법의 제 3의 용"(the third use of the law)이라고 불러 왔으니, 이제 율법이 이미 구원받은 성도들의 삶의 규범(the rule of life) 역할을 한다는 것입니다.

2. 복음을 받아들인 태도가 아닌 것(2): 율법주의(Nomianism or legalism)

이렇게 복음을 참으로 받아들이면 일정한 규범, 즉 "율법의 제 3의 용 (用)" 아래 있게 된다고 말하자마자, 또 그것을 오해하여 구원받은 성 도들은 이제 율법을 지켜야만 한다고 말하는 것에도 또 다른 오해가 깃들 수 있습니다. 그런 오해를 일반적으로 율법주의(nomianism or legalism)라고 부릅니다. 이 율법주의적 오해는 위에서 말한 반율법주의 와는 정반대되는 것입니다. 물론 율법주의에는 여러 형태가 있을 수 있습니다. 그 하나는 복음과는 전적으로 대치(對峙)되는 것으로 율법을 지켜서 그 공로로 구원을 얻을 수 있다는 주장입니다. 이는 전통적으 로 해석된 유대주의의 입장입니다. 그리고 펠라기우스(Pelagius)와 그를 따르는 사람들의 입장이 이와 같은 것이라고 할 수 있습니다.[3]

율법주의의 두 번째 형태는 기독교적 형태의 율법주의로서 이는 구 원을 위해서는 그리스도의 십자가에서의 구속 사역이 꼭 필요하고, 우리 가 그리스도의 십자가에 의해서 구원 얻지만, 구원받은 이후의 우리의 삶의 양태도 매우 중요해서 구원 이후의 우리의 삶이 하나님의 법을 어 느 기준에 이르기까지 성취하면 하나님께서 어여삐 여겨 공로로 인정해 주시고 그 공로에 의해서 구원을 받을 수 있다고 생각하는 것입니다. 이 것이 바울과 대립하였던 유대주의자들(Judaisers)의 입장이며, 반(半)-펠라 기우스주의(Semi-Pelagianism)라고 할 수 있는 천주교회의 전통적 입장이 라고 할 수 있습니다.[4] 그리고 오늘날에는 '바울에 대한 새 관점'(New

---

3 펠라기우스의 주장에 대한 설명과 그에 대한 개혁주의적 논의를 보려면 이승 구, 『진정한 기독교적 위로』, 재개정판 (서울: 나눔과 섬김, 2013), 80을 보십시오.

4 천주교 사상에 대한 설명과 그에 대한 개혁주의적 논의를 보려면 이승구, 『진

Perspective on Paul)의 지지자들이 이런 방향으로 나아가려는 성향을 보이고 있습니다. 그들은 이를 "언약적 율법주의"(covenental nomism)라고 부르고 있습니다.[5]

　　명확히 이에 상응하지는 않지만, 궁극적으로 구원받기 위해서는 예수 그리스도의 공로에 의존하는 것 외에 또 다른 무엇을 해야만 그것에 근거해서 구원함을 받을 수 있다고 생각하는 모든 생각과 사상은 모두 다 율법주의의 일종이라고 할 수 있습니다. 우리가 예수 그리스도의 십자가 사역을 믿고, 그 십자가의 빛에서 회개해야만 하는 것은 매우 중요한 일입니다. 그러나 우리의 회개와 신앙도 구원을 받을 수 있는 **공로로서의 조건**이 될 수 있는 것이 아니기에 우리는 **표현에 있어서 매우 주의해야** 합니다. 회개와 신앙을 공로로서의 조건으로 말한다든지, 자연인이 하나님의 구속 사역에 조금이라도 협력할 수 있는 듯이 말하는 것도 율법주의로 나타날 가능성이 있습니다. 그러나 율법주의는 그것이 어떤 형태의 것이든지 복음을 손상시키는 것이며, 따라서 복음을 참으로 바르게 받아들이지 않은 것이라고 말해야만 합니다.

3. 복음에 대한 바른 반응로서의 "성령을 따라 사는 삶"

이렇게 우리가 반법주의자(反法主義者)들도, 율법주의자(律法主義者)들도 아니라면, 복음을 믿고 받아들인 우리들의 바른 반응은 무엇이라고 말할 수 있는 것일까요? 성경에 충실한 우리의 입장은 우리가 구원함을 받는 것은 오직 예수 그리스도의 구속의 공로에 의한 것이고, 이렇

정한 기독교적 위로』, 80f.을 보십시오.
　　5 이런 사상에 대한 자세한 설명과 그에 대한 개혁주의적 논의를 보려면 이승구, 『톰 라이트에 대한 개혁주의적 반응』 (수원: 합신대학원출판부, 2013)을 보십시오.

게 전적으로 그리스도의 구속에 의존하는 사람들은 그들의 삶에 역사 (役事)하시는 성령의 역사로 말미암아 "성령을 좇아 사는 삶"을 이루게 되고, 그런 삶은 자연스럽게 율법의 요구를 이루는 삶이라는 것입니다. 이에 대해서 구체적으로 논의해 보기로 합시다.

첫째로, 복음에 바르게 반응하는 사람들은 자신들의 구원에 대해 철두철미 그리스도의 구속의 공로에만 의존하게 됩니다. 구원에 대해서 오직 하나님께서만 이 일을 하셨고, 지금도 하신다고 말하는 것입니다. 이는 하나님 혼자의 힘으로 구원을 이루신다는 주장[神獨力主義, monergism]입니다. 그는 그리스도의 공로와 함께 다른 무엇에도 같이 의존하려는 마음을 가질 수 없고, 그렇게 생각하는 것 자체가 그리스도의 속죄의 공로의 온전성(perfection)과 충족성(sufficiency)을 부인하는 것이 된다는 것을 온전히 의식하며 살아갑니다.

우리의 구원의 유일하고 충족한 근거로서의 그리스도의 구속 사역의 깊이 있는 함의를 잘 생각하는 그는 다른 이에 의존해서도 구원을 얻을 수 있다고는 전혀 생각하지 않을 것이고(pace 종교 다원주의자들), 예수 그리스도의 구속에 의식적으로 의존하지 않고서도 구원을 받을 수 있으리라고 생각하지 않을 것이며(pace 내포주의자들), 그리스도의 온전하신 구속 사역에 덧붙여 그것을 보충하는 또 다른 일, 예컨대 그리스도의 사역을 피 없는 형태로 재현하는 것으로나, 다른 성자들의 공로와 기도로나, 심지어 자신의 하나님의 뜻을 행하는 노력 등이 더하여져서 구원받는다고 생각하지 않을 것입니다(pace Roman Catholicism).[6] 그는 심지어 주를 믿는 자신의 믿음이나 회개도 그리스도의 구속 사역에 덧붙여져 필요한 일이라고 생각하지 않고, 자신의 회개와 신앙을 부족한

---

6 이 모든 사상의 근저의 주장들에 대한 자세한 설명과 그에 대한 개혁주의적 논의를 보려면 이승구, 『우리 이웃의 신학들』(서울: 나눔과 섬김, 2014)을 보십시오.

자신의 모습에 대한 정당한 인정과 주께서 자신을 불쌍히 여겨 주시기만을 원하는 갈망의 눈길로만 여길 것입니다. 그는 자신의 이 응시 때문에 주께서 자신을 구원해 주시는 것이 아니라, **주의 자비만이** 자신을 구원하시는 유일한 근거라고 생각하는 것입니다. 그러므로 복음을 참으로 받아들이고 믿는 사람은 처음부터 끝까지 주님의 구속 사역만을 의존합니다. 그것만이 자신을 구원하며, 최후의 심판대 앞에서도 자신을 의롭다고 할 근거라고 여기는 것입니다.

둘째로, 이렇게 최후의 심판대에서도 그리스도의 십자가의 은혜에만 의지하는 사람들은 구주의 십자가의 은혜에 대한 감사 때문에 그들에게 주어진 시간 동안 열심히 주님의 뜻을 행해 나가는 일에 힘쓰게 될 것입니다. 그래서 우리 주님께서도 "하늘에 계신 내 아버지의 뜻대로 행하는 자라야"라는 것을 강조해 주셨습니다.

이렇게 주님의 뜻을 행하기 위해 먼저 주님의 뜻이 무엇인지를 파악해 가려고 하는 데 마음을 많이 쓸 것입니다. 그래서 성경을 상고해서 온 세상과 인생을 향하신 하나님의 뜻이 무엇인지를 추구하고, 이제 자신의 삶 가운데서 그 뜻을 이루어 가기 위해 힘써 나갈 것입니다. 이 때 그는 전혀 자신의 힘에 의존하지 않고, 오히려 성령님의 힘에 의존하면서 주님의 뜻을 행해 나가려고 할 것입니다. 바울은 "육신을 좇지 않고 그 영을 좇아 행하는 우리에게 율법의 요구를 이루어지게 하려 하심"이라고 말합니다(롬 8:4). 십자가의 빛 아래 있는 사람들은 성령님에게 의존해서 율법의 요구를 하나님께서 그 '법(法)을 내신 정신'에 근거해서 이루어 갑니다.

참으로 십자가 아래서 사는 사람들은 항상 성령의 인도하심 가운데 있는 사람들입니다. 이런 사람들은 율법주의자도 될 수 없고, 반법주의자도 될 수 없으며, 성령님에게 의존해서 주님의 뜻을 이루는 사람들이 됩니다. 이런 사람들이 성령님에게 의존해서 이루어 내는 선을 영적인 선(spiritual good)이라고 하고 그 영적인 선이 하나님 앞에서 진정한 선행입니다. 이렇게 주님을 진정으로 믿어 가는 사람들은 주님 보시기에 아름다운 것을 내어놓습니다. 그래서 우리 주님께서는 "선한 일을 행한 자는 생명의 부활로, 악한 일을 행한 자는 심판의 부활로 나오리라"고 말씀하십니다(요 5:29).

그러나 위에서 강조한 바와 같이, 그렇게 살며 선한 일을 행하는 그 자신은 자신이 행하는 것이 온전한 것이라고 도무지 생각하지 않습니다. 또한 그는 그 자신이 행한 선행에 근거해 구원을 받을 수 없습니다. 이 말씀을 하시는 문맥 바로 앞에서도 주님께서는 "내가 진실로 진실로 너희에게 이르노니, 내 말을 듣고 또 나 보내신 이를 믿는 자는 영생을 얻었고, 심판에 이르지 아니하나니, 사망에서 생명에로 옮겼느니라"고 말씀하고 계시기 때문입니다(요 5:24). 따라서 이 선행을 행하는 사람은 예수님과 성부와 성령을 믿는 사람이고, 그 믿음 때문에 구원과 영생을 얻은 것이지, 자신의 선행 때문에 구원받는다고는 전혀 생각하지 않는 것입니다.

4. 그리스도인의 선행의 유익

그리스도인이 이렇게 이 땅 위에서 선하게 살아가는 것은 첫째로, 하나님께서 우리를 구원하셔서 그의 백성으로 살아가게 하신 것에 대한 감사를 표하는 일입니다. 그리고 그 일이 하나님의 영광을 인정하고, 우리 편에서 하나님께 영광을 돌려 드리는 일이 됩니다.

둘째로, 우리의 선행은 우리의 신앙에 대해 그것이 참되다는 것을 확증해 주는 기능도 가질 수 있습니다. 우리는 이를 절대적으로 생각하거나 표현하지 않도록 유의해야 합니다. 그러나 우리의 선행이라는 신앙의 열매를 통해서 우리는 우리의 신앙을 확신하게 될 수도 있습니다.

셋째로, 우리의 선행은 또한 다른 사람들을 그리스도에게로 인도하는 데 도움이 될 수도 있습니다. 우리의 선한 삶은 그 자체가 증언은 아니나, 하나님의 구원이 이 세상에서 어떤 결과를 내어놓는지를 보여주는 기능을 합니다. 그러므로 우리의 선행은 복음 전파를 간접적으로 돕는 역할을 합니다. 우리는 우리의 선행과 선한 삶으로도 우리를 "어두운데서 불러내어 그의 기이한 빛에 들어가게 하신 자의 아름다운 덕을 선전"해야 합니다.

5. 결론

지금까지 진정한 성도는 이 땅에서 어떤 의식을 가지고, 어떻게 살아가는가를 생각해 보았습니다. 앞으로 우리가 그에 따라 살아가야 하는 삶의 지침들을 구체적으로 생각해 보겠지만 진정한 성도는 이 땅에서 온전히 주님만을 의존해 살면서 주님의 뜻을 이루어 가는 삶을 살게 됩니다. 부디 우리 모두가 이런 삶을 드러내며 살아 갈 수 있기를 원합니다.

〈하이델베르크 요리문답 제 86 문답〉은 우리가 이번에 생각한 이 요점을 다음과 같이 잘 요약하고 있습니다.

(제 86 문) 우리가 우리의 비참함으로부터 우리의 공로에 의하지 않고
그리스도를 통해서 은혜로 구속함을 받았는데,
그런데 왜 우리는 선행을 행해야만 합니까?

(답) 우리를 그의 피로써 구속하신 그리스도께서는

또한 그의 성령으로 우리를

그 자신의 형상을 따라 새롭게 하셔서,

우리의 전 삶으로

하나님께서 복 주신 것에 대해서 감사함을 나타내 보이고

우리를 통해 하나님께서 영광을 받으시도록 하시기 때문입니다.

그리고 또한 우리는 그 열매로 우리의 신앙을 확신하게 되고,

우리의 선한 삶으로 우리의 이웃을 그리스도에게로 인도할 수 있기 위해서

그리하는 것입니다.

기독교적 삶의 구조:
"'이미' 와 '아직 아니'"의 구조

본문: 골 3:9-10, 롬 8:1-11.

우리는 지금 '이미 구원함을 받았고, 또 지금도 구원을 받아 가고 있으며, 종국적으로 온전히 구원함을 받을 기독교인의 삶'에 대한 논의를 하고 있습니다. 혹시 이런 그리스도인의 삶의 '구조'를 말한다면 그것은 과연 어떻게 구조화되어 있다고 말할 수 있겠습니까? 이에 대해서 우리는 그리스도인은 "하나님 나라의 '이미'와 '아직 아니'의 구조"에 참여하고 있다고 말해 보려고 합니다. 신국적(神國的) 구조[1] 아래 있는 그리스도인의 삶도 하나님 나라 자체의 구조와 같이 역시 "이미"와 "아직 아니"의 구조를 가지고 있다고 할 수 있다는 말입니다. 이

---

[1] 성경이 말하는 하나님 나라[神國]이 무엇이고 그 구조가 어떤 것인지에 대한 논의와 요약으로 이승구, 『기독교 세계관이란 무엇인가』 (서울: SFC, 2003, 재개정판, 2014), 제 3 장을 보십시오. 또한 하나님 나라 사상의 신학 전체에 대한 함의에 대해서는 이승구, 『개혁신학 탐구』 (수원: 합신출판부, 2012), 제 1 장을 보십시오.

것은 하나님 나라에 속한 존재로서 그리스도인에게 아주 당연한 일입니다. 이번에는 그리스도인의 이 실존적 구조에 대해서 구체적으로 논의해 보도록 하겠습니다.

1. 그리스도인이 참여하고 있는 하나님 나라의 "이미"

여기서 말하는 바 그리스도인 삶의 구조의 "이미"라는 말은 그리스도인이 그리스도 안에서 이미 우리에게 임하여 온 하나님 나라에 "지금 여기서"도 이미 참여하고 있다는 것입니다. 물과 성령으로 거듭나지 아니하면 하나님 나라에 들어 갈 수 없다는 예수님의 말씀은(요 3:5) 결국 중생하여 진정한 그리스도인이 된 사람들은 이미 하나님 나라 안에 있음을 말해 주는 것입니다. 그러므로 진정으로 그리스도를 믿는 사람들은 **지금 여기서도 이미 그리스도 예수 안에서 우리에게 임하여 온 하나님 나라에 참여하고 있는** 것입니다. 그는 이미 그리스도와 함께 십자가에 못 박혔고, 그리스도와 함께 일으킴 받은 것입니다(롬 6:3, 4).

우리가 그리스도와 함께 십자가에 못 박혔다는 것은 무엇을 뜻합니까? 이에 대해서 바울은 우리 옛 사람이 예수와 함께 십자가에 못 박힌 것이라고 말합니다(롬 6:6).[2] 이것은 우리의 옛사람이 그 죄로 말미암아 받아야 하는 형벌을 그리스도와 함께 받았다는 것을 뜻합니다. 따라서 예수님과 함께 십자가에 못 박힌 우리는 그리스도께서 우리의 형벌을 다 담당하셨으므로 이제 더 이상 형벌을 받지 않아도 되는 상태에 이르게 되었음을 뜻합니다. 이것에 대해서 바울은 우리의 "죄의 몸이 멸하였다"고 표현합니다(롬 6:6). (그리고 이는, 그 결과로 이제 우

---

2 이에 대한 자세한 논의로는 이 시리즈의 제 1 권인 『진정한 기독교적 위로』, 재개정판 (서울: 나눔과 섬김, 2013), 제 28 강, 특히 249-53을 잘 살펴 보십시오.

리가 더 이상 "죄에게 종노릇하지 아니하게 하려는" 것입니다(롬 6:6. 이 점에 대해서는 다음 절에서 같이 상세하게 논하기로 하겠습니다).

성경은 이렇게 믿는 그리스도인들은 모두가 **그 옛사람으로는 죽은 사람들**이라고 강하게 말하고 있습니다. 심지어 그들이 장사지낸 바되었다고도 표현합니다: "우리가 그의 죽으심과 합하여 세례를 받음으로 그와 함께 장사되었나니"(롬 6:4. cf. 골 2:12상). 이를 말해 주는 또 하나의 말씀이 골로새서 3장 9절-10절의 말씀입니다: "옛사람과 그 행위를 벗어버리고, 새사람을 입었으니, 이는 자기를 창조하신 자의 형상을 좇아 지식에까지 새롭게 하심을 받는 자니라." 이 말씀은 우리가 옛사람과 그 행위를 버려 버렸다고 분명히 하고 있습니다. "옛 생활 방식은 온전히 사라져 버린 것입니다."[3]

그리고 우리는 **이미 새사람을 입었다**고 말합니다. 새사람이 된 것은 바울이 다른 곳에서 말하는 그리스도와 함께 살아난 것을 지칭하는 것입니다(롬 6:4, 5; 골 2:12하-13; 엡 2:5). 이를 표현할 때 바울은 옛사람이 죽고 새사람이 된 것의 결정성을 분명히 하는 표현을 합니다.[4]

그러므로 옛사람은 이미 사라졌고, 새사람이 되었다는 것입니다. 이런 성경적 사상과 표현과 연관해서 우리는 전통적인 표현 가운데 하나를 좀 수정해야 합니다. 그것은 참된 그리스도인에 대해서 "옛사람이 죽었으며", 따라서 "그는 이제 새사람이다"라고 표현해야 한다는 것과 관련된 것입니다.

이런 성경의 표현과 관련하여 우리는 우리 안에 새사람과 함께 옛사람이 계속해서 잔존해 있다고 표현하는 것을 이제는 시정해야 합니다.[5]

---

[3] Leon Morris, *The Epistle to the Romans* (Grand Rapids: Eerdmans, 1988), 248.

[4] 헬라어를 아는 사람들에게는 이 때 바울이 단번에 일어난 일을 지칭하는데 사용하는 aorist 시제를 써서 표현하고 있다는 말이 바울의 의미를 분명히 하는데 도움이 될 수 있을 것입니다.

따라서 같은 사상을 말하고 있는 에베소서 4:22-24의 말씀의 번역도 RSV 나 한글 개역과 같이 명령형으로 ("…… 입으라") 번역하는 것을 지양하고, 20-21절과 연관하면서 그 본의를 따라서 "…… 옛사람을 벗어버리고 …… 새사람을 입었다고 가르침 받았으니"라고 옮겨야 합니다.[6] 이런 생각을 분명히 하기 위해서 이런 주장의 대변인이고 가장 강력한 주장자라고 할 수 있는 머레이 교수의 말을 인용해 보도록 하겠습니다.

> 옛사람은 중생하지 않은 사람이다. 새사람은 그리스도 예수 안에서 선한 일을 위하여 창조된 거듭난 사람이다. 신자를 새사람과 옛사람으로 부르는 것은 타당치 않다. …… 신자 속에 옛사람과 새사람이 공존한다는 주장은 "우리의 옛사람은 십자가에 못 박혔다"는 사실을 공고히 하는 바울의 교리에 정면 배치가 되고, 반감을 일으키게 된다.[7]

이런 입장에서 우리는 〈하이델베르크 요리문답〉의 표현에도 이것이 잘 표현되지 않은 문제가 있음을 말해야 합니다. 〈하이델베르크 요리문답〉제 89 문은 "옛사람을 죽임"(the dying of the old man)을 다음 같이 설명하고 있습니다.

---

5 이런 점들을 잘 드러내면서 성경적인 입장을 잘 표현하는 의견으로 다음을 보십시오. 먼저 이런 주장의 선구자라고 할 수 있는 John Murray, *Principles of Conduct* (Grand Rapids: Eerdmans, 1957), 211-12, 217-19; 그리고 이를 잘 따르면서 확대하면서 논의하는 Anthony A. Hoekema, *Saved by Grace* (Grand Rapids: Eerdmans, 1989), 류호준 역, 『개혁주의 구원론』(서울: CLC), 343-52, 그리고 김광렬, 『그리스도 안에 있는 구원과 성화』 (서울: 총신대학교 출판부, 2000), 162f.를 들 수 있습니다. 이에 대한 필자의 서평(『묵상과 기도 생각과 실천』[서울: 나눔과 섬김, 2015], 212-20)도 보십시오.

6 이런 번역은 "벗어버리고"(ἀποθέσθαι)로 번역된 부정사와 "입는다"(ἐνδύσασθαι)는 의미의 부정사를 형태가 같으므로 문법적으로 그렇게 해석할 수도 있는 명령형으로 취하지 않고 "설명의 부정사"로 취하여 번역하는 것입니다. 이에 대해서는 Hoekema, 『개혁주의 구원론』, 348을 보십시오.

7 Murray, *Principles of Conduct*, 218.

(제 89 문) 옛 사람의 죽임이란 무엇입니까?

(답) 그것은 우리가 우리들의 죄들로써 하나님의 진노를 불러 일으켰다는 것을
마음속에서 참으로 슬퍼하고
죄들을 점점 더 미워하고 그들로부터 도망하는 것입니다.[8]

그리고 이와 함께 〈제 90 문〉에서는 새사람을 살리는 것(the quickening of the new man)을 "하나님께 대한 가슴 깊은 곳으로부터 나오는 기쁨과 모든 선행 가운데서 하나님의 뜻에 따라 사는 것을 기뻐하게 하도록 하는 것"이라고 말하고 있습니다. 그리고 이 옛사람의 죽음과 새사람을 살리고 일깨우는 것이 그리스도인의 삶 가운데서 계속되는 과정으로 이해되도록 표현하고 있습니다. 이는 아마 오래 전부터 많은 사람들이 계속 이 문제를 이렇게 표현해 온 것과 관련된 표현일 것입니다.[9]

그러나, 보다 성경적인 견해는 우리가 위에서 머레이 등을 따라 잘 생각한 바와 같이, 우리는 옛사람의 죽음이 객관적으로는 십자가에서, 그리고 주관적으로는 중생 때에 영단번에 이루어진 것으로 이해해야 합니다. 그렇다면 우리는 옛사람으로서 죽고 새사람으로 살아난 새사람입니다.

이렇게 그리스도와 함께 일으킴 받은 사람들에 대해서 바울은 더

---

8 *Heidelberg Catechism*, Question 89: What is the mortification of the old man? **Answer:** It is a sincere sorrow of heart, that we have provoked God by our sins; and more and more to hate and flee from them.

9 과거의 좋은 신학자들 가운데서 신자 안에 새사람과 옛사람이 현존하며 투쟁하는 것으로 표현한 예들로 다음을 보십시오. Herman Bavinck, *Magnalia Dei*, trans. Henry Zylstra, *Our Reasonable Faith* (Grand Rapids: Baker, 1977), 493; Louis Berkhof, *Systematic Theology*, 533; Gordon Girod, *The Way of Salvation* (Grand Rapids: Baker, 1960), 137-38; 그리고 로마서 6:6에 대한 John Calvin, *The Epistle to the Romans and Thessalonians* (Grand Rapids: Eerdmans, 1979), Charles Hodge의 주석 (1950), William Hendriksen의 주석 (1967).

나아가서 하나님께서는 그들을 "그리스도 예수 안에서 함께 하늘에 앉히셨다"고 합니다(엡 2:6). 그들은 이미 하늘 영역에 속한 자들이 된 것입니다. 이 같은 사상을 골로새서에서는 "그리스도와 함께 다시 살리심을 받은" 사람들은 이미 "죽었고, [그 생명이 그리스도와 함께 하나님 안에 감취었다"고 표현합니다(골 3:1, 3). 우리의 진정한 생명은 이미 그리스도와 함께 하나님이 계신 그 곳에 있는 것이고, 그것이 얼마나 영광스러운지가 아직 드러나지 않았으므로 그것을 "감취었다"고 표현한 것입니다. 그러므로 이는 우리가 이미 참여하고 있는 영생, 즉 부활 생명의 충만한 영광이 언젠가 찬연(燦然)히 나타나게 되리라는 것을 시사합니다. 그래서 바울은 곧바로 말하기를 "우리 생명이신 그리스도께서 나타나실 그 때에 너희도 그와 함께 영광 중에 나타나리라"고 말하는 것입니다(골 3:4).

2. 그리스도인의 삶에 있는 "아직 아니"

이렇게 우리가 이미 하늘 영광에 참여하고 있으나, 그 온전한 영광이 다 나타나지 아니하였다는 것은 여기에 "아직 아니"의 요소가 있음을 분명히 보여 줍니다. 우리는 지금도 하나님의 자녀이지만 "장래에 어떻게 될 것은 아직 나타나지 아니한" 것입니다(요일 3:2상). 그러나 성경은 "그가 나타내심이 되면 우리가 그와 같을 줄 아는 것은 그의 계신 그대로 볼 것을 인함이라"고 말합니다(요일 3:2하). 그때에 "그리스도 예수를 죽은 자 가운데서 살리신 이가 [우리] 안에 거하시는 그의 영으로 말미암아 [우리] 죽을 몸도 살리실" 것입니다(롬 8:11). 이것이 "몸의 구속"(롬 8:23)이고, 영화입니다(롬 8:30). 그러므로 우리는 "우리가 그리스도와 함께 죽었으면, 또한 그와 함께 살 줄을 믿는" 것입니다(롬 6:8).10 이 몸의 부활과 영화는 아직 발생하지 않은 것입니다. 그러므로 우리의 삶의 구조에는 "아직 아니"의 요소가 있는 것입니다.

또한 이미 그리스도와 함께 죽었으므로 우리의 옛사람은 죽었음에도 불구하고, 우리 안에는 아직도 바울이 "육체"(σάρξ, flesh)라고 부른 "부패한 인간성"이 남아 있습니다.11 머레이가 잘 표현한 바와 같이, "신자는 새 사람, 새로운 피조물이다. 이렇게 새사람이지만, 그러나 아직 온전하게 된 것은 아니다."12 그래서 그 "육체"(σάρξ), 즉 부패한 인간성이 때때로 우리를 사로잡으려 합니다. 이에 굴복하게 되면 **마치 그리스도를 믿지 않는 사람과 같이** "육체를 따라 사는 삶"을 살게 됩니다. 그런 사람들에게 바울은 "너희가 아직도 육신에 속한 자로다. 너희 가운데 시기와 분쟁이 있으니 어찌 육신에 속하여 **사람을 따라 행함이** 아니리요?"라고 말하기도 합니다(고전 3:3). 그런 사람의 삶은 그 정향에 있어서 순전히 타락한 인간적인 삶의 스타일을 따라 살아가는 것입니다.13 그러나 이것은 그리스도인에게 합당한 것은 아닙니다. 따라서 우리는 계속해서 우리 안에 남아 있는 "부패한 인간성"인 육체(σάρξ)와 항상 싸워 나가야만 합니다. 그러나 이 싸움은 승산

---

10 이 말은 그리스도인의 새 생명 가운데서 사는 현재의 삶으로 해석하는 견해가 많으나(Murray, Cranfield), 그것은 다른 곳, 특히 6:4, 5, 11, 13 절 등에서 나타나고 있으므로 여기서는 미래사로 표현된 것을 따라 보다 자연스럽게 몸의 부활을 지칭하는 것으로 보는 것이 좀 더 자연스러울 것입니다. 이처럼 미래적 의미를 중심으로 생각하는 해석으로는 Käsemann, Black을 보십시오. 중도적이나 기본적으로는 이 자연스러운 해석 위에서 진전하는 Douglas Moo, *Romans*, NICNT (Grand Rapids: Eerdmans, 1996)와 Morris, *The Epistle to the Romans*, 254를 보십시오. 브루스는 역시 그답게 그 둘 다를 취하는 해석을 말하고 있습니다(F. F. Bruce, *Romans*, Tyndale New Testament Commentaries, revised [Leicester: IVP, 1985], 132).

11 바울적인 의미에서의 "육체"(σάρξ, flesh)에 대한 좋은 설명으로 Ridderbos, *Paul*, 93-100을 보십시오.

12 Murray, *Principles of Conduct*, 219.

13 Cf. Moo, *Romans*, 485.

이 없는 싸움이 아니고, 그리스도의 승리에 근거해서 성령님의 도우심 가운데서 해 나가는 싸움이므로 결국 이미 승리를 보장받고 있는 싸움입니다. 그러므로 우리는 더 이상 죄에게 종노릇하지 않고, 때때로 죄에게 지는 일이 있어도, 궁극적으로는 죄에 대한 승리를 거두면서 이 싸움에 임하는 것입니다.

이 육체와의 싸움은 우리의 생이 마쳐질 때까지 계속됩니다. 우리는 죽기까지 우리가 그곳에 속하여 있는 하늘을 추구하는 것입니다. 그래서 바울은 "위의 것을 생각하고 땅의 것을 생각지 말라"고 명합니다 (골 3:2). 이를 '육체'(σάρξ)를 죽여 가는 것이라고 표현할 수도 있습니다. 그리고 영을 좇아가는 삶을 더 강화시키는 것이라고 하거나, 영을 살리는 것이라고 표현할 수 있습니다. 〈하이델베르크 요리문답〉 88 문에서 90문까지의 의도도 역시 이점을 강조하는 것이라고 (그 문자적 의미를 바꾸어서) **재해석한다면** 그것은 참으로 우리의 존재와 의미를 잘 설명하는 것이 될 수 있습니다. 우리는 끊임없이 육체(σάρξ)와 싸워가면서 "죄에 대한 가슴 깊은 곳으로부터 나오는 슬픔"을 가지고 "죄를 미워하고 그로부터 항상 점점 더 돌이켜야"만 합니다. 그리고 우리는 동시에 새사람을 살려나가서 우리 안에서 하나님의 뜻을 즐거워하는 것이 더 잘 나타나도록 해야 하는 것입니다.

3. "이미"와 "아직 아니" 사이에서

이렇게 "이미"와 "아직 아니" 사이에 사는 그리스도인들은 참으로 자신의 구원을 확신할 수 있고, 이 확신에 근거해서 이 땅을 살아가면서 계속해서 하나님 나라 백성답게 살아 나갈 수 있습니다. 우리의 확신은 "이제 그리스도 예수 안에 있는 자들에게는 결코 정죄함(κατάκριμα)이 없다"는 확신입니다(롬 8:1). 이는 "하나님께서 죄를 알지도 못하신 자로 우리를 대신하여 죄를 삼으셨기" 때문이며(고후 5:21), 그 결과 우리가 하나님의 칭의함을 받고 하나님의 자녀가 되었기 때문입니다. 따라서 우리는 최후에도 죄가 가져 올 형벌을 받지 않고 하나님으로부터 분리된 상태, 하나님으로부터 버려진 상태에 있게 되지 않을 것입니다.[14] 그래서 바울은 "누가 능히 하나님의 택하신 자들을 송사하리요? 의롭다 하신 이는 하나님이시니 누가 정죄하리요"라고 선언합니다(롬 8:33-34 상). 하나님께서 하신 일에 대한 확신이 여기에 작용하는 것입니다. 우리는 우리의 믿음의 강도나 다른 어떤 것에 의존하여 확신을 갖는 것이 아니라, 오직 하나님께서 그의 말씀 가운데서 선언하신 것에 근거하여 확신하게 됩니다. 성도들의 삶에 어려움이 있고, 여러 가지 힘든 것이 있어도 - 그것이 "환난이나 곤고나 핍박이나 기근이나 적신이나 위협이나 칼"이라도(롬 8:35) - 이 확신은 없어 질 수 없습니다. 이 확신은 하나님께서 가장 고귀한 당신님의 아드님을 우리에게 주셔서 우리를 구속하셨다는 것을 믿는 데서 오는 것입니다. 바울의 말을 다시 한 번 더 들어보십시오: "자기 아들을 아끼지 아니하시고 우리 모든 사람을 위하여 내어 주신 이가 어찌 그 아들과 함께 모든 것을 우리에게 은사로 주지 아니하시겠느뇨?"(롬 8:32) 그러므로 이 세상의 그 어떤 것이라도 "우리를 우리 주 그리스도 예수 안에 있는 하나님의 사랑에서 끊을 수 없으리라"는(롬 8:39) 확신을 가지는 것입니다.

　　이런 확신을 가진 사람들은 이제 이 땅에서 어떻게 살아갑니까? 성경은 이와 연관해서 "육신을 좇지 않고 영을 좇는 것"에 대해서 말합니다. 여기서 "육신을 좇는다, 영을 좇는다"는 말은 일차적으로는 행

---

14 이는 이 "정죄함이 없다는 것"을 칭의 이상의 심판의 결과로 인한 **형벌의 시행이 없다는 것**에 대한 언급으로 이해하는 것입니다. 이 점에 대한 주석적 논의로 Moo, *Romans*, 472f.; Bruce, *Romans*, 151을 보십시오.

동적인(behavorial) 의미를 지닌 것이라기 보다는 지위적인(positional) 의미를 가진 것입니다.15 육신을 좇는 자는 육신의 생각을 하고, 육신의 일을 생각하는데 그 결과는 사망, 즉 종말론적 정죄일 뿐입니다(롬 8:5, 6). 그것은 결국 하나님의 법에 굴복하지 않을 뿐만 아니라, 또 굴복할 수도 없어서(롬 8:8) 하나님을 기쁘시게 할 수 없고(롬 8:8) 오히려 하나님의 원수가 되는 것입니다(롬 8:8). 이렇게 육신의 생각을 하는 사람들은 부패한 인간성이 옳다고 생각하는 바를 추구하며 살아가게 됩니다. 이 세상이 말하는 진리와 참된 것과 선한 것을 추구하고 나아가는 것도 이런 육신의 생각입니다. 이렇게 그가 "육체 안에"(in the flesh) 있는 한 - 그것으로부터의 구출은 성령으로만이 가능한데 - 그는 하나님을 전혀 기쁘시게 할 수 없습니다.16

  그러나 성령을 좇아가는 사람들은 그 영이 산 사람들이고(롬 8:10),17 따라서 (1) 영의 생각을 하는 사람들이며(롬 8:5, 6),18 (2) 하나

___

15 이에 대한 좋은 통찰과 지적으로 Moo, *Romans*, 486, 489f.을 보십시오. 이를 객관적 존재의 상태로 말하는 Ridderbos, *Paul*, 221도 보십시오.

16 Cf. Moo, *Romans*, 489.

17 이는 본문의 "영"(πεῦμα)을 사람의 영으로 보는 RSV, NIV, NASB의 해석을 취한 것입니다. 이에 동의하는 이로 Matthew Black, *Romans*, The New Century Bible Commentary, Revised Edition (London: Marshall, Morgan & Scott, 1989), 110.
  이는 본문의 "영"을 성령으로 보는 다음 같은 사람들의 해석에 반(反)하는 것입니다: Chrysostom, Calvin, Barrett, Murray, Cranfield, Dunn, Gundry, Gordon D. Fee, *God's Empowering Presence: The Holy Spirit in the Letters of Paul* (Peadody, MA: Hendririckson, 1994), 550-51; 그리고 Moo, *Romans*, 492. 이런 해석에 따르면 10절은 "만일 그리스도께서 너희 안에 계시면, 몸은 죄 때문에 죽은 것이나 영은 의 때문에 생명이다"고 번역됩니다. 이런 입장을 취하는 사람들은 8장에서는 "영"이 성령을 말한다는 해석을 취하나, 나는 이에 반(反)하여 보다 자연스러운 해석을 취하였습니다. 특히 8:16절에서는 사람의 영에도 적용된 바 있으므로 자연스러운 해석을 취하는 것이 더 나아 보입니다. 브루스는 이런 입장을 취하면서도 좀 절충적으로 "(신적인) 영이 생명이므로 (사람의) 영이 산 것이다"고 말합니다(Bruce, *Romans*, 155).

18 이 "영의 생각" 또는 "영적인 생각"에 대한 청교도적 이해를 잘 드러낸 책으로 John Owen, *Grace and Duty of Being Spiritually Minded Declared and Practically Improved* (1681), Abridged by Philip Grist, Modernized by John Appleby as *Thinking Spiritually* (London: Grace Publications Trust, 1989), 조호영 역, 『그리스도

님의 법에 굴복하여 그들에게서는 율법의 요구가 성령 안에서 이루어지게 됩니다(롬 8:4).[19] 여기에 예레미아의 말한 바인 "내가 나의 법을 그들 속에 두며, 그 마음에 기록하여 나는 그들의 하나님이 되며, 그들은 내 백성이 되리라"(렘 31:33하)고 말씀하신 바의 실현이 있습니다. 또한 에스겔이 이른 바인 "또 새 영을 너희 속에 두고 새 마음을 너희에게 주되 너희 육신에서 굳은 마음을 제하고 부드러운 마음을 줄 것이며, 또 내 신을 너희 속에 두어 너희로 내 율례를 행하게 하리니, 너희가 내 규례를 지켜 행할지라"(겔 36:26f.)는 말씀의 실현이 여기서 이루어집니다. 이렇게 성경 가운데 나타나고 있는 하나님의 요구의 실현이 성령님의 역사 가운데서 행하는 그리스도인의 삶에서 나타나는 것입니다. 그리고 (3) 이와 같이 하나님의 영으로 인도함을 받는 사람들이 하나님의 자녀들입니다(롬 8:14). 그러므로 그들의 삶은 성령의 가르치심과 인도하심 가운데서 이루어지는 것입니다.[20] 성령님의 인도가 아니면 그들은 도무지 제대로 살 수 없습니다.

4. 결론

인의 영성』(서울: 보이스사, 1998)을 보십시오.

[19] 이 말씀에 대해 성령의 능력으로 율법의 의로운 요구를 우리가 이루게 된다는 나의 주장과 같은 입장에 있는 사람들은 다음과 같습니다: Murray, Cranfield, Morris, Black, Bruce; Ridderbos, *Paul*, E.T. John Richard De Witt (Grand Rapids: Eerdmans, 1975), 280-88; 그리고 Fee, *God's Empowering Presence*, 534-37.

이에 반(反)하여 이는 결국 성령 안에 있는 사람들에게 예수 그리스도 안에서 이 요구가 이루어져 있음을 선언하는 것이라는 논의로 Moo, *Romans*, 482-84를 보십시오. 그는 Nygren, Barrett, Fitzmyer, Byrne, Keck 등도 이런 입장에 선다고 봅니다(Moo, *Romans*, 484, n. 65).

그러나 여기서의 바울의 논지는 성령 안에서 이루어지는 새 언약의 성취로 보아야 바울의 다른 곳에서의 논지와 잘 연관되고 있다고 할 수 있을 것입니다.

[20] 성령의 인도하심의 실상에 대해서는 김홍전, 『성신의 가르치심과 인도하심』(서울: 성약, 2000); 이승구, "성령의 인도하심과 성도의 삶", 『개혁신학탐구』, 개정판 (수원: 합신출판부, 2012), 81-96을 보십시오.

이제까지 우리는 "하나님 나라의 '이미'와 '아직 아니'의 구조"에 참여하고 있는 그리스도인의 '이미'와 '아직 아니'의 구조에 대해서 논하면서, 결국 그리스도인들은 이 땅 위에서 성령님을 따라 가면서 하나님의 법을 따라 선행의 열매를 내어놓는 것을 즐거워하면서 살아간다는 것을 살펴보았습니다. 여기에 그리스도인의 삶의 참된 모습이 있습니다. 그에게는 (1) 하나님의 법이 "삶의 기준"(the rule of life)으로 나타납니다. 그리고 (2) 그는 항상 성령님의 능력 가운데서, (3) 성령님께서 인도하시는 대로 살아가는 것입니다. 그러므로 (4) 그는 성령님의 능력으로 하나님이 원하시는 바를 내어놓을 수 있습니다. 〈하이델베르크 요리문답 제 90 문답〉은 우리가 이번에 생각한 이 요점을 다음과 같이 잘 요약하고 있습니다.

(제 90 문) 새사람을 살림이란 무엇입니까?

(답) 그것은 가슴 속 깊은 곳으로부터 하나님을 즐거워하여
우리들로 하여금 모든 선한 일에
하나님의 뜻에 따라 사는 것을
즐거워하게 하는 것입니다.[21]

---

[21] *Heidelberg Catechism*, **Question 90:** What is the quickening of the new man?
Answer: It is a sincere joy of heart in God, through Christ, (a) and with love and delight to live according to the will of God in all good works.

중생에서 나오는 선행을 드러내며 사는 삶

본문: 벧전 2:9-12.

이미 하나님 나라에 속하여 새사람으로 사는 그리스도인들의 현세에서의 삶은 과연 어떻게 특징 지워질 수 있겠습니까? 그것은 단 한마디 "중생의 생명에서 나오는 선행을 드러내며 사는 삶"이라고 특징지을 수 있을 것입니다. 중생한 사람은 자연스럽게 주께서 원하시는 선행을 행하며, 따라서 주님이 원하시는 선한 삶을 살아간다는 뜻입니다. 그래서 주님께서는 "선한 일을 행한 자는 생명의 부활로, 악한 일을 행한 자는 심판의 부활로 나오리라"고 말씀하신 것입니다(요 5:29). 여기서 말하는 그 선한 일이 바로 우리가 위에서 말한 '중생한 생명에서 나오는 선행'입니다. 이 '중생한 생명에서 나오는 선행'을 전통적으로 영적인 선(spiritual good)이라고 말해 왔거니와, 이 "영적인 선(靈的善)" 또는 "중생에서 나오는 선행(善行)"에 대해서 〈하이델베르크 요리문답〉 제 91 문답은 다음과 같이 설명하고 있습니다.

(제 91 문) 그렇다면 선행이란 무엇입니까?

(답) 선행이란 하나님의 율법에 따라,
하나님의 영광을 위하여,
참된 신앙에서 행해지는 것들입니다.
그러므로 우리 자신의 의견에 따른 것들이나
사람들의 계명에 근거한 것들은 선행이 아닙니다.

이 말씀은 '기독교적 선행'이 무엇인지를 매우 잘 설명하고 있습니다. 이제 하이델베르크 요리문답 제 91 문답의 말씀에 따라서 참된 선행에 대한 설명을 하도록 하겠습니다. 먼저는 긍정적으로 그리고 적극적으로 기독교적 선행을 설명하는 내용들을 생각해 보고, 그 후에 사람들이 흔히 선행이라고 생각하지만 참으로는 선행이 아닌 것들을 언급해 보도록 하겠습니다. 이런 정리는 종교개혁 때에나 지금이나 사람들의 오해를 막고, 진정한 기독교적 자유를 드러내며, 참된 그리스도인의 삶의 태도와 그 규범을 제시하는데 도움을 줍니다.

1. 참된 선행의 기준들

참된 기독교에서 말하는 '선행'(善行, good works)이란 이 세상에서 사람들이 일반적으로 말하는 선행이 아닙니다. 다시 한번 더 강조하지만, 이 선행은 기본적으로 중생의 생명에서 나오는 것입니다.[1] 그러므

---

[1] 이 점에 대한 좋은 강조들로 Louis Berkhof, *Systematic Theology* (Grand Rapids: Eerdmans, 1949), 540f.; Fred H. Klooster, *A Mighty Comfort* (Grand Rapids: CRC Publication, 1990), 한역, 『하이델베르그 요리문답에 나타난 기독교 신앙』 (서울: 여수룬, 1992), 155=개정역, 『하나님의 강력한 위로』 (서울: 개혁, 2020), 160f. 등

로 결과적으로 이 선행은 참된 신앙에서 나오는 것이라고 할 수 있습니다. 그러므로 기독교 윤리는 항상 "신앙의 윤리"(ethics of faith)입니다. 중생한 사람은 참된 신앙을 가지고 있고, 그 신앙에 근거해서 자연스럽게 선행을 행해 갑니다. 이 말은 그 선행을 할 수 있는 힘이 과연 어디서 나오는 것인가를 말해 줍니다.

그러므로 기독자의 선행의 **원천**은 중생한 이의 신앙이라고 할 수 있습니다. 성경에 의하면, 신앙으로 행하지 않는 모든 것이 죄이고(롬 14:23하), 신앙으로 행하는 것이 선행이 됩니다. 때때로 이 본문의 신앙을 그리스도에 대한 기본적 신뢰나 의존을 뜻하는 것이 아니라, 기독교적 확신과 그리스도 안에 있는 하나님 앞에서의 자유에 근거해서 정당화할 수 있는 것, 또는 기독교적 신앙이 행하도록 하고 하지 못하도록 하는 것으로 이해해 보려는 노력들이 있습니다.[2] 그러나 그리스도에 대한 일반적 신뢰와 의존과 기독교적 확신을 그렇게 구별해야 할 이유는 없다고 여겨집니다. 중생한 우리는 모든 일을 믿음으로 해야만 합니다. "믿음이 없이는 기쁘시게 하지 못하기" 때문입니다(히 11:6). 그러나 그렇다고 해서 **이 신앙이 어떤 공로나 공로의 근거가 되는 것은 아닙니다.** 무슨 일을 신앙으로 한다는 것은 결국 오직 하나님을 의지하여 한다는 것이기 때문입니다. 그러므로 더 **엄밀하게 말하면 선행의 원천은 그리스도인들이 그에게 의존하는 하나님**이십니다. 하나님께서 우리 안에서 역사하셔서 주께서 원하시는 것을 행하게 하십니다. 우리가 믿음으로 말미암아 구원함을 얻고, 믿음으로 말미암아 그 안에서 함께 일으키심을 받은 것과(골 2:12) 같이, 우리는 이제 모든 것을

을 보십시오.

2 Cf. Douglas Moo, *The Epistle to the Romans*, NICNT (Grand Rapids: Eerdmans, 1996), 863; Herman Ridderbos, *Paul: An Outline of His Theology* (Grand Rapids: Eerdmans, 1975), 291.

믿음으로 행해야 합니다.

둘째로, 그 선행의 **기준**은 하나님의 법(the law of God)입니다. 그것만이 선행의 영원한 기준입니다. 신구약 성경에 나타난 하나님의 의지의 표현 전체가 우리에게는 하나님의 법으로 여겨져야 합니다. 그 가운데서 (하이델베르크 요리문답 제 92 문이 잘 말해 주고 있듯이) 십계명이 **대표적인 것**으로 언급될 수 있습니다. 또는 그것을 (하이델베르크 요리문답 제 93 문이 말하듯이) 하나님께 대한 의무와 우리 이웃에 대한 의무라고 말할 수도 있고, (예수님께서 말씀하신 바에 따라서 하이델베르크 요리문답 제 4 문답이 잘 말했듯이) '하나님께 대한 사랑'과 '이웃에 대한 사랑'이라고 요약할 수도 있습니다. 이렇게 우리는 성경에 나타나고 있는 하나님의 권면이나 하나님의 교훈적인 뜻을 모두 하나님의 법으로 여기며 그것을 모든 것의 기준으로, 특히 우리의 선행의 기준으로 여겨야 합니다.

여기서 기독교 윤리의 기본적인 성격이 드러납니다. 기독교 윤리는 이렇게 성경의 가르침을 중심으로 합니다. 절대적인 것은 그 어떤 것도 인정되지 않는 이 시대에도 하나님의 백성인 우리들은 성경의 절대적 기준으로서의 성격을 강조해야만 합니다. 기독교 윤리와 그리스도인의 삶의 지침의 규범적 성격은 바로 이렇게 성경의 가르침을 중심으로 우리의 생각을 정리하고, 그것을 따르는 데 있습니다.[3]

바로 이 점을 강조하는데서 하이델베르크 요리문답의 개혁파적 요리문답으로서의 성격이 드러납니다.[4] 하나님의 법이 중생한 사람들을

---

[3] 이런 성경의 윤리와 기독교 유신론적 윤리를 잘 정리한 시도들 가운데 대표적인 것들로 다음을 보십시오: John Murray, *Principles of Conduct: Aspects of Biblical Ethics* (Grand Rapids: Eerdmans, 1957); Cornelius Van Til, *Christian—Theistic Ethics* (Philadelphia: Presbyterian and Reformed Publishing Company, 1961); John Frame, *Medical Ethics: Principles, Persons, and Problems* (Phillipsburg, New Jersey: Presbyterian and Reformed Publishing Company, 1988).

위한 용법을 지니고 있음을 밝히고 있기 때문입니다. 하나님의 법은 죄를 깨닫게 하거나, 죄를 억제하는 기능만 가지고 있는 것이 아니라, 중생한 사람들의 삶의 규범으로서의 성격도 있음을 매우 분명히 하는 것입니다.

그리고 셋째로 그 하나님의 뜻에 부합하는 것을 다른 목적을 위해서가 아니라 **하나님의 영광을 위하여** 행할 때, 그것이 참된 선행입니다.[5] 여기에 기독자의 선행과 삶의 근본적 **동기**가 있습니다. 우리의 삶 전체를 주께서 원하시는 대로 살아가려는 기본적인 동기가 바로 여기에 있습니다. 바울은 이 점을 강조하면서 "그런즉 너희가 먹든지 마시든지 무엇을 하든지 다 하나님의 영광을 위하여 하라"(고전 10:31)고 말합니다. 이것은 우리의 일상적인 삶 전체와 관련해서[6] 우리가 과연 어떻게 살아야 하는지를 말하는 것입니다. 하나님의 영광을 위해 무엇을 한다는 것은 근본적으로 그 일을 하나님을 위해 한다는 말이며, 그 일을 통해서 하나님의 영광스러우심이 인정되도록 한다는 것입니다. "그리스도인은 자신의 권리(his rights)가 아니라, 하나님의 영광에 관심을 가지고 있기" 때문입니다.[7] 우리가 어떤 일을 행하는 기본적인 동기는 하나님을 위한 것입니다. 즉, 하나님의 영광스러우심이 우리와 다른 사람에게

---

4 Klooster, 『하나님의 강력한 위로』, 156-57=개정역, 166-68에서도 이점을 강조하고 있습니다.

5 벌코프도 이점을 강조합니다: "그 직접적인 목적이 어떤 것이든지 궁극적 목적은 사람의 복지가 아니라 사람의 생에서 생각될 수 있는 최고의 목적인 하나님의 영광이다"(Berkhof, *Systematic Theology*, 541).

6 이 구절에서의 일상적인 삶에 대한 강조에 대한 지적으로 F. W. Grosheide, *The First Epistle to the Corinthians*, NICNT (Grand Rapids: Eerdmans, 1953), 244를 보십시오. 그런가 하면 Gordon D. Fee는 우리의 삶 전체(one's whole life)가 문제가 되는 것이라고 말하고 있습니다(*The First Epistle to the Corinthians*, NICNT [Grand Rapids: Eerdmans, 1987], 488).

7 Leon Morris, *1 Corinthians*, Tyndale New Testament Commentaries, Revised Edition (Leicester: IVP, 1985), 148.

서 바르게 인정되도록 하기 위해 그 일을 하는 것입니다.

성경 가운데서는 그리스도인의 선한 삶이 이렇게 하나님께 영광을 돌려드리도록 한다는 것을 여러 측면에서 가르치고 있습니다. 가장 현저한 예는 우리 주님의 다음과 같은 말씀에 나타납니다: "이같이 너희 빛을 모든 사람 앞에 비취게 하여 저희로 너희 착한 행실을 보고 하늘에 계신 너희 아버지께 영광을 돌리게 하라"(마 5:16). 물론 이 세상에 있는 사람들이 당장 우리의 선행을 보고 하나님께 영광을 돌리는 것, 즉 하나님의 영광스러우심을 인정하게 되는 것은 아닙니다. 그러나 이 세상 안에서 믿지 않는 사람들이 성도들의 이 구별된 삶과 그 행동 방식을 보면서 조롱하면서도 그것의 빛을 인정하게 되는 일이 있기도 합니다. 물론 그것에 대한 아주 온전한 인정은 아주 나중에야 나타나게 될 것입니다.

이는 다음과 같이 말하고 있는 베드로 사도의 말 가운데서 더 잘 드러납니다: "너희가 이방인 중에서 행실을 선하게 가져 너희를 악행(惡行)한다고 비방하는 자들로 하여금 너희 선한 일을 보고 권고(眷顧)하시는 날에 하나님께 영광을 돌리게 하라"(벧전 2:12). 여기서 중요한 말의 하나는 이 영광을 돌리는 일이 우리를 권고(眷顧)하시는 날, 즉 우리를 돌아보시는 날에 이루어진다고 하는 것입니다. 그것은 지금 당장 우리 앞에 있는 문제가 해결될 때를 뜻할 수도 있지만,[8] 결국 이 세상 안에서 우리를 주께서 돌아보시며 모든 문제를 해결하는 최종적인

---

8 본문의 "돌아보시는 날"(ἐν ἡμέρᾳ ἐπισκοπῆς)이라는 어귀에 정관사가 없다는 것과 영광을 돌리는 것이 변개(變改)하여 주를 믿게 된 자들의 행위라는 근거에서 이것이 불신자가 신자들의 선한 행위를 보고 회개하여 주께 영광을 돌리게 되는 때로 보는 해석이 있습니다. 대표적인 예로 Wayne Grudem, *1 Peter*, Tyndale NTC (Leicester: IVP, 1988), 116f. 그러나 이런 해석은 너무 많은 것을 본문에 넣어 해석한다는 비판을 받을 수 있다고 생각됩니다. 그러므로 그는 RSV, NASB, NIV, AV, NEB 등 대부분의 번역("on a day of visitation")에 반(反)하는 번역을 제시하는 것입니다.

날을 뜻하는 것이 자연스럽습니다. 즉, 이 돌아보시는 날을 종국적인 마지막 날로 이해하는 것이 자연스럽다는 것입니다.[9] 그 때에는 이 세상의 심각한 죄인들과 그리스도인들을 비방하는 사람들이라도 하나님의 영광을 인정하지 않을 수 없습니다. 그리고 우리의 선행이 이루어지는 장(場)이 "이방인들 가운데", 즉 "이 세상 한 가운데"라는 것이 이 본문에서 우리가 중요시해야 할 점입니다.

이렇게 지금이나 장래에라도 하나님의 영광이 인정되는 것이 바로 우리 삶의 목적입니다. 그것이 우리가 추구하고 나갈 바이며, 주께서 그것을 위해 우리를 구원하여 그의 백성이 되게 하셨다고 할 수 있습니다. 베드로 사도의 다음의 말을 더 들어보시기 바랍니다: "오직 너희는 택하신 족속이요, 왕 같은 제사장들이요 거룩한 나라요, 그의 소유된 백성이니, 이는 너희를 어두운 데서 불러내어 그의 기이한 빛에 들어가게 하신 자의 아름다운 덕을 선전하게 하려 하심이라"(벧전 2:9). 그의 아름다운 덕을 선전하는 것, 그것이 그분의 영광을 인정하는 것이며, 그것이 우리를 구속하여 그의 백성이 되게 하신 궁극적 목적이라고 말합니다. 이처럼 우리는 하나님 영광의 증시(證示)를 위해 존재

---

9 이런 해석의 대표적인 예로 Stephen W. Paine, "1 Peter," in *The Wycliffe Bible Commentary* (Chicago: Moody Press, 1962), 1447; David H. Wheaton, "1 Peter," in *New Bible Commentary,* Third Edition (Leicester: IVP, 1970), 1242; Stephen Motyer, "1 Peter," in *Evangelical Commentary on the Bible* (Grand Rapids: Baker, 1989), 1166; J. Ramsey Michaels, *1 Peter,* WBC 49 (Waco, Texas: Word Books, 1988), 119-20을 보십시오. 그러나 Michaels는 그 때 이방인들이 구원을 얻는 것으로 언급하고 있습니다. 그 근거는 "하나님께 영광을 돌리다"(δοξάσωσιν τὸν θεόν)는 말이 다른 곳에서 특히 그리스도인들에 의한 예배 행위와 관련된 맥락에서 사용되고 있기 때문이라는 것입니다(벧전 4:14b, 16, 그리고 계 11:13; 14:7; 16:9을 인용하는 118). 같은 견해를 표하는 이로 Roger M. Raymer, "1 Peter," in *The Bible Knowledge Commentary* (N.P.: Victor Books, Scripture Press, 1983), 846을 보십시오. 그러나 이것도 너무 지나치게 본문에 의미를 부여하는 것이 아닐까를 우려해야 합니다.
그런가 하면 Charles Bigg은 이 두 해석을 다 언급하면서 종국의 날로 보는 해석을 지지하는 von Soden과 Schott를 언급하며 그것이 더 나은 해석인 것처럼 보이나, 결국 어떤 해석을 취하든지 문제될 것은 없다는 입장을 표하고 있습니다(*Epistles of St. Peter and St. Jude,* ICC [Edinburgh: T. & T. Clark, 1902], 138f.).

하며 살며 행하는 것입니다.

이렇게 믿음으로 하나님의 영광을 위하는 동기를 가지고서 하나님의 뜻을 이루어 가는 것이 하나님께서 원하시는 선행, 즉 "영적인 선"을 행하는 것이 됩니다. 그것이 구원받은 증거이고, 구속의 열매이며, 우리를 구원하신 분의 아름다운 덕을 온 세상에 선전하는 것이며, 하나님의 영광을 드러내는 것이 됩니다. 프레드 끌로스터 교수님도 이 문답에 근거하여 다음과 같이 잘 정리해 준 바 있습니다: "경건한 감사의 생활 속에서 선의 원천은 신앙이고, 그 규범은 하나님의 법이며, 그 목적은 하나님의 영광이다."[10] 끌로스터 교수님은 "이것이 기독교 윤리의 요약을 제공한다"고 말하기도 했습니다. 그런 마음을 가지고 주께서 원하시는 선행을 하는 사람들은 그 어떤 보상을 기대하지 않습니다. 그들은 오히려 마치 루터나 칼빈과 같이 생이 마쳐지는 순간에도 "나는 아무 것도 하지 않았다. 오직 하나님의 말씀이 이 모든 일을 한 것이다"고 말할 수 있습니다.

2. 참된 선행이 아닌 것들: 우리를 속이는 것들

이렇게 참된 선행을 정리한 후에는 참된 선행이 아닌 것들을 같이 생각해 보아야만 합니다. 왜냐하면 이 세상에는 우리가 여기서 말하는 참된 선행이 아니면서 마치 그런 선행인 것처럼 언급되는 것들이 많이 있기 때문입니다. 하이델베르크 요리문답 91문에서는 "자신들의 의견에 따른 것이나 사람들의 계명에 근거한 것은 참된 선행일 수 없다"고 단언하고 있습니다. 이것은 무엇을 뜻합니까? 사람들이 스스로 생각하

---

[10] Klooster, *A Mighty Comfort*, 97=『하나님의 강력한 위로』, 154=개정역, 164.

기를 이렇게 하는 것이 선한 것이라고 생각해서 만들어 어떤 일을 하는 것이나, 그런 것들이 오랜 전통이 되어서 사람들이 흔히 행하며 다른 사람들에게 권면하는 것들(사람의 계명들)은 선행의 기준이 될 수 없다는 것입니다. 그러므로 이는 위에서 말한 바 성경에서 가르치는 하나님의 교훈적 의지와 이에 근거한 하나님의 법만이 우리의 기준이 될 수 있다는 것을 다시 천명하는 것입니다. 그러므로 어떤 사람이 중생한 사람이 믿음에 근거해서 하나님의 법에 있는 것을 참으로 순종해야 한다고 여기는 것은 여기서 참된 선행이 아니라고 규정하는 것에 속하는 것이 아닙니다. 오히려 그렇게 생각하는 것은 중생한 그리스도인으로서 매우 옳고 바른 것입니다.

그런데 문제는 성경의 근거가 없이 자기 스스로 어떤 것을 선의 기준이라고 생각하는데 있습니다. 이렇게 자기 생각에서 행하는 것은 참된 선행이 될 수 없습니다. 여기서는 개개인이 명백한 성경적 근거 없이 스스로 어떻게 하는 것이 하나님의 뜻을 더 잘 수행하는 것이 되겠다고 생각하는 것이 문제입니다. 자신의 의지의 격률(maxim)이라고 하는 것이 성경의 가르침에 일치하는 것이 아니라면 그것을 선행의 기준으로 제시해서는 안 됩니다.

예를 들어서, 어떤 사람이 스스로 생각하기를 매달 첫날에 예배당에 가서 기도하는 것이 좋겠다고 생각했다고 합시다. 그가 이 일에 어떤 의미를 부여하지 않고 스스로의 유익을 위해 그저 주께 기도한다면 이것은 기도하며 주님과 교제하는 일이기에 그런 측면에서 좋은 일일 수도 있습니다. 그러나 그가 이 매달 첫날에 예배당에서 기도하는 일에 의미를 붙이기 시작하고, 그것을 다른 사람들에게 권(勸)하기 시작할 때, 우리는 이런 것이 성경이 말하는 선행의 기준이 될 수 없다는 것을 분명히 천명해야 합니다. 이와 같이 개인적으로 어떤 것이 좋겠다고 생각하는 것에 대해서 우리는 언제나 유의해야만 합니다. 어떤 사람이 스스로 주께서 주신 은사를 고려할 때 자신이 혼인하지 않고 주를 섬겨 나가겠다고 한다면 주어진 은사에 따라 행하는 것이므로 그것은 별 문제 없지만, 그렇게 사는 것이 혼인하여 사는 것보다 더 영적인 것이라고 생각한다든지, 그런 양식(style)의 삶을 될 수 있는 대로 많은 사람들에게 권면한다든지 하는 것이 바로 자기 식의 율법을 만들어 내는 것이 될 수 있습니다.

이와 마찬가지로 사람들이 공통적으로 생각하기를 어떤 것이 선한 것이라고 여긴다든지, 그런 것이 오랜 전통이 되어서 어떤 것을 계속해서 옳고 바른 것이며 그에 따라서 살아야만 한다고 하는데, 그것이 성경적 근거를 가진 것이 아니라면 그것은 여기서 우리가 말하는 선행일 수 없습니다. 예를 들어서, 혼인하지 않기로 서약하고서 하나님을 섬기는 것이 훨씬 더 영적인 것이며 하나님께 영광이 되는 것이라고 생각하는 중세와 오늘날의 어떤 분들의 관습에 대해서 생각해 보십시오. 그것이 오랫동안 많은 사람들에 의해서 옳고 바른 삶의 규범으로 간주되며 많은 사람들에게 그에 따르도록 권면되어 왔다고 해도, 성경이 그런 식으로 생각하지 않는다면 우리는 이런 관습을 계속 유지해서는 안 되고, 오히려 그것은 하나님의 법에 배치되는 것이라고 해야 합니다. 그래서 루터는 자신이 이전에 수도자와 신부로 서원한 것에 대해서 자신이 잘못 서원했다고 회개했습니다. 오히려 이렇게 주님을 섬기든지, 저렇게 주님을 섬기든지 그 모든 것이 다 주님을 바르게 섬기는 것이 된다는 것을 인정하고서 자신은 주어진 은사에 따라 결혼해서 주를 섬겨 나가기로 하고 혼인하는 길로 나아가 1525년에 캐떠린 폰 보라(Katherine von Bora)와 혼인한 것입니다. 그것은 교회의 전통이 아니라 하나님의 말씀에만 의존하여 살겠다는 일종의 선언적 행위였습니다.

예수님 당시의 "장로들의 유전"도 바로 이런 예에 해당하는 것입니다. 처음에는 하나님의 법을 지키게 해보려는 좋은 동기에서 시작했다고 해도, 결국 그 유전 자체는 성경적 근거를 가진 것이 아니고, 그런 것이 증가함으로 사람들로 하여금 하나님의 법은 번문욕례와 같이 복잡하기만 하지 우리에게 하나님의 법을 지키게 하는데 도움이 되는 것이 아닐 때에 문제가 발생합니다. 바로 그것이 "장로들의 유전"의 큰 문제입니다. 이와 정확히 같은 것이 종교 개혁 시대에 많이 논의되었던 "성경적 근거를 가진 것이 아닌 사람들의 명령이나 규례들"입니다.

예를 들어서, 사순절(lent)을 지키던 중세의 관습을 생각해 보십시오. 처음에는 사람들로 하여금 주님의 수난을 깊이 생각하며 이 기간만이라도 그의 고난을 생각하며 살게끔 하려던 이 일이 결국 이 일정한 기간만을 고난스럽게 살면 된다는 의식에로 발전해 가는 것을 보면서, 이런 규례를 폐지했던 종교개혁자들의 의도를 우리는 중요시해서 보아야 합니다.[11] 종교 개혁자들이 이렇게 성경적 근거를 가지지 않은 교회의 모든 절기들을 폐한 것은 바로 영적인 선(spiritual good)에 대한 바른 이해에서 나온 것입니다. 성경적 근거, 즉 성경에 있는 하나님의 법에 근거하지 않은 모든 것들은 아무리 좋은 동기에서 나온 것이라고 해도 그것은 옳은 것이 아니라고 선언한 것입니다. 왜냐하면 선(善)은 우리가 옳다고 여기는 것이나 우리의 전승에서 수립된 것이 아니기 때문입니다. 오직 성경 가운데서 하나님께서 명령하신 것만이 선(善)한 것입니다.

3. 기독자의 자유와 책임

---

[11] 특히 John Calvin, *Institutes of the Christian Religion* (Philadelphia: The Westminster Press, 1960), 4. 12. 20에 있는 사순절에 대한 미신적 준수("superstitious observance")에 대한 비판을 보십시오.

이렇게 영적인 선, 즉 참된 선행과 그것이 아닌 것들을 명확히 구분하는 데서 '기독자의 자유'(the Christian liberty)에 대한 바른 이해가 나옵니다. 그리스도인들은 성경적인 규범 밖에 있는 것들에 대해서는 모두 자유합니다. 바로 여기에 '양심의 자유'의 근원적 사상이 있습니다. 하나님의 말씀이 우리를 규제하지 않는 것에 대해서는 각자가 자신의 양심에 따라 행할 수 있다는 것입니다. 그리고 교회의 지도자들은 하나님의 말씀 외의 그 어떤 것을 가지고 성도들의 삶을 규제하려고 해서는 안 됩니다. 오직 성경의 가르침만이 우리를 규제하는 지침이어야 하고, 오직 성경만이 그 절대적 규범으로서의 성격을 지닙니다. 이것이 "오직 성경"(*sola scriptura*)의 원리의 한 측면입니다. 우리가 교회의 지도자들이라면 우리 교회 안에서 성경의 명확한 근거를 가진 것 외에 어떤 것이 이상한 규례로 작용하지 않게 해야 합니다. 그런 이상한 것들이 소위 '교회의 규례'로 나타나는 잘못된 일이 있지 **않도록 해야** 합니다. 오직 성경에서 요구하는 것만이 우리를 규제하도록 해야 할 것입니다.

그리고 개인들로서도 성경이 말하는 것만을 기준으로 하고 그 외의 모든 것으로부터는 양심의 자유를 선언해야 합니다. 물론 이것은 쉬운 일이 아닙니다. 종교개혁이 일어날 때 많은 사람들이 종교개혁 운동에 대해 저항한 이유 중의 하나가 바로 여기에 있습니다. 자신들이 오랫동안 교회의 규례로 여기며, 그에 따라 살아 왔던 것을 포기하고 폐기하는 것은 그렇게 쉬운 일이 아니기 때문입니다. 그러나 진정한 신앙을 가진 사람들은 이런 양심의 자유를 보호하는 일에 최선을 다해야 합니다. 성경의 규례만이 우리를 규제하는 것입니다. 따라서 다른 모든 것으로부터 우리는 자유롭습니다.[12]

그러나 우리는 이 자유가 방종이 되지 않도록 유의해야 합니다. 바울은 이렇게 말합니다: "형제들아 너희가 자유를 위하여 부르심을 얻었으나, 그러나 그 자유로 육체의 기회를 삼지 말고, 오직 사랑으로 서로 종노릇하라"(갈 5:13). 우리의 자유는 결국 섬김을 위한 자유라는 것을 보여 주는 것입니다. 이전에는 죄에게 종 되어서 그렇게 하지 못하던 사람들이 이제는 하나님을 섬기고, 서로가 서로를 섬김을 가능하게 하는 자유가 주어진 것입니다. 이런 뜻에서 루터는 그의『기독자의 자유』에서 "그리스도인은 모든 이로부터 자유하다, 그러나 그는 모든 사람들의 종이다"는 역설적인 선언을 했습니다. 이는 바울이 말하는 자유와 책임의 의무를 잘 보여 줍니다. 우리의 자유는 주께서 구속으로 우리에게 가져다주신 것이고, 우리는 그 자유를 굳게 지키면서(여기에 갈라디아서의 바울의 강한 논지가 있습니다), 그 자유를 다른 사람들을 섬기는 기회로 사용하는 것입니다. 이제 우리는 자유하게 된 사람들로서 우리의 삶을 기꺼이 다른 사람들을 위해 허비하는 데까지 나아가는 것입니다. 바로 여기에 하나님의 법을 더 온전하게 성취하는 방도가 있습니다.

4. 결론

이제 구속함을 받아 하나님의 말씀 외의 모든 것으로부터 자유하게 된 우리가 어떻게 살아가야 하는지가 아주 분명해지지 않았습니까? 우리의 삶 전체를 가지고 어떻게 주를 섬겨 나가며, 어떻게 사랑으로 다른

---

[12] 청교도들의 이런 폐지 노력과 관련한 논의로 이승구, "조직신학에서 본 청교도 사상", 『21세기 개혁신학의 방향』(서울: SFC, 2005), 129-32=개정판 (서울: CCP, 2018), 59-88을 보십시오.

사람들을 섬겨 나가야 하는 지가 분명해졌을 것입니다. 그것이 성경에 나타난 하나님의 법을 성취하는 것이며, 믿음으로 살아가는 것이고, 하나님의 영광을 위해 살아가는 것입니다. 부디 우리가 이런 의미의 선행(善行)을 하여 나가는 진정한 성도의 모습을 온 땅에 증시(證示)하며 나갈 수 있기 바랍니다.

다시 한번 더 기독교적 의미의 선행(善行)이 무엇인지를 정리해 주는 〈하이델베르크 요리문답 제 91 문답〉의 말씀을 들어보기로 합시다. 우리가 이런 의미의 선행을 하여 갈 수 있기를 기원하면서 말입니다.

(제 91 문) 그렇다면 선행이란 무엇입니까?

(답) 선행이란 하나님의 율법에 따라,
하나님의 영광을 위하여,
참된 신앙에서 행해지는 것들입니다.
그러므로 우리 자신의 의견에 따른 것들이나
사람들의 계명에 근거한 것들은 선행이 아닙니다.[13]

---

[13] *Heidelberg Catechism*, **Question 91:** But what are good works?
Answer: Only those which proceed from a true faith, are performed according to the law of God, and to his glory; and not such as are founded on our imaginations, or the institutions of men.
CRC에서 새로 번역한 판은 좀 더 분명하게 이렇게 번역하고 있습니다: "Only those which are done out of true faith, conform to God's law, and are done for God's glory; and not those based on our own opinion or human tradition."

제 2 부

하나님의 법과 우리의 삶(Ⅰ)

십계명의 성격과 이에 대한 우리의 태도

본문: 출 19:16-20:17; 31:18; 34:27-29

우리는 이제까지 이미 하나님 나라에 속하여 새 사람으로 사는 그리스
도인들은 현세에서 "중생의 생명에서 나오는 선행을 드러내며 사는
삶"을 살아가고, 이 때 선행이란, 〈하이델베르크 요리문답 제 91 문〉이
잘 정리하고 있는 대로, "하나님의 율법에 따라, 하나님의 영광을 위하
여, 참된 신앙에서 행해지는 것들"이라는 것을 생각했습니다. 여기에
우리의 삶의 **기준과 원칙**(하나님의 법), **기본적인 동기**(하나님의 영광),
그리고 **삶의 추진력**(성령의 힘에 의존하는 참된 신앙) 등이 잘 나타나
있습니다. 이 세 가지 요소는 우리의 그리스도인으로서의 삶을 규정하
는 일에서 언제나 중요한 요소들입니다. 하나님의 영광을 위하여 산다
는 삶의 기본적인 동기와 방향, 그런 삶을 이룰 수 있는 힘으로서 성
령님께서 주시는 힘에 대한 의존(신앙)은 아무리 강조해도 지나치지 않
습니다. 그러므로 우리는 이것들을 항상 같이 생각해야만 합니다.

그런데 이와 함께 중요한 것은 우리가 위하여 살며, 우리가 의존하는 '하나님의 우리의 삶에 대한 뜻'을 명확히 하는 것입니다. 성경 전체가 결국은 이를 분명히 알려 주기 위한 것이라고 할 수 있고, 특히 성경에 나타나는 우리들에 대한 명령들, 소위 '명령법'(imperatives) 전부가 우리에게는 중요합니다. 우리는 이 "성경 전체"(tota scriptura)라는 전망을 잃지 않도록 해야 합니다. 물론 우리가 우리의 삶에 대한 하나님의 뜻을 생각할 때에는 십계명이나 산상수훈의 내용을 중심으로 정리할 수 있습니다. 그러나 그렇게 십계명이나 산상수훈을 중심으로 생각할 때에도 우리는 그 내용을 "성경 전체"라는 전망(tota scriptura perspective)의 빛에서, 편의를 위해 그런 것들을 사용해서 "우리의 삶에 대한 하나님의 뜻"에 대해서 생각해야 할 것입니다. 다른 모든 성경 주해에서와 같이 직접적, 전체적 맥락에서 분리된 해석은 언제나 잘못된 해석일 뿐입니다. 그러므로 앞으로 하이델베르크 요리문답을 따라서 십계명을 중심으로 우리의 삶에 대한 규범을 생각할 때에라도 우리는 이 말씀을 성경 전체의 가르침과 연관시켜서 이해하려고 해야 합니다.[1] 그렇게 하지 않으면, 때로는 십계명만이 우리의 삶에 대한 하나님의 뜻을 나타내는 것 같이 오해하거나, 이 계명들의 풍성한 함의를 놓치는 등 수많은 문제가 나타나게 됩니다. 이는 십계명 자체가 성경에 있는 다른 명령들과 같은 위치에 있다는 것, 즉 하나님께서 이미 구원하신 백성들에게 주시는 하나님의 뜻의 표명이라는 것을 기억할 때만 피할 수 있습니다. 그러므로 먼저 십계명의 이런 "구원 이후적 성격"부터 생각해 보도록 하겠습니다.

---

[1] 십계명은 성경 전체가 가르치는 도덕법의 "가장 중요한 부분들을 포함하고 있다"고 이해하는 멜랑흐톤의 말을 유의하십시오. Philip Melanchthon, *Loci Communes 1555*, 한역, 『신학 총론』(서울: 크리스챤 다이제스트, 2000), 197. 이는 개혁파의 요리문답들이 십계명을 이해하는 방식이기도 합니다. 『웨스트민스터 소요리문답』 제 41 문과 답을 참조하여 보십시오. (문) "이 도덕 법칙은 어디에 총괄되어 나타났습니까?" (답) "이 도덕 법칙은 십계명에 총괄되어 나타났습니다."

1. 십계명의 근거로서의 하나님의 구원 행위

십계명은 그 서문(preamble or preface or prologue)이[2] 잘 말해 주는 대로 **우리를 구원하신** 하나님의 말씀입니다. 심지어 십계명의 앞뒤 맥락의 말씀인 출애굽기 19:16과 20:18, 그리고 신명기 5:4, 22의 모세의 말에 근거해서 이는 하나님께서 친히 이스라엘 백성 전체가 들을 수 있도록 나팔 같이 큰 소리로 하신 말씀이라고까지 해석하는 사람들도 있습니다.[3] 그리고 후에 이것을 하나님께서는 두 번에 걸쳐서 친히 돌 판에 기록해 주셨습니다(출 31:18; 32:15f.; 그리고 출 34:10-27). 그래서 클라인(Kline) 같은 분은 이를 (출 24:12과 같이) 법(law)이라고 부르기보다는 성경의 지칭을 따라서 '언약'(신 4:13; 10:8), '언약의 말씀들'(출 34:28; cf. 신 29:1, 9), 또는 '증언'(testimony, 출 25:16, 21; 40:20f.; cf. 왕하 17:15)이라고 부르기를 선호합니다.[4] 이스라엘을 구원하신 하나님께

---

2 유대교에서는 일반적으로 2절의 말씀을 제 1 계명으로 여기나, 요세푸스(Josephus)와 필로(Philo) 등의 더 이른 유대교 전통은 후대의 대부분의 개신교들이 생각하는 대로 2절 말씀을 십계명 전체의 서문으로 여깁니다. 이에 대한 자세한 설명을 위해서는 C. F. Keil and F. Delitzsch, *Commentary on the Old Testament*, vol 2, trans. James Martin (Grand Rapids: Eerdmans, 1976), 109와 R. Alan Cole, *Exodus: An Introduction and Commentary*, Tyndale Old Testament Commentaries (Leicester, England and Downers Grove, Ill., USA: IVP, 1973), 152를 보십시오.

3 이런 해석의 예로 다음을 보십시오: Keil and Delitzsch, 106; Philip C. Johnson, "Exodus," in *The Wycliffe Bible Commentary* (Chicago: Moody Press, 1962), 68; Derek Kidner, "Ten Commandments," in *The Zondervan Pictorial Encyclopedia of the Bible*, ed. Merill C. Tenney, vol. 5 (Grand Rapids: Zondervan, 1976), 672; John I. Durham, *Exodus*, Word Biblical Commentary 3 (Waco, Texas: Word Books, 1987), 283; James K. Hoffmeier, "Exodus," *Evangelical Commentary on the Bible*, Walter A. Elwell, ed. (Grand Rapids: Baker, 1989), 54; Walter C. Kaiser, Jr., "Exodus," in *The Expositor's Bible Commentary*, vol. 1 (Grand Rapids: Zondervan, 1990), 420; 최낙재, 『소요리문답 강해』 II (서울: 크리스챤 다이제스트, 2000), 44, 45, 57, 76. 이스라엘이 들을 수는 있었으나(audible), 하나님의 말을 파악하기는 어려웠다(his words were indiscernible)는 견해도 있습니다(Kline, "Deutronomy," in *Wycliffe Bible Commentary*, 162).

서는 시내 산에서 다음과 같이 말씀하시기 시작하시기 때문입니다: "나는 너를 애굽 땅, 종 되었던 집에서 인도하여 낸 너의 하나님 여호와로라"(출 20:1; 신 5:6).

이런 서언의 말씀으로 하나님께서는, 칼빈이 잘 말해 주고 있듯이, "우리의 마음을 순종하도록 준비"시키십니다.[5] 이렇게 구원의 하나님이심을 먼저 말씀하신 것은 이스라엘 백성에게나 우리에게 모두 매우 중요한 것입니다. 보스는 다음과 같이 이 점을 잘 지적하고 있습니다: "일차적으로는 한 민족으로서의 이스라엘에게 선포된 것이므로, 대명사와 대명사적 접미사들이 여성 단수이다. 어떤 것들, 예를 들어 애굽으로부터의 구원을 말하는 것은 이스라엘에게만 적용되는 듯이 보일 수가 있다…… [그러나 여호와께서 애굽으로부터의 구속을 순종의 근거로 말씀하실 때는 모든 신자들의 삶에의 영적인 유비(spiritual analogy)로서의 어떤 것을 지적하는 것이다. 역사적인 상황은 보편적인 적용에서 유리되지 않고, 오히려 이를 보조하는 것이다."[6] 즉, 보스는 이스라엘에게만 구속 이후에 이 말씀이 적용되는 것이 아니라, 우리들 같이 신약적인 온전한 의미로 구속함을 받은 사람들에게도 이 말씀이 적용된다는 것을 분명히 하는 것입니다. 하나님께서는 이 구원 행위로 당신님 자신을 주신 것이고, 이스라엘 백성을 '하나님 백성이 아닌 위치'(no people)에서 하나님의 백성(people)으로 만들어 주신 것입니다.[7] 그와 같이 예수님

---

4 Cf. Meredith G. Kline, "Ten Commandments," in *New Bible Dictionary*, Second Edition (Leicester, England: IVP, 1982), 1174.

5 John Calvin, *Commentaries on the Four Last Books of Moses Arranged in the Form of A Harmony*, trans. Charles William Bingham (Edinburgh: Calvin Translation Society, 1852; reprinted, Grand Rapids: Baker Book House, 1993), 339: "it is a general preface, whereby He prepares their minds for obedience."

6 Geerhardus Vos, *Biblical Theology* (Grand Rapids: Eerdmans, 1948), 이승구 역, 『성경신학』, 개정역 (서울: 기독교문서선교회, 2000), 163f.

7 Durham, *Exodus*, 284.

안에서 이루신 구원으로 하나님께서는 당신님을 우리들에게 주신 것이며, 그야말로 아무 것도 아닌 우리를 하나님의 백성으로 만들어 주신 것입니다. 이처럼 "율법은 그 시초서부터 아주 확고히 은혜의 맥락 안에 근거하고 있는 것"입니다.[8] 이렇게 하여 하나님께서는 "백성의 마음을 순종할 수 있도록 준비"시키십니다.[9]

그러므로 이 서언의 말씀은 "그러므로 우리가 그 하나님의 말씀을 존중하고 귀히 여기며, 반드시 준행해야만 한다"는 것을 강조하는 의미를 지니고 있습니다. 그의 말씀이 무시되지 않도록 입법자의 권리를 수립하는 것입니다.[10] 우리를 구원하신 여호와의 말씀을 존중하는 것은 아주 당연한 일이 아니겠습니까? 더구나 이 명령들이 "도덕적 명령의 용어로 표현된 하나님의 어떠하심"(God's nature expressed in terms of moral imperatives)이라면, 그리고 하나님께서 바로 이런 식으로 당신님을 계시하시기로 선택하셨다면,[11] 우리는 이를 중요시하면서 그의 명령에 잘 순종해야 하지 않겠습니까? 그래서 〈웨스트민스터 소요리문답 제 44 문〉에서는 "십계명의 머리말이 우리에게 교훈하는 것은 하나님이 주가 되시고 우리의 하나님이시며 구속자이시므로, **우리가 마땅히 그의 모든 계명을 지켜야 하리라 함**입니다."고 표현하기도 합니다. 그러나 이렇게 구원의 하나님 되심을 먼저 말씀하신 것은 이렇게 앞으로 하는 말을 잘 들어야만 한다는 것을 강조하는 이상의 의미가 있음을 생각해야 합니다.

그 이상의 의미는 무엇일까요? 이 모든 명령의 말씀이 결국 이미

---

8 Cole, *Exodus*, 153: "Law is firmly set in the context of grace, from its very origins."

9 Keil and Delitzsch, *Commentary on the Old Testament*, vol. 2, 114.

10 Cf. Calvin, *Comm.* on Exo. 20:1, 339.

11 Cole, *Exodus*, 152. 또한 Melanchthon, 『신학 총론』, 197도 보십시오.

우리를 구원하신 것에 근거해서 주어지는 명령이라는 것입니다. "하나
님의 구속적 행위 때문에 하나님께서는 명령하실 수 있는 권리가 있습
니다."[12] 그리고 이미 구원받은 백성들은 그들을 구원하신 그 구원의
하나님의 뜻에 따라 살아야 합니다. 그러므로 이런 구조는 우리가 이
명령의 말씀을 잘 순종해 나가면, 그것에 근거해서 우리를 구원하시겠
다는 것이 아님을 아주 분명히 보여 줍니다.[13] 만일에 십계명 부여가
그런 식의 구조를 가졌다면, 우리는 부지런히 이 계명들을 지켜가야
하고, 그런 우리의 노력과 실천에 근거해서 구원을 받아 보려고 노력
해야 했을 것입니다. 그리고 결국 그런 식으로 그 계명의 모든 의도를
다 지킴으로 구원받는 것이 불가능하다는 것을 깨닫게 되었을 것입니
다. 그러므로 십계명을 그와 같이 우리를 구원하는 조건으로 이해하는
것이나, 우리의 구원의 구조를 이와 비슷하게 조건적으로 생각하는 모
든 것들이 다 잘못된 것임을 우리는 분명히 알 수 있습니다.

또한 주께서 그와 같은 방식으로 십계명을 주지 아니하시고, 그와
같은 방식으로 우리를 구원하려 하지 않으신 것에 대해서 우리는 무한
한 감사를 주께 드리지 않을 수 없습니다. 만일에 그런 식으로 우리를

---

[12] Cole, *Exodus*, 150. 비슷한 진술을 하는 다음도 보십시오. Brevard S. Childs,
Exodus, A Commentary, Old Testament Library (London: SCM Press, 1974), 401: 2
절의 "진술 양식(formula)은 이스라엘을 위하여 이미 은혜스럽게 행동하셨으므로 하나님
께서 자신의 뜻을 알릴 수 있는 권위와 권리를 가지고 계심을 밝혀 주고 있다." (이는 옳
은 진술입니다. 그가 이를 비롯한 많은 시사적 통찰을 제시하고 있지만, 차일즈는 기본적
으로 전승사적 연구에 기초한 작업을 하고 있고, 본문의 최종적 형태를 중요시하는 정경적
접근도 이런 기존의 틀을 완전히 부인하는 것이 아님에 유의해야 합니다. 예를 들어서, 그
는 출애굽기 본문에서처럼 십계명과 시내 산이 연관된 것은 후대의 편집 행위에 의해서
나타나게 된 것이라고 보는 것입니다[392, 397]. 그러므로 우리는 그의 모든 논의에 동의
하기는 어려운 것입니다.).

[13] 비슷한 견해의 천명으로 Johnson, "Exodus," in *Wycliffe Bible Commentary*, 68
을 보십시오. 그는 또한 이 계시는 "생명을 주기 위해서가 아니라 삶을 인도하기 위해서"
주어졌다는 페어베인의 말을 인용하고 있습니다(P. Fairbairn, *The Revelation of Law
in Scripture*, 274).

구원하시려고 하셨다면, 우리 모두는 전혀 구원을 받지 못했을 것이기 때문입니다. 이 계명들은 이 계명들에 순종하여 구원을 얻도록 하려고 주신 것이 아니라, 이미 주께서 우리를 구원하신 것에 근거해서 **이미 구원함을 받은 백성들의 삶의 규범으로 주신 것**입니다. 즉, 이는 "언약 백성들에게 요구되는 삶의 방식을 제시한" 것입니다.[14] 이런 의미에서 출애굽기 20:1-17의 말씀의 제목을 "언약 안에서의 삶에 대한 여호와의 원리들"이라고 한 덜햄(John I. Durham)의 말은 매우 옳은 것입니다.[15] 그리고 "하나님께서 당신님의 백성을 창조하실 때에는 역사(하나님의 행위)와 법(하나님의 말씀)이 서로 대립적인 것이 아니라, 하나님의 하나의 자기 계시 행위의 다른 측면들이라는 것"을 여기서 찾아내는 것도 매우 중요합니다.[16]

그러므로 이는 결국 앞으로 논의할 모든 계명이 이미 우리를 구원하신 하나님께 대한 우리의 바른 반응, 즉 우리의 **감사의 표현**일 뿐이라는 것을 생각하게 합니다. 계명들에 대한 깊이 있는 성찰과 순종은 구원받기 위한 조건이 아니라, 이미 구원하심에 대한 마음속 깊은 곳으로부터의 감사의 표현입니다. 이미 구원함을 받은 사람들이 "주님! 우리를 구원하여 주셨으니 감사합니다. 이제 이렇게 큰 은혜를 받은

---

14 Ronald E. Clements, *Exodus*, The Cambridge Bible Commentary on the New English Bible (Cambridge: Cambridge University Press, 1972), 121 (이 말은 아주 옳고 바른 말입니다. 그러나 클레멘츠는 양식 비평과 문서 가설을 사용해서 분석하고, 십계명의 기원 연대도 BC 11세기 말의 왕국 건립 이전임이 거의 분명하나 확실히는 말할 수 없고(122), 이렇게 독자적인(self-contained collection) 십계명이 후에 E 문서에 속하게 되었다(120f.)고 생각하는 입장을 지니고 있음에 유의해야 합니다). 또한 Childs, *Exodus*, 400f., 402도 보십시오.

15 Durham, *Exodus*, 274. (그러나 덜햄도 편집사적 입장을 가지고 연구하며, 비록 십계명 자체에 대해서는 이른 연대를 생각하지만 이 계명들의 정확한 기원이나 기원 연대, 그리고 후대의 확대 등에 대해서는 알 수 없다는 입장을 가지고 있음[*Exodus*, 282]에 유의해야 합니다).

16 이 점에 대한 좋은 지적으로 Childs, *Exodus*, 402를 보십시오.

사람들로 어떻게 살아가야 합니까?" 하고 물을 때, 그에 대한 대답으로 주시는 것이 바로 이 계명들입니다. "너희가 내 백성이니 이와 같은 원칙에 따라 살아라!" 하고서 말입니다. 보스가 잘 말하고 있듯이 "윤리는 구속의 산물로서 나타나는" 것입니다.[17] 그러하기에 이 계명이 대표하는 바 율법의 모든 말씀은 "인류를 창조하신 본래의 목적을 이루려고 …… 도구로 뽑아 내서서 인류의 역사 위에서 활동케 하신"[18] "히브리 민족의 독특성을 형성하는 개조들로서 중요한 의미를" 지니면서, 동시에 "전세계 인류의 역사적인 진전과 역사의 종국 이후의 영화의 세계에까지 관여될 중요한 것들을 포함해서 보여 주는 것"입니다.[19] 한 마디로, 이 도덕 법칙은 하나님께서 궁극적으로 이루어 가시는 하나님 나라를 잘 드러내 줍니다. 그렇기에 하나님 나라 백성이 된 사람들에게 이 가르침은 매우 중요합니다.

2. 십계명이라는 말과 그 구분

이렇게 출애굽 사건을 통해 구원을 경험한 이스라엘 백성들의 삶에 대한 규범으로 주신 것이 "열 마디 말"(*decalogue*)입니다. 그런데 이 열 마디 말은 우리들에 대한 계명이므로 우리들이 흔히 십계명(ten commandments)이라고 부릅니다. 이 열 마디 말을 어떻게 나누느냐 하는 것은 사실 별로 중요한 것은 아닙니다. 천주교회와 루터파 교회가 어거스틴을 따라서 우리의 1, 2 계명을 하나로 묶어 처리하고, 우리의 10째 계명을 둘로 나누어 보는 것이 우리에게는 낯설지만,[20] 단지 그

---

[17] Vos, 『성경신학』, 164.

[18] 김홍전, 『십계명 강해』 (서울: 성약, 1997), 40.

[19] 김홍전, 『십계명 강해』, 48. 이런 호방한 사상을 김홍전 박사님의 글을 통해서 숙지하고 그 터 위에서 생각을 해 나가는 것이 중요하다고 생각됩니다.

말들의 모든 의미를 잘 드러내기만 한다면 별 문제는 없습니다. 그러나 우리가 경험적으로 알 수 있듯이 1, 2계명을 하나로 묶어서 처리하면서 그 말의 중요한 함의가 상실된 예들이 많았다는 것을 무시해서는 안 됩니다. 그러므로 한국의 우리들에게 익숙한 구분, 즉 희랍 정교회와 개혁파적인 이해를 유지하는 것의 이점(利點)을 생각하면서, 이 열 마디 말에 대해서 생각하는 것이 좋습니다.[21]

이 십계명을 모든 교회에서는 전통적으로 두 부분으로 나누어 설명하여 왔습니다. 그 내용을 중심으로 하여 하나님께 대한 의무를 규정하는 계명들과 이웃에 대한 의무들을 규정하는 계명들로 나누어 생각했던 것입니다. 〈하이델베르크 요리문답〉도 이런 구분을 채택하면서 십계명 전체를 크게 두 분으로 나누어 설명하고 있습니다:

(제 93 문) 이 계명들은 어떻게 나뉘어집니까?

(답) 두 부분[돌판]으로 나뉘어지니, 첫째 부분에서는 (4 가지 계명으로) 우리가 하나님께 대해 드려야만 하는 의무들을 가르쳐 주고, (6 가지 계명으로 이루어진) 둘째 부분에서는 우리가 이웃에게 대해 행해야만 하는 의무들을 가르쳐 줍니다.[22]

---

[20] 루터파에서의 이런 이해의 한 예로 Melanchthon, 『신학 총론』, 206, 213, 218, 234 249f.을 보십시오.

[21] 요세프스와 필로 등의 초기 유대교 전통과 이레니우스, 터툴리안, 나지안주스의 그레고리, 오리겐 등의 4세기까지의 교부들이 이런 전통을 대표합니다. Keil and Delitzsch, *Commentary on the Old Testament*, vol 2, 109 참조. 이 문제에 대한 같은 입장을 지닌 좋은 논의로 Vos, 『성경신학』, 165f.를 보십시오. 또한 Johnson, "Exodus," in *Wycliffe Bible Commentary*, 69를 보십시오.

[22] *Heidelberg Catechism*, **Question 93**: How are these commandments divided?

Answer: Into two tables; (a) the first of which teaches us how we must behave towards God; the second, what duties we owe to our neighbour.

또한 〈웨스트민스터 소요리문답 제 42 문〉에서도 십계명의 강령을 이 두 가지 사랑의 계명으로 요약해서 설명하고 있습니다. 십계명을 이와 같이 두 부분으로 나누어 설명하는 것은 율법의 대 강령을 하나님께 대한 사랑과 이웃에 대한 사랑으로 나누어 설명하는 구약적 전통과 그 것을 그대로 사용하신 우리 주 예수 그리스도의 설명과도 상응하는 것 이므로 상당히 좋고, 편리한 구분이라고 할 수 있습니다. 결국 이 모든 계명들은 하나님께 대한 우리의 사랑과 이웃에 대한 사랑을 표현하는 구체적인 방법을 지시해 주는 것입니다.

이와 같이 십계명을 그 내용을 중심으로 해서 두 부분으로 나누 어 생각하는 것은 좋지만, 그렇다고 해서 증거 판 둘을 이 두 부분과 기계적으로 연관시키는 것은 너무 지나칠 수 있으므로 주의해야 합니 다. 물론 과거의 교회들은 아주 당연히 그렇게 십계명의 두 부분의 내 용과 두 돌 판의 내용을 일치시켜 생각했습니다. 그 이전의 전통을 따 라서 멜랑흐톤이 그렇게 하였고,[23] 칼빈도 그렇게 하였으며,[24] 우리가 조금 전에 인용했던 〈하이델베르크 요리문답〉 제 93 문도 두 돌 판을 이 두 가지 구분과 일치시켜 설명하고 있습니다. 물론 이렇게 전통적 으로 생각한 것이 옳을 수도 있습니다. 그러나 첫판에 5개가 있을 수 도 있습니다. 우리는 이에 대해서 정확한 성경적 근거를 가지고 있지 않습니다.[25]

---

[23] Melanchthon, 『신학 총론』, 218f.

[24] Calvin, *Institutes of the Christian Religion*, II, viii. 11, 12 (Battles edition, 376-79).

[25] 이에 대해서는 다음과 같은 차일즈의 말이 아주 시사(示唆)적인 것이라고 할 수 있 습니다: "십계명을 두 돌 판으로 제시하는 것은 출애굽기 20장에는 나타나지 않고, 출애 굽기 34장과 신명기 5장에 나타나는 것이다. 성경 전승 가운데 그 어디서도 이 계명들이 어떻게 나뉘어져야 하는지를 시사하고 있지는 않다"(Childs, *Exodus*, 395). 그러나 두 돌 판과 연관시키지 않는다면, 이 계명들을 하나님 사랑과 이웃 사랑으로 나누는 전통은 성경 적이라고도 할 수 있을 것임에 유의하십시오. 이렇게 성경에 정확히 언급이 없음을 인정하

그리고 얼마 전부터 새로운 이해가 우리에게 제시되고 있는데 그
것도 상당히 좋은 의견의 하나입니다. 그것은 구약의 율법을 하나님과
이스라엘 백성 사이의 언약서로 여기는 것입니다. 이런 입장을 취하는
사람들은 고대 근동에서의 언약 의식에 근거해서 이 문제를 생각하고
서는, 고대 근동 국가들 사이에 소위 봉신 조약(suzerainty treaties)이 맺
어졌을 때에 동일한 언약 문서를 두 편 작성해서 각 나라의 신전이나
성소에 보관하던 의식과의 연관성 가운데서 이 두 돌 판을 설명해 보
려고 합니다.[26] 즉, 하나님과 이스라엘 백성 사이의 언약서인 이 십계
명의 경우에도 하나님을 위해 하나가, 그리고 이스라엘 백성을 위해
또 하나가 주어져서 두 돌 판(증거판)이 있도록 하신 것이고, 이스라엘
은 그들의 것을 법궤에, 또 하나님께서도 당신님의 것을 법궤에 보관
하게 하신 것(출 40:20; 신 10:5)이라는 의견입니다. 이는 십계명의 언약
문서로서의 의미를 잘 밝혀 주는 해석이라고 할 수 있습니다. 그러므
로 이 해석에 의하면, 두 돌 판은 정확히 같은 내용을 가진 동일한 언
약서라는 것입니다.[27]

면서도 전통적 견해를 시사하는 Kidner, "Ten Commandments," 673도 보십시오.

[26] 특히 Hittite state treaties, the so-called suzerainty treaties와 구약의 언약의
유사성을 생각하는 여러 글들을 참조하십시오. 이런 생각은 G. E. Mendenhall, "Law
and Covenant in Israel in the Ancient Near East," *Biblical Archaeologist* 17 (1954):
26-46, 49-76에서 처음 시도된 생각입니다. 이런 견해에 동의하는 Hoffmeier, "Exodus,"
53f.; Kaiser, "Exodus," 422도 보십시오. 그러나 이 때 이 유사성이 그 어느 하나가(예를
들어, 십계명) 다른 하나(근동의 봉신 조약)에게서 의식적으로 빌려왔다는 것을 함의하지
는 않는다는 점에 유의해야 합니다(*pace* Medenhall and his followers). 이 점에 대한 좋
은 지적으로 Clements, *Exodus*, 122를 보십시오.

[27] Meredith G. Kline, "Ten Commandments," in *New Bible Dictionary*, Second
Edition (Licenser, England: IBP, 1982), 1175: "duplicate treaty texts." 기본적으로 그
의 *Treaty of the Great King* (1963)을 보십시오. 또한 깊이 있게 논의하지는 않지만, 이
를 시사(示唆)하는 견해로 Cole, *Exodus*, 150, 153을 보십시오.
이런 견해에 대해 반대하는 진술로 J. P. Hytt, *Exodus*, The New Century Bible
Commentary (London: Marshall, Morgan & Scott, 1971; Grand Rapids: Eerdmans,
1980), 198f., 210을 보십시오. 기본적으로 그는 고대 근동의 봉신 조약과 비교하기에는
십계명의 말들이 너무 간단하다고 봅니다(210, 198). 그리고 시내 산 기사의 정신과 내용

물론 우리는 단언해서 이 중의 어떤 의견이 옳은 것이라고 말할 수는 없습니다. 그러므로 이 문제를 가지고 논쟁을 한다거나 의견을 달리하기에 서로 싸운다거나 할 필요는 없습니다. 오히려 십계명 자체의 성격을 잘 이해하기 위한 재미있고 열매있는 논의의 문제로 여기면서, 서로 의견을 달리하는 사람들이라도 상호 수납적인 태도로 이 문제를 다루어야 할 것입니다. 중요한 것은 이 계명들을 주셔서 하나님께서 우리 가운데서 이루시려고 하는 것이 무엇인가 하는 것이기 때문입니다.

3. 십계명을 생각하며 지키는 우리의 자세

그러므로 이 계명들에 대해서 생각하고, 이를 실천할 때 우리는 **"이 계명들을 생각하고 지키는 가운데서"** 하나님에 대한 사랑과 이웃에 대한 사랑을 드러내려는 자세를 가져야만 합니다. 이 계명들 자체가 사랑을 드러내도록 하려는 것이라는 점을 유념해야 합니다. 하나님께서 규정하시는 사랑이 이 법의 궁극적 정신이라고 할 수 있습니다. 그러므로 (1) 이 법들을 지킴으로써 **사랑을 표현해 보려고 하는 것이** 매우 중요합니다. 여러 번 강조되지만, 이 계명들을 내신 목적과 이를 실천하는 목적은 결국 하나님께서 규정하시는 사랑을 표현해 보려는 것입니다. 따라서 (2) 외적으로 이 법들을 지켜도 그 정신인 사랑이 없으면 무의미하다는 것을 유념해야만 합니다. 이 모든 계명을 문자적으로, 그

은 국가 간의 조약과는 아주 다르다는 것입니다(199). 그러므로 이런 제안은 너무 지나치게 나아간 것이라는 것입니다(198). 이와 비슷하게 Mendenhall 등의 노력이 가치 있는 점이 있지만 너무 엄격하고(rigid) 때로는 오도(誤導)할 정도로 그러하다는 지적으로 Durham, *Exodus*, 279도 보십시오. 키드너도 두 돌 판을 함께 법궤에 두면 동일한 두 문서를 작성할 이유가 없다고 하면서 십계명의 내용상으로 둘로 구분하는 전통적 견해를 따릅니다(Kidner, "Ten Commandments," 673).

리고 외적으로 다 지킨다고 해도 우리에게 사랑이 없으면 우리도, 우리의 노력과 활동도 다 아무 것도 아닌 것입니다. 우리는 이 법의 정신인 사랑을 우리의 삶 가운데서 드러내기 위해서 이 법을 존중하고 지켜가야 합니다. 앞으로 이 계명들의 내용을 하나 하나 살필 때에도 우리는 이 점을 염두에 두면서, 이를 우리의 해석 원리의 하나로 삼아나가 우리의 해석 활동에서 이런 생각이 우리를 주관하도록 해야 할 것입니다. 이로부터 우리는 이제 더 이상 율법은 필요 없다고 하는 반율법주의(혹 반법주의, anti-nomianism)나 이 율법 자체를 지상의 것으로 생각하는 율법주의(nomism) 모두가 바른 자세에서 벗어난 것임을 잘 알 수 있습니다. 이를 요약하면, 율법의 정신인 사랑은 이 계명들에서 또 이 계명들을 지킴에서 표현되지만, 이 계명들과 그 실천으로 다 나타나게 되는 것은 아니라는 말입니다.

둘째로, 이 계명들의 정수라고 할 수 있는 '하나님 사랑'과 '이웃 사랑'에 대해서도 이와 비슷하게 말할 수 있습니다. 즉, 하나님을 사랑하는 것(하나님 사랑)은 이웃 사랑으로 나타나지만, 이웃 사랑이 하나님 사랑을 다 소진(消盡)하는 것은(exhaust) 아니라는 말입니다. 이웃을 사랑하지 않는 사람은 하나님을 사랑하는 것이 아닙니다. 이웃을 사랑하지 않으면서 하나님을 사랑한다고는 전혀 말할 수 없습니다. 이 아주 분명한 것을 사람들은 자주 잊는 것 같습니다. 그래서 실천적인 삶 가운데서 이를 잊고 사는 사람들을 향해서 사도 요한은 이렇게 강조하여 말합니다: "누구든지 하나님을 사랑하노라 하고 그 형제를 미워하면, 이는 거짓말하는 자니, 보는 바 그 형제를 사랑치 아니하는 자가 보지 못하는 바 하나님을 사랑할 수가 없느니라. 우리가 이 계명을 주께 받았나니, 하나님을 사랑하는 자는 또한 그 형제를 사랑할지니라"(요일 4:20, 21). 그러므로 '이웃 사랑이 없는 하나님 사랑'은 참으로는 하나님 사랑이 아니라는 것을 우리는 요한 사도와 함께 강조해야 합니다. 우리의 이웃 사랑은 하나님 사랑의 한 표현입니다. 우리는 "말과 혀로만 사랑하지 말고, 행함과 진실함으로 사랑"해야 합니다(요일 3:18). 그렇게 할 때 우리가 진리에 속해 있음을 알게 되고, 확신을 갖게 됩니다 ("우리 마음을 주 앞에서 굳세게 한다"는 것은 결국 이런 확신을 말하는 것입니다). 그러므로 우리의 진실한 사랑의 행위는 우리가 참으로 진리에 속해 있음을 드러내고, 우리로 하여금 확신을 가지고 다음 단계로 나가도록 합니다.

그러나 '이웃 사랑'을 한다고 해서 그것으로 하나님께 대한 우리의 사랑을 표현하는 의무를 다 한 것은 아니라는 것을 잊지 말아야 합니다. 위에서 말했지만, 우리의 이웃 사랑은 하나님 사랑의 **한 표현**입니다. 그러나 그것도 하나님을 사랑하는 것의 한 표현일 뿐입니다. 우리의 이웃 사랑으로 하나님에 대한 사랑을 다 대신하는 것은 아닙니다. 사람을 존중하고 사랑하는 것 같으나, 하나님은 전혀 생각하지 않고, 하나님께 대한 예배와 같은 것은 할 필요가 없다고 하거나, 할 수는 있지만 별로 중요한 일은 아니라고 생각하는 사람은 지금 우리가 생각하는 십계명의 관점에서나 기독교적 관점에서 매우 심각한 문제를 지닌 것입니다. 현대에 유행하는 이런 인간 중심주의(humanism)의 문제점을 우리는 잘 볼 수 있어야 합니다. 위에서 잘 나타났듯이, 기독교는 이웃 사랑을 강조합니다. 이웃 사랑이 하나님 사랑의 표현으로 나타나야 할 것을 강조하면서, 동시에 그 '이웃 사랑'으로는 다 표현되지 못하는 '하나님께 대한 사랑'(하나님 사랑)이 분명히 있음도 기독교는 강조하는 것입니다.

4. 결론

이제는 우리가 왜 십계명을 중심으로 하는 하나님의 규범을 지켜야 하며, 이런 명령들을 대할 때 어떤 태도를 지녀야 하는지가 분명해졌다고 생각됩니다. 우리의 존재 전체를 규정하는 **하나님의 구원이** 우리를 하나님의 명령 앞에 세웁니다. 이미 얻은 구원의 영역 안에서 우리가 받고 있는 명령이므로, 그가 이루신 구원이 이 명령의 성취를 가능하게 한다는 것을 잊지 말아야 합니다. 이 "이미"의 구조를 확인하면서, 성령님께서 가능하게 하심을 믿으면서 계속해서 성령님께 의존해서 주의 백성답게 진전해 나가야만 합니다. 그렇게 주님의 백성답게 전진해 나가려고 할 때, 우리가 필요로 하는 삶의 규범을 이 십계명 등이 잘 요약하는 하나님의 법과 뜻이 잘 제시하여 줍니다. 이런 자세를 가지고 다음부터 한 계명 한 계명의 뜻을 새겨 가야 할 것입니다.

제 1 계명과 우리

본문: 출 20:3; 신 5:7.

우리는 이제 구체적으로 십계명의 내용들에 대해서 하나하나 살펴 볼
수 있는 지점에 이르렀습니다. 하나님과 우리의 관계를 규정하는 말씀
들에 대해서 먼저 생각해 보겠습니다. 그 중 〈제 1 계명〉은 매우 강한
금지 조항으로 나타납니다: "너는 나 외에는 다른 신들을 네게 있게
말지니라."[1] 먼저 이런 강한 금지 명령이 주어질 수 있는 근거를 생각
해 보고, 이 금지 명령의 의미를 생각한 후에, 우리가 이를 지켜나가는
바른 태도에 대해서 생각해 보도록 하겠습니다.

1. 〈제 1 계명〉의 근거:
하나님의 존재와 피조물인 우리의 존재

이 강한 금지 명령은 근본적으로 하나님의 존재와 우리의 존재의 특성

---

[1] 이를 직설법으로 읽어보려고 하는 H. Graf Reventlow, *Gebot und Predigt im
Dekalog* (Gütersloh, 1962)의 시도에 대한 옳은 비판으로 Brevard S. Childs, *Exodus*,
Old Testament Library (London: SCM Press, 1974), 402를 보십시오.

에 근거하여 주어진 것입니다. 만일에 혹자들이 잘못 생각하듯이, 이 계명이 다신교적 배경에서 주어진 것, 즉 다른 여러 신들이 실제로 있다는 것을 인정하면서 너희는 그 중에 여호와만 섬기라는 실천적 단일신론(practical monotheism)의 규정이고 이것이 후의 선지자들의 강한 유일신론의 토대가 된 것이기만 한 것이라면,[2] 이 계명은 지금부터 우리가 생각하는 아주 강한 의미를 결코 지닐 수 없습니다.[3] 오히려 이 계명은 이 세상에는 신(神)이라고 불리는 존재들이 많고, 주(主)라고 불리는 것들이 많지만, 참된 신(神)은 우리 하나님 한 분 뿐이시라는 하나님의 존재적 특성에 근거하는 것입니다.

그러므로 이는 마치 바울이 "비록 하늘에나 땅에나 신이라 칭하

---

[2] Cf. John E. Huesman, S.J., "Exodus," in *The Jerome Biblical Commentary* (Englewood Cliffs, N.J.: Prentice-Hall, 1968), 57; J. P. Hyatt, *Exodus*, The New Century Bible Commentary (London: Marshall, Morgan & Scott, 1971; reprint, Grand Rapids: Eerdmans, 1983), 211; Ronald E. Clements, *Exodus*, The Cambridge Bible Commentary (London, New York, Melbourne, and Sidney: Cambridge University Press, 1972) 123. Childs도 선지서들에 나타나고 있는 전치사들과 이 첫계명에 대한 대조를 언급하면서, 그 둘을 대조시키고 있고, 다른 신들에 대한 금지는 이스라엘과 관련해서만 주어진 것이라고 합니다(Childs, *Exodus*, 403). 심지어 John I. Durham조차도 제 1 계명은 야웨만이 유일한 하나님이시라는 유일신론적 확신을 주장하는 것이 아니라고 합니다(*Exodus*, Word Biblical Commentary 3 [Waco, Texas: Word Books, 1987], 285). 즉, 그도 챠일즈 처럼 이는 이스라엘과만 관련된 것으로 주장된 것이며, 그 이유는 야웨의 "시기" 때문이라는 쉬미트와 브롱걸스의 견해를 긍정적으로 인용합니다. Cf. W. H. Schmidt, *Das erste Gebot* (Munich: Chr. Kaiser Verlag, 1969), 18-21, 30-33; H. A. Brongers, "Der Eifer der Herrn Zebaoth," *VT* 13 (1963): 269-70, 279-84(Durham, *Exodus*, 285).
　이것이 종교적 엘리트나 신학자에게가 아니라, 다신교적 정황 속에 있는 일반 대중에게 하신 말씀이라는 알란 콜의 말은 좀 절충적인 것으로 여겨집니다. Cf. R. Alan Cole, *Exodus*, Tyndale Old Testament Commentaries (Leicister: IVP, 1973), 153.

[3] 이 말씀 안에 유일신론에 대한 전제나 주장이 있음을 말하는 것은 과거에는 일반적인 것이었지만 (대표적인 예로, 칼빈, 멜랑흐톤, 웨스트민스터 소요리 문답 46, 47문답 등을 보십시오), 근래에는 참 드뭅니다. 그런 입장을 천명하는 사람들로 다음을 보십시오: James K. Hoffmeier, "Exodus," in *Evangelical Commentary on the Bible*, ed., Walter A. Elwell (Grand Rapids: Baker, 1989), 54. Hywel R. Jones는 이를 스쳐 지나가면서 언급합니다: "이것은 다신론에 반하는 첫 계명이고, 함의상 예배와 순종에 대한 하나님의 배타적인 권리가 선언된 것이다"("Exodus," in *New Bible Commentary*, Third Edition [Grand Rapids: Eerdmans, 1970], 131f.).

는 자가 있어 많은 신과 많은 주가 있으나, 그러나 우리에게는 한 하나님 곧 아버지가 계시니"라고 말하는 것과(고전 8:5-6) 같은 배경을 지닌 것입니다. 바울이 이렇게 말하는 의도는 실제로 이 세상에 많은 신들이 있다는 것이 아니라, 사람들이 그렇게 섬기는 것들이 많아도 참 하나님은 오직 한 하나님이심을 말하는 것입니다. 이 말의 핵심은 소위 신들이나 주라고 불리는 것들이 많아도 그것들은 "실제로 존재하는 것이 아니다"는 것입니다.4 〈제 1 계명〉의 의도도 역시 이런 바울의 의도와 같은 것입니다. 하나님은 하나이시기에 우리는 하나님 외의 그 어떤 다른 존재를 신으로 인정해서는 안 된다는 자연스러운 요구가 나옵니다. 그러므로 이 계명은 근본적으로 하나님의 존재적 특성에서 나오는 계명이라고 할 수 있습니다.

그리고 그 하나이신 하나님이 우리의 창조주와 구속주이십니다. 따라서 그는 우리의 경배와 찬양과 영광돌림을 당연히 요구하실 수 있습니다. 따라서 유일하신 하나님의 존재의 특성상, 그리고 창조자요 구속자이신 그의 특성, 따라서 피조물이요 구속함을 받은 존재인 우리의 특성에 근거하여 이 〈제 일 계명〉이 주어지고 있다고 생각해야 합니다. 그러므로 하나님과 관련해서는 하나님을 유일하신 하나님으로, 또한 창조주와 구속주로 인식하는 일의 중요성이 먼저 와야 합니다. 이는 곧 우리를 피조물과 구속함을 받아야 하는, 그리고 구속함을 받은 존재로 인식하는 것과 밀접히 연관됩니다. 이점에 있어서 하나님을 바르게 안 사람들만이 사람을 제대로 아는 것이고, 사람을 제대로 알아야만 하나님을 제대로 알 수 있다고 말할 수 있습니다.5

---

4 여러 주석들이 이점을 잘 드러내지만 특히 Gordon D. Fee, *The First Epistle to the Corinthians*, NICNT (New) (Grand Rapids: Eerdmans, 1987), 372를 보십시오. F. W. Grosheide도 "이들 신들은 실재 신들이 아니며 이 세상에서 활동하지 않는 것임이 분명하다"고 합니다(NICNT (Old) [Grand Rapids: Eerdmans, 1953], 192).

5 여기서 다시 칼빈의 『기독교 강요』, 제일 앞 부분을 생각해 보십시오.

2. 〈제 1 계명〉의 의미

이렇게 "나 외에는 다른 신을 네게 있게 말지니라"라고 말씀하실 때 하나님께서는 "나 외에는"이라는 말을 강조하시면서 말씀하십니다.[6] 이는 결국 이 세상에, 여기서 언급되고 우리가 섬기는 "하나님" 외에는 다른 신(神)은 없다는 것을 함의하는 말입니다. 따라서 우리는 유일하신 삼위일체 하나님 외에는 그 어떤 것들도 하나님이나 주로 여기고 섬겨서는 안 된다는 것입니다.

사실 이 말의 문자적인 의미는 "내 앞에"(עַל פָּנָי, before me)라는 말인데,[7] 이는 단순히 제의적 정황을 지칭하기만 하는 것이 아니라, **실질적으로 하나님 앞이 아닌 곳은 이 세상에 없으므로**[8] 우리의 전 상황

---

6 뒤에서 설명하겠지만 이는 "알 파나이"(עַל פָּנָי, before my face)라는 말에 대한 특정한 해석, 즉 흠정역에서 시작한 전통적 해석을 따라서 진술한 것입니다. 다른 보다 정확한 의미에 대해서는 후론할 것입니다. 일단 다양한 해석들만을 언급하면 다음과 같습니다: (1) "나 외에"("beside me," A.V.), (2) "내가 존재하는 한"("as long as I exist," Rashi), (3) "나에게 대항하여"("to set against me," New English Bible; Clements, *Exodus*, 123), (4) "내 옆에"("by the side of me," Luther), (5) "내 앞에"("before me" [RSV, Childs, 403], "in my Presence" [Durham, *Exodus*, 284]).

이 단어가 "나 외에"라는 의미로 쓰인 일이 없다는 주장으로 Walter C. Kaiser, Jr., "Exodus," in *The Expositor's Bible Commentary*, vol. 2 (Grand Rapids: Zondervan, 1990), 422를 보십시오. 그는 선지서들에 나타난 강한 함의를 지닌 말들이(사 45: 6, 21 등) 출애굽기 본문에 나타나지 않는다는 것을 지적하는 것입니다. 그는 한편으로는 히브리어 전치사 "알"(עַל)이 폭넓은 용례를 지니고 있어서 어떤 함의를 배제하기 어렵다고 하면서도, 결국 "너는 나보다 다른 신들을 선호하지 말아라"고 옮긴 올브라이트의 번역을(W. F. Albright, *From Stone Age to Christianity*, 2nd edition [New York: Doubleday, 1957], 297, n. 29) 긍정적으로 인용하고 있습니다(422). 카이저에게서 기대하기 어려운, 잘 이해되지 않는 조치입니다.

7 "내 앞에"를 가장 유용한 번역어로 보는 견해로 Childs, *Exodus*, 403을 보십시오. 칼빈도 이런 입장에서 설명해 나갑니다. 그러나 카일과 델리취 주석에서는 문자적 의미를 "나 위에"(beyond Me) 또는 "나에 더하여"(in addition to Me)로 보면서 *coram me*가 부정확한 번역이라고 합니다(C. F. Keil and F. Delitzsch, *Commentary on the Old Testament*, vol. 2, trans. James Martin [Grand Rapids: Eerdmans, 1976], 114).

과 관련된 명령인 것입니다. "네게 있게 하다"(מַה יִהְיֶה)는 것은 그런 다른 신적인 존재가 마치 있는 것처럼 생각하며 사는 모든 것을 함의하는 것입니다. 그러므로 이 〈제 1 계명〉의 말씀은, 우리가 위에서 강조한 바와 같이, 하나님의 절대적 존재성과 유일하심에 근거하여 우리에게 주시는 말씀이라고 해야 합니다.

〈제 1 계명〉을 어기는 가장 기본적인 방식은 우리가 유일하신 하나님 외의 다른 어떤 신적인 존재를 인정하고 그런 것을 섬기는 것입니다. 그것이 고대 가나안 사람들이 섬기던 바알이든지, 그 주변 국가의 몰록이든지, 그모스든지, 희랍과 로마의 12신을 위시한 여러 신들이든지, 우리나라 사람들이 전통적으로 언급하던 천지신명(天地神明)이든지, 산신(山神)이든지, 일본인들이 섬기는 천조대신(天照大神, "아마테라스 오미카미")이라는 태양을 말하는 여신이든지 그 어떤 종류의 신적인 존재를 하나님으로 여기고 그와 관련하여 살거나, 또 이스라엘 백성들이 자주 그렇게 하였듯이 참 하나님과 함께 다른 신들을 같이 섬겨 보려는 것도 〈제 1 계명〉에 반(反)하는 것입니다. 하나님께서는 그에게만 속하는 것을 다른 것들에게 돌리는 것을 원하지 아니하시고, 그렇게 하나님께만 속하는 것을 다른 것에게 돌리는 것을 금(禁)하십니다.

칼빈은 이렇게 하나님께만 속하는 것을 (1) 영예를 돌림 또는 경배(adoration, 이에 양심의 영적 순종이 속한다고 합니다), (2) 신뢰(trust), (3) 불러 아룀(invocation), 그리고 감사(thanksgiving)라고 명기(明記)합니다.[9] 우리는 오직 하나님께만 경배하고, 하나님만을 신뢰하며, 그에게 기도하

---

[8] 시편 139편을 연관시키면서 이 점을 잘 지적하고 있는 이로 Durham, 284를 보십시오. 칼빈은 이것의 가장 깊은 의미를 진술하고 있습니다(*Institutes*, II, viii, 16 [Battles edition, 1, 383]). 특히 제의적 해석에 대한 좋은 비판으로는 Cole, *Exodus*, 154를 보십시오.

[9] John Calvin, *Institutes of the Christian Religion*, II. viii. 16 (Battles edition, I, 382).

고, 감사해야 하고, 다른 어떤 존재에게 이런 것들을 돌려서는 안 된다는 것입니다. "그에게만 속하는 모든 것들은 그에게 머물러 있어야 합니다."[10] 이는 매우 좋은 인식이라고 할 수 있습니다. 〈웨스트민스터 소요리문답〉에서는 이런 정신을 반영하면서 "〈제 1 계명〉이 우리에게 명하는 것은 하나님께서 유일하신 참 하나님 되심과 우리의 하나님 되심을 알고 인정하며, 그에 합당하게 하나님을 경배하고 영화롭게 하라 하심입니다"고 하며(제 46 문답), "〈제 1 계명〉이 금하는 것은 참 하나님을 부인하거나, 참 하나님을 하나님으로, 또 우리 하나님으로 경배하지 않거나 영화롭게 하지 아니하는 것이며, 또 오직 그에게만 드려야 할 경배와 영광을 다른 자에게 드리는 것입니다"(제 47 문답)라고 진술하고 있습니다.

그러나 이런 다른 신들을 섬기는 것만이 〈제 1 계명〉에 반(反)하는 것이 아니고, 성경 전체의 빛에서 보았을 때 여기에 함의되어 있는 것들도 우리는 같이 생각해야만 합니다. 예를 들어서, 신적인 존재는 전혀 없다고 생각하는 무신론(無神論)이나, 신(神)이 있는지 없는지 모르겠다고 생각하는 불가지론(不可知論)을 주장하는 것도 십계명을 내신 하나님의 관점에서는 분명히 살아계시며 말씀하시는 하나님(the God who is there and speaks)을 부인하는 것이 되는 것이니, 그것도 역시 〈제 1 계명〉에 반(反)하는 것입니다. 또는 이와 연관된 어떤 반신적(反神的)인 사상을 가져 나가는 것도 역시 같은 문제를 지닌 것입니다. 즉, 하나님께 대하여 바르지 못한 생각을 가지는 모든 것이 〈제 1 계명〉에 반(反)하는 것이라는 말입니다.

우리는 이것을 〈제 1 계명〉에 함의되어 있는 것으로 말하였지만, 멜랑흐톤은 이것이 첫째 계명에 반하는 죄의 첫 단계라고 말하기도 했습니다. 그는 이렇게 말합니다: "첫째 계명에 반하는 죄의 첫 단계는

---

[10] Calvin, *Institutes*, 2. 8. 16 (Battles edition, 1, 383).

'하나님이 없다' 또는 '하나님이 의로운 판단자가 아니시다. 그는 사람에게 관심이 없으시다, 또는 그는 자연 안에 묶여 있어서 야수들과 사람들 안에 있는 물리적인 법칙 밖에서는 아무 것도 할 수 없다'고 상상하거나 말하는 것이다."[11] 이렇게 하나님에 대한 잘못된 생각은 모두 다 무시무시한 것입니다. 결국 하나님께서 당신님 자신에 대해서 계시하신 바에 충실하지 않은 모든 생각은 모두 다 〈제 1 계명〉에 반(反)하는 것입니다. 그리스도에 대해서 바르지 않은 인식을 가지는 것이나, 삼위일체에 대해서 잘못된 견해를 가지는 모든 것들이 이에 포함됩니다. 마찬가지로, 하나님이 인간을 위해 존재하는 것이라든지, 신은 결국 인간들의 도덕적이고 바른 삶을 위해 존재하는 것으로 생각하는 형태의 유신론도 실질적으로는 참되신 하나님에 반(反)하는 것이므로 〈제 1 계명〉에 위배(違背)되는 일을 행하는 것이 아닐 수 없습니다.

또한 자신을 너무 중요시해서 하나님이 마치 자신을 위해 존재하는 양 생각하는 것도 역시 하나님을 하나님답게 섬겨 나가지 않는 것이 되므로 가장 경건한 것 같지만 실질상 〈제 1 계명〉에 위배되는 것입니다. 또 하나님을 사랑하고 섬기기에는 자신이 너무나도 귀하여 하나님 앞에 나아와 그를 섬기지 않는 것도 결국 자아(自我)라는 우상을 섬기는 것이 됩니다.

그리고 자신을 섬기고 중시(重視)하는 것만이 아니라, 다른 사람을 그렇게 자신의 삶에서 가장 중요한 것으로 섬기는 것도 실질적으로 〈제 일 계명〉에 반(反)하는 것입니다. 부모나 처자나 형제나 그 어떤 존재라도 하나님과 같은 위치를 차지할 수는 없습니다. 그래서 우리 주님께서는 "무릇 내게 오는 자가 자기 부모와 처자와 형제와 자매와

---

[11] Philip Melanchthon, *Loci Communes, 1555*, translated and edited by Clide L. Manschreck (Oxford: Oxford University Press, 1965; Paperback edition, Grand Rapids: Baker, 1982), 이승구 역, 『신학총론』 (서울: 크리스챤 다이제스트, 2000), 203.

및 자기 목숨까지 미워하지 아니하면 능히 나의 제자가 되지 못하고"(눅 14:26)라고 말씀하셨던 것입니다. 부모, 처자, 형제와 자매, 그리고 자기 자신을 더 사랑하는 자는 하나님 앞에서 〈1 계명〉을 범하는 죄를 범하는 것이므로 예수님의 제자일 수 없습니다. 이것은 매우 당연한 것입니다.

또한 이 모든 사람들의 일부나 모두를 최고의 가치로 여기며 사는 것도 사실은 같은 문제를 지닌 것입니다. 가족 지상주의를 말하는 지나친 가족주의나, 민족 지상주의를 말하는 민족주의(nationalism), 어떤 종족 지상주의를 말하며 다른 종족을 멸시하거나 몰살시키기 원하는 인종 차별주의(racialism), 인류 지상주의를 주장하는 인간주의(혹은 인도주의, humanism)가 모두 〈제 1 계명〉에 반(反)하는 것입니다. 또한 인간들이 그 힘을 합하여 무엇인가를 이루어 볼 수 있다고 생각하는 인간주의적 제국주의(imperialism)도 역시 하나님을 무시하는 일을 행하는 것입니다.

〈하이델베르크 요리문답 제 95 문〉은 우상숭배(idolatry)가 무엇인지를 간단히 잘 정리하고 있습니다: "우상숭배란 무엇입니까?"라고 묻고는 다음 같이 대답하는 것입니다.

(답) 우상숭배란
당신님의 말씀 가운데서 당신님을 계시하신
참되고 유일하신 하나님 대신에 또는 그 외에
사람들이 의지하는 다른 대상을 가지는 것입니다.[12]

---

[12] *Heidelberg Catechism*, **Question 95:** What is idolatry?
Answer: Idolatry is, instead of, or besides that one true God, who has manifested himself in his word, to contrive, or have any other object, in which men place their trust.

정확한 말이지요. 참 하나님 이외의 그 무엇이라도 우리가 의지한다면 그것이 우상 숭배입니다. 결국 〈제 1 계명〉의 핵심 문제는 우리의 삶의 종국적 근거와 가치의 원천과 삶의 원동력을 무엇으로 인정하는가 하는 것입니다. 하나님이 아닌 다른 그 무엇이 우리의 삶의 목적이거나 가치의 원천이거나 삶의 원동력일 때, 그것은 결국 하나님 이외의 것을 하나님으로 삼고 살아가는 것이 되는 것입니다.

그러므로 〈제 1 계명〉과 관련해서 우리가 심각하게 물어야 하는 것은 '우리는 과연 무엇을 위해서 사는가?', 다시 말해서, '우리의 삶의 이유는 무엇인가?' 하는 것입니다. 이 세상에 사는 모든 사람들이 다 실질적으로는 하나님을 "힘입어 살며(living), 기동하며(moving), 있는데(being)"(행 17:28), 이렇게 하나님을 근거로 하여 살아가고 있다는 것을 인정하지 않는 것은 매우 어리석은 일이요, 있을 수 없는 일을 행하는 것입니다. 참된 종교는, 칼빈이 잘 말하고 있듯이, "먼저 우리의 마음을 살아 계신 하나님께로 향하는 데서 나오는 것"입니다.[13] 그러므로 〈제 1 계명〉의 "이 문장은 매우 일반적인 것이어서, 다신론이나 우상 숭배, 생각과 말과 행동으로 우상들을 섬기는 것(신 8: 11, 17, 19 참조)을 금하는 것 뿐만 아니라, 여호와 하나님에 대한 경외와 사랑과 경배를 명하는(신 6:5, 13, 17; 10: 12, 20) 것"이라는 카일의 지적은 매우 옳습니다.[14]

3. 〈제 1 계명〉을 지키는 우리의 자세

그러므로 〈제 1 계명〉은 우리의 존재가 과연 어떤 존재인지를 분명히 천명해 주며, 그것을 상기시켜 주는 역할을 하는 말씀입니다. 이 계명을

---

[13] Calvin, *Institutes*, 2. 8. 16 (Battles edition, 1. 382).

[14] Keil and Delitzsch, *Commentary on the Old Testament*, vol. 2, 114.

지키는 것과 관련해서 우리가 과연 어떤 존재인지가 드러납니다. 우리는 과연 하나님을 어떤 분으로 생각하고 있습니까? 그는 우리의 절대적인 섬김을 받아야만 하는 분이시라는 생각으로 가득찹니까? 그래야만 하나님에 대해서 바른 생각을 하고 있는 것입니다. 그런 하나님을 하나님으로 섬긴다고 할 때 우리는 과연 어떤 자세로 섬겨야 합니까?

무엇보다 먼저, 우리는 하나님이 아니고서는 우리의 존재 전체에 공허함이 가득하다는 것을 느낄 정도로 하나님을 절실하게, 그리고 절대적으로 필요로 해야 합니다. 성경에 나오는 신앙의 인물들이 그리하였고, 또 교회사의 위대한 신앙인들이 그렇게 하나님을 갈망하여 왔습니다. 그들은 "하늘에서는 주 외에 누가 내게 있으리요, 땅에서는 주밖에 나의 사모할 자 없나이다"(시 73:25)라고 말하며, "하나님이여 사슴이 시냇물을 찾기에 갈급함 같이 내 영혼이 주를 찾기에 갈급하나이다"(시 42:1)고 외치고, "내가 알기에 나의 구속자가 살아 계시니 후일에 그가 땅에 서실 것이라 …… 내가 친히 그를 보리니 내 눈으로 그를 보기를 외인처럼 하지 않을 것이라 내 마음이 초급하구나"(욥 19:25, 27)고 선언하기도 하며, "우리의 영혼에는 하나님으로만 채워질 수 있는 공허가 있다"고 선언하기도 했던 것입니다. 우리의 존재 전체가 하나님을 그렇게 절실하게 갈망하는지 우리는 스스로에게 물어 보아야 합니다.

둘째로, 성경에서는 우리가 **우리의 존재 전체를 다하여** 하나님을 섬겨야 한다는 것을 매우 강조합니다. 하나님은 우리의 일부만을 가지고 섬길 수 있는 분이 아니십니다. 하나님은 전체를 요구하십니다. 그리고 그것은 마땅한 것입니다. 하나님과 우리의 관계는 절대적인 것이어야만 합니다. 하나님은 상대적인 분이 아니시기 때문입니다. 그래서 구약에서도 신약에서도 우리의 모든 것을 다하여 하나님을 사랑할 것을 명령하십니다(신 6:5, 마 22:37). 마음과 성품과 힘을 다하여, 그리고 마음과 목숨과 뜻을 다하여 사랑하라는 말씀은 우리의 존재 전체로 사랑하라는 말씀이지, 그 중의 일부를 가지고 사랑할 수 있다는 말이 아닙니다. 그러므로 우리의 존재 전부, 우리의 인격 전부를 가지고, 우리의 시간 전체(즉, "일생 동안, 그리고 또한 영원히")를 다 가지고, 우리의 활동 전부를 가지고, 하나님을 사랑하고 섬겨 나가야 합니다. 이렇게 "전부 다"가 걸려 있기에 우리의 존재 전체, 우리의 관심 전체의 소유권이 하나님께 있음을 분명히 하라는 뜻에서 우리 주님께서는 "한 사람이 두 주인을 섬기지 못할 것이니, 혹 이를 미워하며 저를 사랑하거나 혹 이를 중히 여기며 저를 경히 여김이라. 너희가 하나님과 재물을 겸하여 섬기지 못하느니라"(마 6:24)고 말씀하신 일이 있습니다.

그러므로 우리는 우리의 주인이 과연 누구인지를 심각하게 질문해야 합니다. 이 문제가 해결되면 우리의 신앙과 삶의 모든 문제의 근원적 해결책이 무엇인지가 분명해 집니다. 우리의 소유권이 참으로 하나님께 있다고 생각하면 우리는 주께 참으로 의뢰할 수 있으며, 주께서 시키시는 일에 우리 전체를 온전히 드릴 수 있습니다. 그런 사람은 스스로의 생명이나 재산이나 그 어떤 것도 자기 스스로의 뜻을 따라 좌지우지할 것으로 생각하지 않고, 오직 주님의 뜻에 따라서, 그리고 주님의 뜻을 이루기 위해 살고 처치해야 할 것으로 알며 사는 것입니다.

이렇게 〈제 1 계명〉이 바르게 이해되면 우리의 삶의 정향이 바르게 방향 지워집니다. 〈제 1 계명〉과 바르게 관련하는 사람은 죄에 대하여 사는 사람이 아니라, 하나님에 대하여 (하나님을 향하여) 사는 사람이요, 의에 대해 산 사람입니다.

4. 결론

우리가 이와 같이 〈제 1 계명〉의 의미를 생각해 보기는 하였지만, 멜랑흐톤의 말과 같이 이것은 "이 계명 안에 포함된 모든 것들을 좀 더 성찰할 수 있도록 하기 위한 것"이고, "그 어떤 천사나 사람이라도 이 세상에서는 이 계명의 깊이를 다 파악할 수 없지만, 그래도 그것을 파악하기를 시작하기는 해야 할 것"이기에[15] 하나님에 대해서 고찰하기 시작한 것에 불과한 것입니다. 그러나 조금이라도 〈제 1 계명〉을 깊이 있게 생각하고 나면 우리는 전도자와 같이 다음과 같이 말하게 됩니다: "일의 결국을 다 들었으니 하나님을 경외하고 그 명령을 지킬지어다. 이것이 '사람의 본분'이니라(כָּל־הָאָדָם)"(전 12:13). 그렇습니다. 하나님 앞에 다른 신을 있게 하지 아니하는 사람은 하나님을 경외하고, 그의 명령을 지키게 되어 있습니다. 그것이 사람의 마땅한 바, 사람의 전부라고 생각하면서 말입니다. 그래야만 〈제 1 계명〉을 지키는 것이며, 하나님을 참으로 섬기는 것이 됩니다.

〈하이델베르크 요리문답 제 94 문답〉은 〈제 1 계명〉의 의미를 다음 같이 요약하고 있습니다.[16]

(제 94 문) 〈제 1 계명〉에서 하나님께서 명령하신 것은 무엇입니까?

(답) 〈제 1 계명〉에서 하나님께서 명령하신 것은

---

15 Melanchthon, *Loci Communes, 1555*, 『신학총론』, 206.

16 *Heidelberg Catechism*, **Question 94**: What does God enjoin in the first commandment?

   Answer: That I, as sincerely as I desire the salvation of my own soul, avoid and flee from all idolatry, sorcery, soothsaying, superstition, invocation of saints, or any other creatures; and learn rightly to know the only true God; trust in him alone, with humility and patience submit to him; expect all good things from him only; love, fear, and glorify him with my whole heart; so that I renounce and forsake all creatures, rather than commit even the least thing contrary to his will.

나 자신의 영혼의 구원을 참으로 열망하는 만큼[17]

모든 우상 숭배(idolatry)와

사술(sorcery)과 점치는 것과 미신과[18]

성자들이나 다른 피조물들을 부르는 것을[19] 금하고 피하는 것과

유일하신 참 하나님을 바르게 알도록 배우는 것과

그만을 신뢰하고,

겸손과 인내를 가지고 하나님께 순복하며,

모든 선한 일을 오직 하나님으로부터만 기대하고,[20]

나의 모든 마음을 다하여[全心으로]

하나님을 사랑하고 경외하며 영화롭게 하여,

하나님의 뜻에 조금이라도 어긋나는 것을 행해야 하는 상황에서라면

모든 것을 부인하고 버려야 한다는 것입니다.[21]

좋은 정리입니다. 하나님과 바른 관계 속에 있지 않으면 결코 구원 받을 수 없음을 분명히 천명하면서, 먼저 부정적으로는 우상숭배와 사술(sorcery), 점치는 것, 미신들, 성자들이나 다른 피조물의 이름을 불러 기도하는 것이나 그것들에게 경배하는 것을 금하고 피해야 한다는 것을 밝히고 있습니다.

---

17 CRC의 새로운 번역은 이 의미를 더 분명히 하면서 "나 자신의 구원을 위험하게 하지 않으려면"(not wanting to endanger my own salvation)이라고 번역하고 있습니다.

18 CRC의 새로운 번역은 "사술"(sorcery) 다음에 나오는 둘을 합하여 미신적 의식들(superstitious rites)이라고 번역하고 있습니다.

19 CRC의 새로운 번역은 이를 "성자들과 다른 피조물들에게 기도하는 것"(prayer to saints or to other creatures)이라고 번역하여 제시합니다.

20 CRC의 새로운 번역은 이 두 줄을 합하여 "겸손히 그리고 인내를 가지고 모든 선한 것들에 대하여 오직 하나님만을 바라고"(look to God for every good thing humbly and patiently)라고 번역하여 제시하고 있습니다.

21 CRC의 새로운 번역은 "요약하자면, 어떤 방식으로도 하나님의 뜻에 반(反)하기보다는 무엇이라도 포기해야 한다"(In short, that I give up anything rather than go against God's will in any way)라고 번역하여 제시합니다.

그 후에는 적극적으로 유일하신 참 하나님을 바르게 알도록 배우기를 요구하신다는 것을 강조합니다. 앞서 언급한 모든 잘못들을 피하는 유일한 방도가 참 하나님을 바로 아는 것이기 때문입니다.

그리고는 하나님을 바로 알고 그와 바른 관계 속에 있다는 것을 (1) 하나님을 신뢰하고, (2) 겸손과 인내를 가지고 하나님께 순복하는 것, 그리고 (3) 전심으로 하나님을 사랑하고, 경외하며, 그를 영화롭게 하는 것으로 표현하고 있습니다. 하나님을 참으로 알게 된 사람의 모습을 잘 표현한 것입니다. 그런 사람은 항상 하나님의 뜻을 행하며 삶을 강조하기 위해 "하나님의 뜻에 조금이라도 어긋나는 것을 행해야 하는 상황에서라면 모든 것을 부인하고 버려야 한다"고 수사적인 표현을 써서 하나님을 참으로 사랑하는 사람의 모습을 잘 보여 주고 있습니다.

우리가 그렇게 할 때 참으로 하나님을 섬기며 사는 것이며, 이것은 구원함을 받은 자들, 하나님으로부터 한없는 위로를 받은 사람의 마땅한 모습일 것입니다. 부디 우리 모두가 그런 모습을 지녀갈 수 있기를 바랍니다.

제 2 계명과 우리

본문: 출 20:4-6; 신 5:8-10.

"너는 나 외에는 다른 신들을 네게 있게 말지니라"는 〈제 1 계명〉의
강한 금지 명령 후에는 또 다른 금령으로 "너를 위하여 새긴 상을 만
들지 말라"는 명령이 나옵니다. 이는 〈제 1 계명〉과 너무 밀접한 관련
을 지니고 있어서 천주교회와 루터파 교회에서는 심지어 그 둘을 같은
계명으로 취급할 정도입니다. 그러나 〈제 1 계명〉이 우리가 관련해야
할 경배의 대상이 누구신지를 분명히 하였다면, 〈제 2 계명〉은 우리가
그 하나님을 섬기는 경배와 섬김의 방도를 규정하는 또 다른 계명으로
보아야 할 것입니다. "첫 계명에서 참된 하나님만이 경배 받아야 한다
는 것을 선언하신 후에 그는 이제 합법적인 예배가 어떤 것인지를 규
정하신다"고 말한 칼빈의 해석을 따르는 이런 해석은 매우 정당하다

---

1 John Calvin, *Commentaries on the Four Last Books of Moses*, trans. Charles
William Bingham, vol. 2 (Edinburgh: Calvin Translation Society, n.d.; reprint,
Grand Rapids: Baker, 1993), 106. (이하 이로부터의 인용은 칼빈 주석 인용 관례에 따
라 Calvin, *Comm. Exo.*로 할 것입니다).

고 생각됩니다.[2] 먼저 이 〈제 2 계명〉의 내용을 구체적으로 살펴보고, 그 의미와 우리에게 주는 함의를 생각해 보기로 하겠습니다.

1. 〈제 2 계명〉의 내용과 의미

이 강한 금지 명령은 두 가지를 금(禁)하고 있습니다.

첫째는 하나님을 비겨 "너를 위하여 상(פֶסֶל)을 만들지 말고 또 위로 하늘에 있는 것이나 아래로 땅에 있는 것이나 땅 아래 물속에 있는 것의 아무 형상(likeness, תְּמוּנָה)이든지 만들지 말며"입니다. 이는, 우리가 곧 살펴 볼 바와 같이, 전혀 상(像)을 만들지 말라는 것이라기보다는 **하나님을 표현하는 것이라고 하면서** 이 세상의 그 어떤 형상이든지 만들지 말라는 것입니다. 그러므로 성경은 어떤 상을 만들어 그것을 하나님과 연관시키는 것을 금하고 있다고 말할 수 있습니다. 이것은 이 세상에 있는 그 어떤 것도 하나님을 표상할 수 없기 때문이고, 그렇게 했다가는 사람들이 쉽게 하나님에 대하여 오해(誤解)하게 되기 때문입니다. 하나님께서 영적이시므로 하나님을 경배하는 방법도 영적이어야 합니다.[3] 물론 성경에는 "하나님을 만든다고 하면서, 또는 하나님을 비겨 상을 만들지 말라"는 형태로 아주 분명히 명문화된 진술이 있는 것은 아닙니다. 그러나 문맥을 살피면 이는 상(像) 만드는 것 자체를 금하는 것이 아니라, 결국 섬기기 위해서, 경배하려는 의도를 가

---

2 칼빈의 이러한 해석적 전통을 따르는 해석들로 다음을 보십시오: C. F. Keil and F. Delitzsch, *Biblical Commentary on the Old Testament*, vol. II, trans. James Marin (Reprinted: Grand Rapids: Eerdmans, 1976), 114; Walter C. Kaiser, Jr., "Exodus," in *The Expositor's Bible Commentary*, vol. 2 (Grand Rapids: Zondervan, 1990), 422.

3 이 점에 대한 좋은 강조로 Calvin, *Comm. Exo. 20:4*, 107; *Comm. Deut. 5:9*, 109-110을 보십시오.

지고,[4] 즉 하나님과 연관시켜서 상(像)을 만드는 것을 금하고 있는 것으로 보아야 합니다.[5]

둘째로, 이 계명은 사람이 어떤 상(像)을 만들어 놓고 그것에 경배하거나(חָוָה תִשְׁתַּחְוֶה) 섬기는(עָבַד) 것을 금하고 있습니다. 여기서 "경배하거나(절하거나) 섬기는 것"이라는 표현은 두 가지 다른 단어로 하나의 같은 사상, 즉 이 문맥에서는 "종교적 예배를 하는 것"을 언급하려는 중언법(重言法, hendiadys)으로 이해할 수 있습니다.[6] 그러므로 이것은 사람이 만든 상(像)을 중심으로 하여 종교적 의식을 하지 말라는 것입니다. "그것들에게 절하지 말며, 그것들을 섬기지 말라." 따라서 우리는 어떤 상황 가운데서라도 어떤 상(像)을 만들어 놓고, 그것을 하나님과 연관시키면서 섬기거나 그 상(像)을 통해서 하나님을 섬기려고 해서는 안 됩니다.

그러므로 이 계명은 결국 하나님을 비겨 어떤 형상을 만들고 그것에 경배하는 것을 금(禁)하는 것입니다. 하나님을 비겨 만드는 것이 아니라면 조각하는 것을 금할 이유는 없습니다. 그리고 주님께서 그것을 금하셨다고 할 수도 없습니다. 그러므로 이 계명에 근거해서 숭배

---

4 Kaiser, "Exodus," 422: "*with the intention to worship them*"(Kaiser 자신의 강조).

5 칼빈도 이 계명이 문제 삼는 것은 하나님의 형상(any image of God)을 만드는 것이라는 점을 분명히 합니다(Calvin, *Comm. Exo.* 20:4, 108). 비슷한 의견들로 Keil and Delitzsch, *Biblical Commentary on the Old Testament*, vol. II, 115; R. Alan Cole, *Exodus*, Tyndale Old Testament Commentaries (Leicester: IVP, 1973), 155를 보십시오.
십계명 자체를 발전주의적으로 이해하는 J. P. Hyatt는 초기의 의미는 여호와의 형상(images of Yahweh) 만드는 일의 금지였으나, 후대에 다른 우상들에 대한 금지 개념이 도입되었다고 합니다. 그러나 그도 이 말의 본래적인 의미가 숭배를 위한 여호와의 형상 건립을 금하는 것으로 보는 것입니다(J. P. Hyatt, *Exodus*, The New Century Bible Commentary [London: Marshall, Morgan & Scott, 1971; Grand Rapids: Eerdmans, 198]), 211). 비슷한 입장의 R. E. Clements도 문맥상 이는 여호와 하나님의 상징이 되는 형상 문제에 관한 것임을 강조합니다(Ronald E. Clements, *Exodus*, The Cambridge Bible Commentary [Cambridge: The University Press, 1972), 123. 또한 G. von Rad, *Old Testament Theology*, I, 215f.도 보십시오.

6 이에 대한 시사와 논의로 Kaiser, "Exodus," 423을 보십시오.

적 의도가 없는 조각을 전부 금한다든지, 인형 만드는 것이나 인형을 가지는 것을 금한다든지 해서는 안 됩니다. 칼빈도 이 구절을 주석하면서 우리가 그렇게 생각할 이유는 없다는 것을 분명히 하고, 많은 사람들도 칼빈이 이점을 분명히 밝혔음을 강조해 말하고 있습니다.[7] 하나님께서 금하신 것은, 그 문맥을 잘 살펴보면, 하나님을 섬긴다고 하면서 어떤 상을 만드는 것입니다.

이를 이렇게 해석해야 하는 근거의 하나로 신명기 4:15의 말씀을 연관시키는 일이 있습니다: "여호와께서 호렙 산 화염 중에서 너희에게 말씀하시던 날에 너희가 아무 형상도 보지 못하였은즉 너희는 깊이 삼가라."[8] 모세 자신이 주고 있는 이 권위 있는 경고로부터 카일은 여기서 문제가 되는 것이 그저 아무 형상이 아니라, 여호와에 대한 상징적 표현으로서의 형상을 의미하는 것이라는 것을 부인할 수 없다고 합니다. 사실 이 구절에 따라 나오는 구절들은 여호와를 비겨 사람이 만들거나 생각할 수 있는 형상의 여러 종류를 매우 자세하고도 길게 나열하고 있습니다: 남자의 상, 여자의 상, 짐승의 상, 새의 상, 어족의 상, 그리고 하늘의 일월 성신(신 4:16-19). 그렇게 하나님을 섬긴다고 하면서 어떤 형상을 만들어 섬기게 되면 그것은 사람들이 "스스로 지혜 있다 하나 우준하게 되어 썩어지지 아니하는 하나님의 영광을 썩어질 사람과 금수와 버러지 형상의 우상으로 바꾸었느니라"(롬 1:22-23)는 말씀에 해당하게 됩니다. 바로 그것이 "하나님을 알되 하나님으로 영화롭게도 아니하며, 감사치도 아니하고, 오히려 그 마음의 생각이 허망하여 지며 미련한 마음이 어두워졌음"을 나타내는 것입니다(롬 1:21).

---

[7] Keil and Delitzsch, *Biblical Commentary on the Old Testament*, vol. II, 115.

[8] 〈제 2 계명〉과 신명기 4:15을 연관시키는 예로 Keil and Delitzsch, *Biblical Commentary on the Old Testament*, vol. II, 115; Cole, *Exodus*, 156; 그리고 Brevard S. Childs, *Exodus*, Old Testament Library (London: SCM Press, 1974), 407을 보십시오.

이와 연관해서 우리는 사람을 하나님의 형상이라고 독특하게 표현하시고, 이것을 강조하시는 하나님의 뜻을 존중해야 합니다. (이때 하나님의 형상이라는 말과 하나님의 상이라는 말은 같은 말이라는 것에 유의하십시오.) 성경에서는 그 어떤 다른 것에 대해서도 하나님의 형상이라고 그 고귀한 명칭을 사용한 일이 없습니다. 오직 사람만을 하나님의 형상이라고 말씀하십니다. 여기에 인간의 고귀성과 중요성과 인권의 진정한 근거가 있습니다.

2. 〈제 2 계명〉과 관련하여 주어진 하나님에 대한 계시

이렇게 상(像) 숭배를 금하시면서 하나님께서는 아주 독특한 말씀을 더하십니다. 그것은 "나 여호와 너의 하나님은 질투하는 하나님인즉, 나를 미워하는 자의 죄를 갚되 아비로부터 아들에게로 삼 사대까지 이르게 하거니와 나를 사랑하고 내 계명을 지키는 자에게는 천대까지 은혜를 베푸느니라"는 말씀입니다. 하나님께서 질투하는 하나님이심을 강조하여 말씀하십니다. 그런데 이 말씀은 〈제 1 계명〉과 〈제 2 계명〉 모두에게 적용되는 것이라고 보는 것이 옳을 것입니다.[9]

그리고 이 질투하는 하나님이시라는 말씀은 아주 풍성한 내용을 담고 있는 말씀이라고 하지 않을 수 없습니다. 주님께서 당신님 자신을 인간에 비유하시면서 우리가 주의 말씀과 명령에 순종해야 하는 분명한 이유를 제시해 주시는 매우 중요한 교훈을 주시는 것입니다. "질투하는 하나님"(אֵל קַנָּא). 하나님을 이렇게까지 구체적으로 제시해 주시는 이 말씀의 의미를 우리는 매우 중요시해야 합니다. 이는 하나님의

---

9 이런 해석으로 Keil and Delitzsch, *Biblical Commentary on the Old Testament*, vol. II, 116을 보십시오.

유일성과 배타성에서 나오는 당연한 일입니다.[10] 우리 하나님은 질투하시는 하나님이십니다. 그는 당신님의 영광을 그 어떤 다른 존재와 나누어 가질 수 없으십니다. 그만이 홀로 하나님이시기 때문입니다. 그외에는 구원자가 없습니다(사 43:11). 그러므로 그는 심지어 당신님을 비겨 만든 형상과도 당신님의 영광을 나누실 수 없는 것입니다. 후대에 이사야서에서는 이렇게도 말씀하신 바도 있습니다: "나는 내 영광을 다른 자에게, 내 찬송을 상(像)에게 주지 아니하리라"(사 42:8).

하나님께서 하나님이 아닌 다른 것을 섬기는 자들의 죄를 삼, 사대에 이르기까지 갚으신다는 것은 백성의 유대성과 유기성을 강조하여 하신 말씀입니다. "삼, 사대"라는 표현은 계속성을 표현하는 셈어의 전형적 표현의 하나입니다.[11] 그러므로 이는 삼, 사대 안에 있는 사람들은 결코 하나님의 백성이 될 수 없다는 말은 아닙니다. 자연적이고 혈통적인 저주의 선이 흘러간다는 말이기보다는 하나님께 대한 범죄가 얼마나 무서운 것이며, 얼마나 심각한 것인지를 말해 주는 것입니다. 이는 그저 잘못된 범죄의 자연적인 결과를 강하게 표현해 주는 것입니다.[12] 그러므로 이 말씀으로부터 어떤 혈연적 운명(fate)을 예상하는 것은 옳지 않습니다.[13] 예로부터 기독교적 해석자들은 후손이 조상의 죄된 본성을 물려받아 **죄를 지으면** 그는 그런 점에서 조상의 잘못과 자신의 잘못 모두에 대한 벌을 받게 된다는 것이라고 해석해 왔습니다.[14]

---

[10] Cf. Cole, *Exodus*, 156.

[11] Cf. Cole, *Exodus*, 156. 이렇게 보는 것이 "삼, 사대"를 한 확대 가족 안에 실제로 같이 살 수 있는 가족들이라고 보는 Clements의 해석(*Exodus*, 124)보다 나아보입니다.

[12] Cf. Cole, *Exodus*, 156.

[13] 이런 사실에 대한 좋은 지적으로 Keil and Delitzsch, *Biblical Commentary on the Old Testament*, vol. II, 117을 보십시오.

[14] Keil and Delitzsch, *Biblical Commentary on the Old Testament*, vol. II, 117; Kaiser, "Exodus," 423: "그 조상의 죄들을 반복하는 자녀들 그것을 하나님을 미워함으로 나타내는 자녀들도 그 조상들과 같이 벌을 받는 것이다."

따라서 자녀가 그 조상의 죄된 길을 버리게 되면, 하나님께서는 자비로우시겠다는 것입니다. 그리고 그 자비는 삼, 사대에만 머무르는 것이 아니고 수천 대에까지 이른다고 하십니다. 이렇게 하여 부정적인 것은 적극적 축복의 틀과 같이 나타납니다.[15] 그러므로 하나님의 이 저주의 말은 기계적인 법칙을 선언하시는 것이 아니라는 것에 유의해야 합니다. 모세 자신도 후에 "아비는 그 자식들을 인하여 죽임을 당치 않을 것이요, 자식들은 그 아비를 인하여 죽임을 당치 않을 것이라. 각 사람은 자기 죄에 죽임을 당할 것이니라"고 썼고(신 24:16), 더 후대에 에스겔도 이렇게 말하였습니다: "아들은 아비의 죄악을 담당치 아니할 것이요, 아비는 아들의 죄악을 담당치 아니하리니, 의인의 의도 자기에게로 돌아가고, 악인의 악도 자기에게로 돌아가리라"(겔 18:20). 그러므로 하나님의 말씀은 기계적으로 생각할 수 있는 것이 아님을 분명히 하면서 조화로운 해석을 하는 것이 계시를 내신 하나님의 의도를 잘 살려 이해하는 것이 됩니다.

그러므로 이와 같은 생각은 "나를 사랑하고 내 계명을 지키는 자에게는 천대까지 은혜를 베푸느니라"는 말씀을 해석할 때에도 역시 강조해야 할 점입니다. "천대"까지라는 말로 딱 천대를 뜻하는 것이 아니라, 이것은 "무한히 또는 끝없이"(the limitless extent of God's mercy)라는 의미입니다.[16] 그리고 또한 천대까지의 백성이 그들 자신의 신앙이나 주를 섬김과 관련 없이 구원받는다는 말이 아님은 성경 전체의 맥락에 유의하는 사람들은 누구나 다 잘 알 수 있습니다. 이런 표현은 주께서 주를 사랑하며 섬기는 자들에게 참으로 은혜로우심을 단적으로 잘 설명해 주시는 말씀이 됩니다. 이 천대까지 은혜스러우시겠다는 말

---

15 이 좋은 표현은 Cole, *Exodus*, 156에 나타나고 있습니다.

16 Cole, *Exodus*, 157.

씀과 불순종자에게 그 죄를 삼, 사대까지 갚으신다는 말을 비교할 때에 하나님의 은혜스러우심(חסד)이 아주 크게 나타납니다. 이렇게 은혜스러운 하나님께서 당신님을 "질투하시는 하나님"이라고까지 표현하시면서 하나님만을 바르게 섬기기를 강조하시는 것입니다. 이 강조에 이 말씀의 진정한 의도가 있음을 주의해 살펴보아야 합니다.

3. 〈제 2 계명〉을 명하실 때의 이스라엘의 정황

그런데 하나님께서 이렇게 중요한 명령을 주실 때 이스라엘은 어떤 정황 가운데 있었습니까? 그것은 모세가 십계명을 다 받고서 40일 후에 이스라엘 백성이 있는 호렙 산(시내 산) 아래로 내려 왔을 때 적나라하게 드러납니다. 사실 하나님께서 모세를 산에서 내려 보내실 때부터 이미 하나님께서는 사태를 정확히 일러 주셨습니다. 하나님께서는 이렇게 말씀하셨습니다. "너는 내려가라. 내가 애굽 땅에서 인도하여 낸 네 백성이 부패하였도다. 그들이 내가 그들에게 명한 길을 속히 떠나 자기를 위하여 송아지를 부어 만들고 그것을 숭배하며 그것에게 희생을 드리며 말하기를 이스라엘아 이는 너희를 애굽 땅에서 인도하여 낸 너희 신이라 하였도다"(출 32:7-8).

모세는 이 말씀을 근거해서 하나님께서 친히 주신 두 증거 판을 가지고 내려 올 때, 백성 중에서 나는 소리를 싸우는 소리로 생각하던 여호수아에게 "이는 승전가도 아니요 패하여 부르짖는 소리도 아니라"고 말했습니다(출 32:18). 그 때 백성들은 그 날 "아침 일찍이 일어나 번제를 드리며 화목제를 드리고 앉아서 먹고 마시며 일어나서 뛰놀던" 중이었습니다(출 32:6). 그들 나름대로 여호와의 절일을 지키는 중이었

던 것입니다(출 32:5).[17]

이 말씀에 주의해 보십시오. 그들은 자신들이 하나님을 떠나서 다른 신을 섬긴다고 생각하지 않았습니다. 그들은 분명히 자신들을 애굽 땅에서 인도하여 내신 그 신에게 번제와 화목제를 드린다고 하는 것입니다. 그리고 그 신의 이름을 아주 명확히 "여호와"라고 부르고 있습니다. 그러므로 당시 이스라엘 백성들은 자신들이 바로 이와 같은 방식으로 자신들을 애굽에서 인도하여 내신 그 하나님이신, 여호와를 섬기는 것이라고 생각하고 있었던 것입니다. 그러므로 그 당시 이스라엘 백성들은 여호와 하나님을 섬기는 방식으로 송아지를 만들어 놓고 여호와 하나님을 섬긴다고 하면서 번제(burnt-offerings)를 드리고 화목제(thanks-offerings)를 드리고 했던 것입니다.

여기서 갑자기 나온 송아지(עֵגֶל) 상은 무엇입니까? 정확하게 알 수는 없지만, 아마도 모세가 산 위에 올라가서 내려오지 않자 이스라엘 백성은 좀 더 가시적인 방식으로 하나님을 섬겨야 한다고 생각하고서 아마도 자신들이 애굽 땅에서 자주 보았던 송아지 형상의 신인 아피스(Apis)와 같은 모습의 상을 만들어 놓고서는, 물론 그것을 이집트의 신 아피스라고 하지 않고, 여호와 하나님이라고 했던 것 같습니다.[18] 우리

---

17 그런데 이런 제의가 뒤에 언급할 애굽의 아피스(Apis) 숭배 제의와의 유사성에 대한 지적과 논의로 Keil and Delitzsch, *Biblical Commentary on the Old Testament*, vol. II, 222을 보십시오. 그는 Horodotus 2, 60과 3, 27을 언급합니다.

18 이에 대한 언급과 정보로 Keil and Delitzsch, *Biblical Commentary on the Old Testament*, vol. II, 222를 보십시오. 그들은 또한 Hengstenberg, *Dissertations*도 언급합니다. 김홍전 목사님도 그의 강설에서 아피스(Apis) 상과 송아지 상의 관계를 언급한 바 있습니다.

물론 이런 해석에 반대하는 견해도 있습니다. 특히 이집트에서 아피스는 상을 만들어 예배한 것이 아니라 아피스가 끊임없이 특별한 특징을 지닌 송아지로 환생한다고 생각하고서 그것을 섬겨 왔다는 주장에서 이를 반대하는 Cole, *Exodus*, 214의 논의는 매우 강한 것입니다. Cole은 힘과 생산력의 상징으로 황소가 바알의 표상으로 나타났을 가능성을 좀 더 시사합니다. Clements도 여기 송아지 상은 가나안 종교와, 특히 바알과 연관되었을 것이라고 시사합니다(*Exodus*, 206).

들의 종교적 표현들이 상당히 문화적인 산물일 수 있다는 것을 보여 주는 것입니다.

이렇게 이스라엘 사람들이 산 밑에서 송아지 상을 만들어 놓고서 하나님을 섬긴다고 할 그 때에 여호와 하나님께서는 산 위에서 선언하시기를, 상을 만들어 놓고, 하나님을 섬긴다고 하지 말라고 명령하십니다. 하나님께서 상 숭배를 금하는 말씀을 주실 바로 그 때에 이스라엘 백성은 산 아래서 상을 만들어 놓고 그것을 통해서 하나님을 섬긴다고 하는 것이 얼마나 아이러니칼한 상황입니까? 그러므로 우리는 하나님의 이 명령의 말씀의 깊은 의미를 이런 정황 가운데서 더욱 깊이 있게 느끼게 됩니다.

4. 〈제 2 계명〉의 실천적 의미

〈제 2 계명〉은 우리에게는 어떤 실천적 의미를 지니고 있습니까? 첫째로, 우리는 상을 만들어 놓고 그것과 하나님을 직접적으로나 간접적으로 연관시키는 일을 하지 말아야 한다는 것을 분명히 해야 합니다. 동방 교회가 서방 교회를 비난한 것과 같이 우리는 교회 안에서 상을 세워 놓고 그것 자체를 하나님이라고 생각하거나, 또는 그것을 통해서 (through it) 하나님을 섬길 수 있다고 생각하지 말아야 한다는 것을 강

그러나 그렇다고 해서 히브리인들이 이집트에서 영향받은 아피스에 대한 생각에서 송아지 우상을 만들었을 개연성이 완전히 배제될 수 있는 것은 아닙니다. 더구나 Hyatt는 잔존하는 아피스의 송아지 동상이 있다고 합니다(Hyatt, 305, citing *The Ancient Near East in Pictures Relating to the Old Testament*, ed. J. B. Prichard, 3rd. edition, 1969, n. 570).

그런가 하면 Childs는 그 둘 중 하나를 선택할 필요가 없으니, 성경 저자에게도 무의식적인 영향을 미치는 공통의 근동적 영향으로 보아야 한다는 제안을 합니다(Childs, *Exodus*, 565f.).

조해야 합니다. 멜랑히톤은 당대의 천주교회 안에서 이와 비슷한 문제가 있음을 다음과 같이 지적한 일이 있습니다: "[그것은] 이교도들이 그렇게 하는 것처럼 다른 신들을 만들어 내고, 피조물에게 신적 영예를 주는 것이다. 그리하여 형상들이 마치 하나님인 것처럼 치장되고, 죽은 자들의 이름이 불려지는 것이다. 교황주의자들이 죽은 성인들께 기도하는 것처럼 말이다. 그들은 마리아와 안나와 야곱 등의 형상들에게로 나아가고 ……"[19] 멜랑히톤은 당대의 천주교회 안에 〈제 2 계명〉에 반하는 죄가 매우 종교적이고 경건한 동기에서 자행되고 있는 것을 잘 지적한 것입니다. 좀 더 나아가서, 천주교회가 말하는 이것은 상(像)에 대한 경배($\lambda\alpha\tau\rho\acute{\epsilon}\iota\alpha$)만을 금한 것이지 존숭($\delta\epsilon\lambda\acute{\epsilon}\iota\alpha$)을 금한 것이 아니라는 주장에 대한 강하고 자세한 반론으로 칼빈의 글을 보십시오.[20] 그러므로 우리는 〈제 2 계명〉에 근거해서 모든 상(像) 숭배를 철저히 거부해야 합니다.

그리고 우리는 동방 교회의 화상들(icons)에 대해서도 같은 말을 해야 합니다. 화려한 삼위일체 하나님의 화상(畵像, icon)이나, 예수님의 화상(畵像) 앞에서 기도하는 사람들에 대해서도 우리는 〈제 2 계명〉을 강하게 선언해야 합니다. 그것은 상이 아니라고 할 동방 교회의 전통 속에 있는 사람들에게 우리는 상(像)의 의미는 그저 조각(彫刻)한 상만이 아니라, 결국 하나님을 가시화(可視化)하여 표현한 모든 것에 적용될 수 있다는 것을 분명히 말해야 할 것입니다. 과거의 바른 생각을 가진 사람들은 대부분 이 문제를 아주 강하게 주장해 왔습니다.

그러므로 동방 교회의 화상들에 대해서만이 아니라, 현대 사회 우리들 주변에 널리 퍼져 있는 예수님에 대한 다양한 그림들에 대해서도

---

[19] Philip Melanchthon, *Loci Commues 1555*, 이승구 역, 『신학 총론』(서울: 크리스챤 다이제스트, 2000), 203-204.

[20] Calvin, *Comm. Deut. 5:9*, 109.

우리는 같은 말을 해야 합니다. 그것을 단지 교육용으로 사용한다고 해도 마찬가지입니다. 그러므로 이 땅에 인성을 취하여 오신 예수님께 대하여 어떤 시각적 묘사를 한다면, 우리는 단지 뒷모습으로나 희미하게 멀리서 보이는 모습으로 표현해야 합니다. 우리는 심지어 인성을 취하여 이 세상에 오신 예수님께 대해서도 다른 방식으로는 그 어떤 시각적 표현을 하려고 하지 말아야 합니다. 더구나 잠시라도 예수님의 그림이나 상(像)을 보면서 예수님을 연관시킨다면 그것은 참으로 〈제 2 계명〉을 어기는 것이 됩니다.

둘째로, 〈제 2 계명〉은 단순히 상을 놓고 그것을 통해서 하나님을 섬기는 것의 문제만이 아니고, 이는 결국 하나님을 어떤 방식으로 섬겨야 하는지에 대한 교훈을 주는 계명입니다. 하나님을 우리들이 생각하는 좋은 방식으로 섬기면 되는 것이 아니고, 하나님께서 제시하신 방식에 따라서 섬겨야 한다는 것을 분명히 제시하는 계명입니다. 종교개혁자들의 후예들은 이 계명에서 하나님 경배의 방식에 대한 분명한 지시를 발견했었습니다. 그래서 웨스트민스터 신학자들은 〈소요리문답 제 50 문답〉에서 "〈제 2 계명〉이 명하는 것은 하나님께서 하나님의 말씀으로 정한 종교적인 모든 예배와 규례를 받아 지키며, 순전하고 온전하게 유지하라는 것입니다"라고 고백했었습니다. 17세기 우리의 선배들은 〈제 2 계명〉에서 하나님을 섬기는 예배에 대한 규례를 하나님의 말씀인 성경으로부터만 찾아야 한다는 것을 강조했습니다. 이를 좀더 구체적으로 언급하면서 〈제 51 문〉에서는 "〈제 2 계명〉이 금하는 것은 하나님을 예배함에 형상을 사용하거나, 하나님의 말씀으로 정하지 아니한 어느 다른 방법을 사용함입니다"라고 말하고 있습니다. 종교개혁자들은 옛 천주교 예배식 가운데서 성경이 규정하지 아니한 모든 요소들을 제거하고자 했습니다. 그리하여 개혁파 교회에서는 모든 상들이 제거 되었고, 예배 때에 촛불을 켜는 것과 향을 피우는 것, 무릎을 꿇는 것 등의 요소가 제거되었습니다. 이는 그저 그렇게 한 것이 아니라, 〈제 2 계명〉에서 주께서 요구하신 것이 우리가 주님께 예배하는 방법을 규정하는 것이라는 이해에서 그렇게 한 것입니다.

이를 이와 같이 이해하면 이런 것들(촛대, 촛불, 향, 상 없는 십자가 등)은 그저 이래도 좋고 저래도 좋은 문제, 소위 아디아포라(*adiaphora*)의 문제라고 생각하는 루터파의 이해는, 그 모든 것이 있으면 더욱 좋은 것이라고 생각하는 천주교회의 이해만큼이나 〈제 2 계명〉을 어기는 것이 되는 것임이 쉽게 이해될 수 있을 것입니다. 우리의 개혁파 선배들은 예배의 방식의 문제는 아디아포라의 문제가 아니라 주께서 그의 말씀 가운데서 제정하신 방법에 따라서만 드려야 한다고는 했습니다. 그리고 이 점에 있어서 그들은 옳았던 것입니다.

그러므로 21세기에 사는 우리들도 예배할 때 주께서 그의 말씀 가운데서 명령한 요소들만을 가지고 예배해야 합니다. 그것이 진리 안에서, 진리 가운데서 예배를 드리는 것입니다. 다른 문제에서와 같이 성경의 가르침만이 우리의 예배의 방법을 규제하는 유일한 규범입니다.

물론 성경은 어떤 구체적인 예배의 순서를 규정하고 있지는 않습니다. 그러므로 예배의 장소나 순서의 문제 등은 우리의 지혜와 과거 선배들이 역사적으로 남겨 준 지혜를 다 동원해서 가장 합당한 형태로 정하여 할 수 있습니다.

그러나 그 예배의 요소들은 분명히 성경이 규정하고 있는 요소들을 유지해야 합니다. 그런 요소들은 우리의 예배 중에서 사용하고 있듯이 하나님께 나와서 찬송하고, 기도를 드리고, 또 헌상을 하고, 그리고는 하나님의 말씀을 읽고[奉讀], 그 말씀을 잘 가르치고 배우며 하나님께서 주시는 은혜를 받도록 하는 것입니다. 이 모든 요소들을 다 성경으로부터 찾아내려고 한 것이고, 그런 확신을 가지고 그런 요소들을 가지고 주께 예배하는 것입니다. 지금이라도 성경에 근거해서 예배에 합당한 요소가 있으면 그것을 포함시키고, 성경에 비추어 합당하지 아니한 요소들을 제거하면서 주님께 제대로 예배하려고 해야 합니다. 물론 과거 우리 선배들에게 주신 지혜와 은혜에 근거한 판단을 무시하려고 하지 않으면서 말입니다. 여기서 중요한 것은 하나님의 말씀인 성경에 근거하여 판단하고 예배의 지침을 발견하는 것입니다. 예배에 대해서도 다른 문제에 대해서와 마찬가지로 '오직 성경'(*sola scriptura*)의 원리가 적용되어야 합니다.[21]

그러므로 우리는 상(像)을 만들어 주를 섬겨서도 안 되고, 주의 말씀이 지정하지 않은 어떤 요소를 예배에 도입하려고 해서도 안 됩니다. 오직 주께서 성경에서 제시하신 여러 요소들을 부지런히 찾아서 그런 요소들을 가지고 주께 바르게 경배하기를 힘써야 합니다. 주님께서는 이렇게 바르게 주께 예배하는 자들을 찾으십니다. 물론 우리가 뒤에 언급하겠지만 우리는 우리 스스로의 능력과 자격으로 주께 나아가 예배할 수 있는 것은 아니고, 오직 성령님께 의존해서 십자가의 공로에 의존해서만 주께 나아갈 수 있습니다. 이렇게 항상 십자가의 빛에서 성령님께 의존하여 바르게 주께 나아가기를 힘쓰는 우리들이 되어야 합니다. 그것이 〈제 2 계명〉을 준수하며, 그 계명을 내신 우리 하나님 여호와의 의도와 정신을 존중하는 백성의 마땅한 자세입니다.

(제 96 문) 제 2 계명에서 하나님께서 요구하신 것은 무엇입니까?

---

[21] 이에 대한 자세한 논의로 이승구, "성경적 공예배를 지향하며," 『한국 교회가 나아갈 길』 (서울: SFC, 2007), 39-71=개정판, "공예배의 방향: 칼빈과 개혁신학의 성경적 입장에 본 한국 교회 예배 개혁의 과제", 『한국 교회가 나아갈 길』 (서울: CCP, 2018), 47-84를 보십시오.

(답) (제 2 계명에서 하나님께서 우리들에게 요구하신 것은)
그 어떤 방식으로도 하나님을 상(像, image)으로 표현하지 말고,
그의 말씀 가운데서 명령하신 것과는 다른 방식으로
그에게 예배하지 말라는 것입니다.

(제 97 문) 상들은 전혀 만들면 안 됩니까?

(답) 하나님은 그 어떤 방식으로 표상할 수도 없고, 표상화될 수도 없습니다.
물론 피조물의 형상은 만들 수는 있으나,
그것들을 예배하기 위해서나 그것들로 하나님을 섬기기 위해서
피조물의 상을 만들거나 그와 비슷한 것을 만드는 것은 금하신 것입니다.

(제 98 문) 그러나 성도들에게 보여 주기 위해서
상들을 예배당 안에서 사용하거나 하는 것은 허용될 수 있지 않습니까?

(답) 그렇지 않습니다.
우리들은 하나님보다 더 지혜로운 것처럼 하면 안 되니,
하나님께서는 당신님의 백성들을 말 못하는 상들로써가 아니라,
당신님의 말씀의 생동력 있는 선포로 교육시키기를 원하셨기 때문입니다.

제 3 계명과 우리

본문: 출 20:7; 신 5:11.

〈제 3 계명〉은 "너는 너의 하나님 여호와의 이름을 망령되이 일컫지 말라"는 금령으로 시작되고 있습니다. "나는 너를 애굽 땅, 종 되었던 집에서 인도하여 낸 너의 하나님 여호와로라"고 선언하신 서문에 있던 "너의 하나님 여호와"라는 말이 이 〈제 3 계명〉에 다시 나타나고 있다는 것이 흥미롭습니다. 십계명 자체가 그런 구조로 되어 있다고 말씀 드린 것과 같이 이 계명도 하나님께서 친히 구원하여 내셔서 그들을 하나님 백성으로 삼으신 "너의 하나님 여호와"와의 관계를 논의하고 있습니다. 그러므로 이 계명은 하나님을 추상적인 분으로 여기거나 우리와는 아무 관련이 없는 것으로 여기는 상태를 규정하는 것이 아니라, 하나님을 "나의 하나님"으로 생각할 때 생길 수 있는 문제의 하나를 다루고 있습니다. 물론 〈제 1 계명〉도 이스라엘을 구원하신 하나님, 따라서 우리를 구원하신 하나님께서 "나 외에는 다른 신들을 네게 있게 하지 말지니라"고 명령하신 것입니다. 그러므로 〈제 1 계명〉에서도 하나님과 우리의 "나와 너"의 관계가 핵심이었다고 할 수 있습니다. 하나님께서 친히 당신님을 "나"로 칭하시고, 우리에게 대하여 "너"라고 불러주시며, 다시 "나 외에"라는 점을 강조하면서 "다른 신들을 **네게** 있게 하지 말지니라"고 당신님과 우리의 관계를 '나너 관계'로 제시하시면서 명하셨던 것입니다. 〈제 2 계명〉에서도 "너를 위하여 새긴 상을 만들지 말고"라고 명하시면서 당신님 자신을 "나 여호와 너의 하나님"이라고 말씀하셨습니다. 여기 〈제 3 계명〉에서도 "너는 너의 하나님 여호와의 이름을"이라고 말씀하셔서 이 모든 것이 우리를 구원하여 내셔서 우리의 하나님이시며, 우리의 언약의 상대자로 우리에게 대하여 "나와 너"의 관계를 가진 분으로서 여호와 하나님께서 우리에게 요구하시는 바를 명하시는 것입니다. 그러면 〈제 3 계명〉의 내용을 구체적으로 살펴보고, 그 의미와 우리에게 주는 함의를 생각해 보기로 하겠습니다.

1. 〈제 3 계명〉의 내용과 의미

〈제 3 계명〉은 "너의 하나님 여호와의 이름을 망령(妄靈)되이 일컫지 말라"는 금지 명령입니다. 먼저 "이름을 일컫다"(םש אׂשׂנ, take up the name or lift up the name)는 말은 숙어적 표현으로 보면서 어떤 다른 뜻을 가진 것으로 보기보다는 우리말 성경이 번역한 의미대로 일반적

---

1 예를 들어, "맹세하다"(taking an oath)의 동의어로 보는 해석(Alan Cole, *Exodus*, Tyndale Old Testament Commentaries [Leicester: IVP, 1973], 157)을 보십시오. 챠일즈도 이것이 초기 전승의 의미라고 합니다(Brevard S. Childs, *Exodus*, Old Testament Library [London: SCM Press, 1974], 411). 별 논의를 하지 않으므로 분명하지는 않으나 3계명과 관련하여 오직 맹세의 문제만을 언급한 James K. Hoffmeier, "Exodus," in *Evangelical Commentary on the Bible*, ed., Walter A. Elwell (Grand Rapids: Baker, 1989), 54도 같은 해석을 하는 듯합니다.

인 의미로 취하는 것이 바르다고 할 수 있습니다. 또는 후대의 사용 용례와 그 어원과 관련해서 "그 이름을 높이다, 들어올린다"는 뜻으로 이해하는 것도 좋습니다.[2] 그리고 "망령(妄靈)되이"(לַשָּׁוְא)라는 말은 "허비하다, 헛되게 하다"(to be waste)라는 뜻인 "샤아"(שָׁוְא)라는 어근(語根)에서 온 말로[3] 기본적으로 "헛되이"(in vain)라는 의미를 지닌 말입니다. 물론 이 말은, 보스(Vos)가 잘 지적하고 있는 바와 같이, "비실재적이고 사곡하고, 실망을 주고, 죄스럽기도 함이라는 복합된 개념을 말하는 아주 복합적인 단어"입니다.[4] 그러나 요약해서 말하자면, 이는 **하나님의 이름을 불렀으나 아무런 효과를 내지 못하게 그의 이름을 부르는 것은 "헛되이" 부르는 것이며, 결국 그것은 죄가 되어 그를 정죄하는 효과만 내는 것입니다.**

그러므로 이는 (1) 여호와라는 이름을 비롯한 하나님의 이름을[5]

---

2 이에 대해 "나사"(שָׂא)의 용례에 유의하면서 이것은 일반적으로 언급하다(utter)는 뜻으로 사용된 일이 없고 "높이다"는 어근의 뜻을 함의하며 사용되었음을 강조하는 견해로 C. F. Keil and F. Delitzsch, *Biblical Commentary on the Old Testament*, vol. II, trans. James Marin (Reprinted: Grand Rapids: Eerdmans, 1976), 118을 보십시오. 그는 시편 81:3 (lift up a song), 이사야 37:4 (lift up a prayer), 시편 24:4 (lift up his soul) 등의 용례를 언급합니다. 그러나 이는 그런 어근을 가진 말이 일반적인 "말하다"는 뜻으로 사용되기도 한다는 것을 조금 무시한 논의일 수 있습니다. 즉, 비록 "높이다"는 어근을 지닌 말이라도 용례 가운데서는 그저 "기도하다, 찬송하다, 이름을 말하다"의 뜻으로도 사용될 수 있는 것입니다. 이렇게 "들어올린다"는 어근의 뜻에 유의하면서도 자연스러운 의미를 포괄하는 이해로 김홍전, 『십계명 강해』(서울: 성약, 1997), 95f.을 보십시오.

3 Cf. Keil and Delitzsch, *Biblical Commentary on the Old Testament*, vol. II, James Marin trans. (Reprinted: Grand Rapids: Eerdmans, 1976), 118. 이처럼 "헛되게"라는 의미로 해석하는 것이 더 적절하다는 또 다른 논의로 John Calvin, *Commentaries on the Four Last Books of Moses*, trans. Charles William Bingham, vol. 2 (Edinburgh: Calvin Translation Society, n.d.; reprint, Grand Rapids: Baker, 1993), 409를 보십시오.
그보다는 "거짓되이"라는 의미로 사용된 용례가 더 많다는 논의로 김홍전, 『십계명 강해』, 94f.를 보십시오.

4 Geerhardus Vos, *Biblical Theology*, 졸역, 『성경신학』, 개정역 (서울: 기독교문서선교회, 2000), 170.

5 여기서 금지는 여호와라는 이름과만 관련된 것이 아니라 그의 존재나 속성과도 관련된다는 논의로 Calvin, *Commentaries on the Four Last Books of Moses*, vol. 2,

일컫는 일과 관련해서 그 일을 망령되이, 즉 헛되게 하지 말라는 것입니다. 이것은 결국 (2) 여호와의 이름을 바로 알고 **그 이름에 합당하게 사용해야만 한다**는 것입니다.[6] 그리고 그렇게 하는 것만이 (3) **그 이름이 표상하는 바 여호와 하나님의 존재에 대하여 정당한 것이고,**[7] 그 여호와 하나님과 바른 관계를 가지고 있음을 드러내는 것입니다. 그러므로 이 계명은 결국 하나님과의 바른 관계의 문제를 다루고 있는 계명이라고 할 수 있습니다. 이 계명은 단순히 "이름"과 관련된 어떤 마술적인 측면이나[8] 잘못된 사용만을 문제 삼는 것이[9] 아니라, 결국 **그 이름이 표상하는 바 그 하나님과 과연 바른 관계를 가지고 있느냐 아니냐의 문제를** 다루는 것입니다. 하나님과 바른 관계에 있지 않은 사람이 그의 이름을 부르는 것은 옳지 않으며, 또 그와 제대로 된 관계

408f.를 보십시오. 그러므로 우리는 "여호와"(יהוה)라는 이름만을 부르기를 회피하여 다른 이름들로 (예를 들어서, "그 이름"[השם] 이나 "그 하늘"[השמים]) 대치하고 다른 이름을 별로 존중하지 않는 태도는 따르지 말아야 할 것입니다.

6 이 점에 대한 바른 지적과 논의로 최낙재, 『소요리문답 강해』 II (서울: 크리스챤다이제스트, 2000), 181, 182-85를 보십시오.

7 이 점에 대한 좋은 지적으로 Walter C. Kaiser, Jr., "Exodus," in *The Expositor's Bible Commentary*, vol. 2 (Grand Rapids: Zondervan, 1990), 423; Kaiser, "Name," ZPEB, 4: 360-66을 보십시오.

8 이 어귀의 어원적 뜻이 "악 또는 재난을 가져오게"라고 보면서 이는 그 이름의 마술적 사용에 대한 금지 명령이라는 S. Mowinckel의 해석(*Psalmenstudien* I 50ff., cited in Childs, *Esodus*, 411)을 참조하십시오.

9 이 계명은 본래 이런 하나님의 이름의 잘못된 사용과 마술적 사용에 반하는 계명이라는 주장으로 Ronald E. Clements, *Exodus*, The Cambridge Bible Commentary [Cambridge: The University Press, 1972), 124를 보십시오. 그래서 그는 이 계명을 "그 이름을 잘못 사용하지 말아라"(You shall not make wrong use of the name)라고 번역합니다. 그렇게까지는 아니지만 이 계명이 본래는 하나님의 이름으로 거짓 맹세하는 것에 반하는 계명으로 레위기 19:12과 연관된다는 해석으로 Cole, *Exodus*, 157을 보십시오.
이 모든 점을 논의하면서 챠일즈는 언어학적 근거에서 〈제 3 계명〉이 거짓 맹세하는 것을 금하는 것으로만 볼 수는 없고 더 넓은 범위의 의미를 지니고 있다고 합니다(Childs, *Exodus*, 410-11, 412) 그럼에도 그는 레위기 19:12이 이 전승의 초기 단계를 반영한다고 하며(Childs, *Exodus*, 411-12), 폭넓은 용법은 포수기 이후에 나타난 것으로 봅니다 (Childs, *Exodus*, 412). 이는 그의 정경적 접근이 전승사를 전제하고 있음을 보여 주는 한 예가 됩니다. 챠일즈의 문제점에 대한 전반적인 논의로 이승구, 『우리 이웃의 신학들』 (서울: 나눔과 섬김, 2014), 191-233을 보십시오.

를 가지고 있다고 하면서도 그와의 바른 관계 가운데서 바르게 그의 이름을 부르지 않는 것도 그의 이름을 망령되이 일컫는 것이 되기 때문입니다.

그런 경우에 하나님께서는 "나의 이름을 망령되이 일컫는 자를 죄 없다 하지 아니하리라"고 선언하십니다. 이는 이것도 죄가 된다는 뜻 정도가 아니라, 하나님께서 그의 이름을 망령되이 일컫는 자의 죄를 매우 중하게 다루신다는 것을 표현하는 말입니다. 그래서 〈하이델베르크 요리문답〉 제 100 문답에서는 그 의미를 잘 살려서 "그의 이름을 더럽히는 것보다 더 큰 죄, 또는 하나님을 격분시키는 죄는 없다"고까지 표현하기도 합니다. 그러므로 우리는 하나님의 이름을 망령되이 일컫는 것이 얼마나 심각한 문제인지를 깊이 생각해야 합니다.

그렇다면 우리는 어떤 경우에 하나님 이름 부르기를 시도하며, 어떤 경우에 그런 하나님 이름 언급이 하나님의 이름을 "망령되이", 즉 헛되게 일컫는 경우가 되는 것입니까? 이 질문에 대해서 우리는 다음 4 가지 맥락 속에서 여호와의 이름이 헛되이 일컬어 질 수 있음을 구체적으로 생각해 보기로 하겠습니다.

2. 하나님의 이름을 일컫는 가장 직접적인 맥락: 예배와 기도의 맥락

하나님의 이름을 부르는 가장 직접적인 맥락은 일차적으로 예배와 기도의 맥락입니다. 그래서 시편 기자는 "여호와의 이름에 합당한 영광을 돌리며 거룩한 옷을 입고 여호와께 경배할지어다"(시 29:2)라고 말합니다. 그리고 성경에서는 "하나님의 이름을 부른다"(call on the name of the Lord)는 것이 예배와 기도 생활을 지칭하는 일반적인 용어로 나타납니다. 예를 들어서, 사람들이 범죄하여 타락한 이후에 셋이 아들을 낳고 그 이름을 에노스라고 지은 것에 대해서 말하면서 모세는 "그 때에 사람들이 비로소 여호와의 이름을 불렀더라"라고 말합니다(창 4:26). 이는 결국 하나님께 대한 예배와 기도의 생활에 대한 언급이 아닐 수 없습니다. 또한 아브람에 대해서도 그가 하나님의 명령을 따라 가나안 세겜 땅 모레 상수리나무에 이르러 "여호와를 위하여 그 곳에 단을 쌓고"(창 12:7), 거기서 벧엘 동편 산으로 옮겨 장막을 치고 "그가 그곳에서 여호와를 위하여 단을 쌓고 여호와의 이름을 부르더니"(창 12:8)라고 하는 것도 하나님을 향한 경배와 기도의 삶을 가진 것을 표현하는 것입니다. 그는 참으로 하나님을 "주 여호와여"라고 부르며 기도와 교통하는 삶을 살았습니다(창 15:2, 8; 18:23-33 참조). 이렇게 아브라함은 가는 곳마다 그런 삶을 살았습니다. 그래서 브엘세바에서도 "에셀나무를 심고 거기서 영생하시는 하나님 여호와의 이름을 불렀으며"라고 말하고 있습니다(창 21:33).

그리고 이런 모범은 그의 소유를 맡은 늙은 종에게까지(창 24:12, 26, 27), 그의 아들 이삭에게까지 그대로 전달되어 그들도 여호와의 이름을 불러 기도하며 산 것도 봅니다(창 25:21; 26:25). 그러므로 여호와의 이름을 부른다는 것은 여호와 하나님께 경배하며 기도한다는 말입니다. 그런 의미에서 시인은 "내가 주께 감사제를 드리고 여호와의 이름을 부르리이다"라고 말하기도 했습니다(시 116:17). 이처럼 "여호와의 이름을 부른다"는 것은 하나님께 경배하며 기도하여 아뢰며 사는 것, 즉 하나님과 가장 정상적인 예배의 관계를 가지며 기도하는 자의 위치에서 살아가는 생활의 요약어(要約語)라고 할 수 있습니다.

그렇다면 우리의 삶 가운데서 이렇게 여호와 하나님의 이름을 불러 아뢰어 우리와 하나님의 관계를 가장 현저하고 친근하게 나타내는 경배와 기도의 맥락에서 하나님의 이름을 망령되이 일컫는 것은 무엇이 겠습니까? 그것은 결국 그 여호와 하나님께서 받으실만한 경배와 기도를 드리지 않는 것 모두를 지칭하는 것입니다. 하나님을 섬길 때, 하나님과의 관계에서는, 후에 주께서 명백히 명하신 바와 같이, "마음을 다하고 성품(性稟)을 다하고 힘을 다하여" 하나님 여호와를 사랑하고(신 6:5) 그렇게 경배하고 기도해야 합니다. 그에 못 미치는 것을 주께서는 받으실 수 없습니다. 하나님은 온전하신 분이기에 그 분에게 걸맞은 경배와 기도를 드려야 합니다. 그에 미치지 못하는 것을 스스로의 노력과 정성을 다하여 바치면 주께서 당연히 받으시리라고 생각하는 것이 주제넘은 것이고 그것은 하나님의 이름에 걸맞지 않은 경배와 기도를 드리는 것입니다.

그렇다면 우리는 어떻게 그의 가장 귀하고 거룩하신 이름에 합당한 경배와 기도를 드릴 수 있습니까? 다른 방도가 없고, 사람으로서는 감히 그에게 나아갈 수 없음과 감히 그의 이름을 불러 아뢸 수 없음을 인정하고서 그 분께서 내신 '경배의 도리와 접근의 방도'에 몸과 마음을 맡기는 일이 있을 뿐입니다. 그것을 한마디로 "믿음"이라고 지칭합니다. 그래서 히브리서 기자는 "**믿음으로** 아벨은 가인보다 더 나은 제사를 하나님께 드림으로 의로운 자라 하는 증거를 얻었으니, 하나님이 그 예물에 대하여 증거하심이라. 저가 죽었으나 그 믿음으로써 오히려 말하느니라"고 구약의 사건을 해석하며 선언합니다(히 11:4). 하나님께서 아벨의 제사를 받으시고 가인과 가인의 제사는 열납(悅納)하지 않으신(창 4:5) 이유가 아주 분명히 천명되는 것입니다. 가인도 여호와께 제물을 드렸습니다. 그러나 그의 제물을 받지 않으신 이유는 그에게 하나님께 대한 믿음, 즉 하나님께서 내시는 그에게 대한 접근 방도에 자신을 전적으로 맡기는 것이 없었기 때문이라는 것입니다.[10] 이것은 어느 시대에나 마찬가지입니다. 우리가 하나님께 경배하며 기도한다고 해도 그에게 참으로 상응하는 것을 드리지 않으면 그는 받지 않으십니다. 구약에서도 그에게만 적극적으로 의존하는 마음과 태도에 의해서만 그에게 나아갈 수 있었습니다. 후에 그가 희생 제사 제도를 가르쳐 주신 후에는 그에 따라 그에게 나아가야 그에게 감히 나아가 그의 이름에 합당한 경배를 드릴 수 있었습니다.

신약 시대에는 우리 주님께서 하나님께 철저히 순종하신 온전한 의(義)와 십자가에서 이루신 구속의 공로에 의존해서만 하나님께 나아가 그 이름을 불러 아뢸 수 있게 되었습니다. 예수님의 구속에 의존해서 우리가 그의 자녀가 되어 그를 "아바 아버지"라고 부릅니다. 베드로는 이를 다음과 같이 표현하고 있습니다: "보배로운 산돌이신 예수에게 나아와 너희도 산 돌 같이 신령한 집으로 세워지고 예수 그리스도로 말미암아 하나님이 기쁘게 받으실[悅納하실] 신령한 제사를 드릴 거룩한 제사장이 될지니라"(벧전 2:4, 5). 예수 그리스도를 통해서만 하나님께 나아갈 수 있으며 하나님께서 받으실만한 삶의 제사를 드릴 수 있다는 말입니다. 그러므로 신약 시대에 하나님의 이름을 망령되이 일컫지 아니하는 것은 오직 예수님의 공로에 의존해서 하나님께 경배하고 기도하며, 그것에 근거해서 하나님께 우리의 삶 전체를 산제사로 드리는 것입니다. 따라서 우리의 경배와 기도와 우리의 삶이 주 예수의 십자가 공로에 의존하고 있을 때만 우리가 하나님의 이름을 망령되이 일컫지 않는 것이 됩니다. 주께 의존해서 예배하며 주께 의존해서 기도해야 합니다. 조금이라도 우리의 지극 정성이나 최선의 노력이 하나님께 기쁨이 될 것이라고 생각하지 말아야 합니다. 그러므로 기독교

---

10 이에 대한 다른 해석들에 대한 자세한 논의와 함께, 왜 이런 해석을 취하야 하는 지에 대한 논의로 이승구, 『성경신학과 조직신학』 (서울: SFC, 2017), 제 1 장을 잘 보십시오.

적으로 말하면 지극 정성(至極精誠)이면 감천(感天)이 **아닌 것**입니다. 우리의 지성[至極精誠]이라도 하나님께서 열납하실 만한 것이 못 되기 때문입니다. 그러므로 우리는 주님만을 의존해야 합니다.

따라서 오직 주 예수 그리스도에게 의존해서 주께 나아가는 사람들은 예배와 기도 시간에 다른 생각을 하거나 예배를 소홀(疏忽)히 할 수 없습니다. 만일에 우리가 주님께 의존해서 예배한다고 하면서도 예배 중에 다른 생각, 특히 사람을 중심으로 하는 생각, 인도주의적인 (humanistic) 생각을 한다든지, 소홀히 하는 것은 큰 죄가 아닐 수 없습니다. 우리는 앞에서 예수님께 의존하지 아니하는 사람들의 지극 정성도 주께 나아가게 하는 길이 못된다고 했습니다. 그렇다면 예수님을 의존해서 주께 나아가는 사람들은 이 세상의 지극 정성을 다하는 이보다 얼마나 더 지극한 정성으로 예배와 기도에 임해야 하겠습니까? 그런데 현실 가운데서는 예수님께 의존해 주께 기도하고 경배할 수 있다고 하면서 이 세상의 사람들보다 훨씬 하나님을 아주 천대하듯이 예배하고 기도하는 일이 많습니다. 그것이 하나님께 얼마나 큰 비례(非禮)이겠습니까? 그것이 〈제 3 계명〉을 범하는 것이 된다는 것을 알고 주의해야 합니다.

이는 찬송하는 일에도 그대로 적용됩니다. 하나님께 찬송을 드릴 때도 하나님께 합당하게 드리지 못하면 그것이 망령되이 부르는 것입니다.[11] 사람에게 무례히 행하는 것이 죄가 된다면 하나님께 무례히 행하는 것이야 얼마나 더 하겠습니까?

이와 관련된 실천적인 제안을 몇 가지 하고자 합니다. 신약에 사는 성도들로서 우리가 〈제 3 계명〉을 범하지 않으려면, (1) 우리는 오직 주 예수 그리스도의 삶으로 이루신 온전한 의와 그의 십자가 죽으

---

11 최낙재, 『소요리문답 강해 II』, 181.

심의 구속의 공로에만 의존해서 예배와 삶으로 주님께 우리 자신을 드리도록 해야 합니다. 우리 주 예수님의 공로 이외의 우리의 지극 정성이나 우리의 울음이나 우리의 재물이나 우리의 그 어떤 것에 의존하여 주께 나아가지 않도록 해야 합니다.

(2) 따라서 예배와 기도 때에 우리는 우리 주님께 온전히 의존해서 나가면서 성령님께서 우리 안에서 새롭게 하신 우리의 전인(全人)을 다 드려야 합니다. 따라서 공 예배 시간에 늦거나 예배가 마치기 전에 자리를 떠나거나 하는 일들을 하지 말아야 합니다. 그리고 이를 위해서는 전날부터 예배를 위해 미리 준비해야만 합니다.

(3) 그리고 예배 시간에 또 기도 중에 다른 생각을 하지 아니하고, 하나님께 경배하는 일에 모든 정신을 다 기울여야 합니다. 또한 예배의 과정에서도 인간적인 고려나 인도주의적 사고방식이 작용하지 않도록 주의해야 합니다. 우리 삶에서도 그렇지만 특히 예배와 기도의 중심은 오직 하나님이시기 때문입니다.

3. 하나님의 이름을 부르는 사회적 맥락: 욕과 저주

그런데 하나님의 이름을 헛되이 일컫는 일은 예배와 기도 중에서만 발생하는 것은 아닙니다. 이 사회 안에서 특히 하나님을 섬기는 사람들의 사회 속에서 예배 외의 맥락에서 하나님의 이름을 헛되이, 그야말로 망령되이 일컫는 일이 있을 수 있는데 그것은 욕과 저주에 하나님의 이름을 사용하는 것입니다.

성경에서는 기본적으로 사람에게 욕을 하거나 저주하는 것을 금(禁)합니다. 사람은 아무리 죄로 타락한 상황 가운데서도 하나님의 형상으로 지음 받은 존재이기 때문입니다. 특히 하나님의 이름을 부르는 사람들에게 이는 있을 수 없는 일입니다. 그래서 야고보는 초대 교회의 그리스도인들에게 다음과 같이 말하고 있습니다: "[혀로] 우리가 주 아버지를 찬송하고 또 이것으로 하나님의 형상대로 지음을 받은 사람을 저주(詛呪)하나니, 한 입으로 찬송과 저주가 나는도다. 내 형제들아 이것이 마땅치 아니하니라"(약 3:9-10). 성경은 사람들이 서로에게 욕하는 것을 금하고 있습니다. 우리 주님께서도 "형제에게 노하는 자마다 심판을 받게 되고, 형제를 대하여 '라가'라 하는 자는 공회에 잡히게 되고 미련한 놈이라 하는 자는 지옥 불에 들어가게 되리라"(마 5:22)고 하십니다. 우리 주님께서도 욕하는 것을 금하십니다. 이처럼 성경은 기본적으로 욕하는 것과 저주하는 것을 금하고 있습니다.

그런데 일반적인 욕과 저주보다 좀 더 심각한 것은 하나님의 이름을 부르며 욕과 저주를 하는 것입니다. 그러므로 이런 것이야말로 가장 심각하게 하나님의 이름을 망령되이 일컫는 것이 됩니다. 사람들의 마음이 악하여져서 하나님의 이름을 언급하며 욕과 저주를 하는 것은 사회가 참으로 괴악해졌음을 나타내는 것입니다. 이점에 대해 보스(Vos)는 아주 분명하게 지적한 바 있습니다:

> 얼마 전만 해도 신의 이름을 주문이나 저주에 사용하는 것은 아주 실제적인 의도를 가진 것이었다. 그것은 적을 저주하는 데 초자연적인 능력이 작용하기를 바라는 것이며, 진술이 기적적으로 그대로 실현되기를 원하는 것이다. 이런 습관에서부터 오늘날 사용하는 욕들이 유래한 것이다. 그래서 사용하는 이가 그 말의 참된 의미를 모른다고 해도, 계속해서 생각 없이 사용하는 것은 비록 믿지 않을지 모르나, 하나님의 이름이 인생의 사소한 일에 사용될 수 있는 하찮은 것이라는 감정을 어느 정도 나타내는 것이다 …… 이런 말 배후에는 하나님께 대한 불경건이 있다.[12]

때로는 자신들이 하나님을 위해 중요한 일을 한다고 하면서 이같은 일을 하는 경우가 있을 수 있기에 우리는 더욱 주의해야 합니다. 물론 하나님께서 금하신 것에 대하여 정당하게 저주하는 일이 있을 수 있습니다. 예를 들어서, 바울은 "우리나 혹 하늘로부터 온 천사라도 우리가 너희에게 전한 복음 외에 다른 복음을 전하면 저주를 받을 지어다"(갈 1:8)고 말합니다. 이에 대해서 우리는 (1) 이것이 어떤 특정한 이를 지적하여 저주하는 것이 아니라, 이런 경우에는 저주가 있다는 일반적 선언이라는 점과 (2) 사도가 하는 말이라는 점을 염두에 두면서 생각해야 합니다. 따라서 우리가 마치 바울이라도 된 것처럼, 자의로 어떤 사람을 저주할 수 있다고 생각하거나 실제로 저주해서는 안 됩니다. 때때로 교회사에서 주님의 이름으로 무엇을 한다고 하면서 하나님의 이름을 불러 저주를 선언하는 경우를 보았습니다. 일반적인 선언을 할 수는 있으나 우리는 그런 것도 매우 주의해야 할 것입니다. 잘못하면 그것이 하나님의 이름을 망령되이 일컫는 경우가 될 수 있기 때문입니다. 그러므로 우리들로서는 그 누구든지 욕하거나 저주하지 아니하는 것이 최선이고, 더구나 하나님의 이름을 사용하여 욕하거나 저주하는 일을 하지 않아야 합니다. 서구 사회에서 하나님의 이름을 사용하여 욕하고 저주하던 것이 이제는 그 본래의 의미는 사라지고 욕의 의미만 남은 것에 대해서도 그런 말들이 사용되지 않도록 우리는 촉구해야 할 것입니다. 마찬가지로, 우리말에서도 욕이 사라지도록 노력해야 합니다. 그것은 우리말의 순화를 위해서도 매우 중요한 일입니다.

이와 밀접히 관련된 문제로 맹세의 문제가 있습니다. 이에 대해서 이어서 좀 더 구체적으로 생각해 보기로 하겠습니다.

---

12 Vos, 『성경신학』, 170f.

4. 하나님의 이름을 부르는 관습적 맥락: 하나님 이름의 의미 없는 사용

그리스도인들이 관습적으로 아무 의미 없이 하나님의 이름을 사용하는 것은 그야말로 하나님의 이름을 "헛되이" 사용하는 대표적인 경우가 됩니다. 기도 중에 그저 접속사처럼 "아버지 하나님"이라는 말을 사용한다든지, 생활 중에 의미 없이 그저 감탄사처럼 "주여!"라는 말이 사용한다든지, 특히 남을 비난하고 싶은 상황에서 "주여!"라는 말을 사용하는 것이 그런 것입니다. 이런 것은 우리나라 사람들의 용례만은 아닌 것 같습니다. 카이저도 하나님의 백성들이 하나님의 이름을 헛되게 사용하는 예들로 (1) 약한 놀람을 표현하거나, (2) 연설이나 기도의 일종의 접속사로 사용되거나, (3) 어떤 것이 잘못되었음을 확언하는 것 등을 제시하고 있기 때문입니다.[13] 즉, 이런 것들은 이 용어들의 본래적 의도를 벗어나 이 고귀한 용어들을 사용하는 대표적인 예들이 됩니다. 그러므로 우리는 하나님과 관련된 모든 용어와 호칭들이 그 본래적 의미를 벗어나서 사용하지 말아야 하며, 하나님과의 교제라는 그 본래적 의도를 벗어나서 사용하지 아니하도록 최선의 노력을 기울여야 합니다. **습관적으로 사용되는 말은 그 말의 의미를 상실한 채 사용될 위험성이 매우 높습니다.** 그러므로 우리는 어쩌면 한동안은 그리스도인의 말과 어법에서 하나님과 관련된 말을 사용하는 것을 어느 정도 규제하는 것이 더 나을지도 모르겠습니다. 왜냐하면 우리는 하나님께 대해서나 하나님의 이름을 들어서 "말을 잘못하다가 하나님께 대해서 만홀히 대하는 일이 발생할까 늘 주의하는 것이 좋기" 때문입니다.[14]

---

[13] Kaiser, "Exodus," in *The Expositor's Bible Commentary*, 423.

모든 사람들이 하나님과 관련된 용어와 호칭의 사용이 얼마나 의미심장(意味深長)한 것인지를 깊이 새기게 되었을 때, 그 말을 그런 의미심장한 때에 아주 드물게 사용하도록 하여야 할 것입니다.

5. 하나님의 이름을 부르는 교회적 맥락: "성부와 성자와 성령의 이름으로"

하나님의 이름이 그야말로 의미심장(意味深長)하게 사용되는 경우들이 있는데, 그것은 교회 안에서 어떤 일이 하나님의 이름으로 거행되는 경우들입니다. 그러므로 마지막으로는 일반적인 경우가 아니라, 우리가 특히 "성부와 성자와 성령의 이름으로" 어떤 일을 행하는 경우에 대해서 생각해 보아야 합니다. 이런 경우에 우리가 잘 주의해서 하지 않으면 그것이 참으로 하나님의 이름을 망령되이 일컫는 경우가 될 수 있음을 지적하여 경고하고, 우리가 주의해야 할 점을 생각해 보기로 하겠습니다.

이 일은 대개 교회가 공식적으로(즉, 교회로서) 행하는 일이고, 따라서 교회의 직임을 맡은 사람들이 정신을 차리지 않으면 이런 상황 가운데서 〈제 3 계명〉을 범하기 쉽습니다. 예를 들어서, 세례의 경우에 있어서 주님의 뜻을 잘 살펴서 이미 중생하여 예수님의 제자가 된 사람들에게 세례를 베풀어야지, **그렇게 하지 않으면** 우리가 "성부와 성자와 성령의 이름으로" 세례 베푸는 것을 무의미하게 할 수 있습니다. 성찬의 경우에도 교우들이 다 자기를 살피고 성찬의 뜻을 명확히 의식하면서 성찬에 참여하지 않으면 주님의 이름과 거룩한 만찬을 더럽히는 것이 됩니다. 이런 성례만이 아니라 교회에서 주님의 이름으로 행하는 모든 것이 이렇게 중요한 것이기에 우리가 그것들을 의미 있게

---

14 김홍전, 『십계명 강해』, 110.

감당하지 않으면 하나님의 이름을 무시하는 것이 됩니다.

교회의 회의도 주님의 뜻을 잘 드러내기 위해 하는 것이고, 그렇게 하여 결정에 이른 것을 주께서 우리에게 어떤 뜻을 내신 것이라고 생각하면서 따라야 하는 것인데, 회의에 임하는 사람들이 주님의 뜻을 생각지 아니하고 사사로운 생각과 인간의 지혜나 꾀만을 동원해서 어떤 일을 하면 그것은 참으로 하나님의 이름을 오용하고 헛되이 사용하는 것이 됩니다. 공동 의회나 당회나 노회나 총회 등 교회의 모든 회의에 대해서 우리는 이점을 강조하지 않을 수 없습니다.

교회 직원의 임직과 임직식의 경우도 마찬가지입니다. 직원을 세우시는 분은 교회의 왕이신 주 예수 그리스도이시므로, 우리들은 그리스도의 권위에 근거해서 그의 이름으로 이 일에 참여하여 주께서 직원들을 세우시는 일을 수종들게 됩니다. 그러므로 그 일에 있어서도 주님의 왕 되심과 능력과 의도가 잘 드러나게 하지 않고, 마치 사람이 사람을 세우는 듯이 하거나 어떤 이가 권세를 부리는 것처럼 임명하는 것은 바르지 않은 태도가 됩니다.

혼인식의 경우에도 마찬가지입니다. 혼인식 중에 혼인 서약이 마쳐지면 "성부와 성자와 성령의 이름으로" 두 사람이 남편과 아내가 된 것을 선언하고 하나님께서 한 몸 되게 하신 것을 사람이 나누지 못한다고 선언합니다. 그 일도 그렇게 주님의 이름이 엄숙히 사용되도록 해야 하고, 서약하는 사람들이나 증인 된 사람들 모두가 엄숙히 하나님의 이름이 사용된 것에 대한 책임을 져야 합니다. 그러므로 정상적인 경우에는 혼인식 전체가 혼인 예배로 주 앞에서 행해져야 합니다. 그 일의 주도자가 하나님이시고, 주인공이 하나님이십니다. 그래야 우리가 혼인식 가운데서 사용하는 하나님의 이름이 망령되이 사용되지 않게 됩니다.

6. 결론: 하나님의 이름을 부르는 일의 심각성과 중요성

〈제 3 계명〉은 결국 어떤 상황에서든지 사람이 하나님에게 힘을 미칠 수 없으며 (즉, 그를 좌지우지 할 수 없고), 따라서 자신의 목적을 위해서 하나님이나 하나님의 이름을 사용할 수 없다는 것을 강조합니다.[15] 그러므로 우리는 어떤 맥락에서든지 하나님의 이름이 불려지거나 일컬어 질 때 그것이 얼마나 심각한 의미를 지니는 것인지를 깊이 새기면서, 우리의 뜻을 위해서가 아니라 주님의 뜻이 우리의 삶 가운데서 밝히 드러나도록 엄숙하게 하나님을 존숭하는 마음으로 하나님께 대한 경외심을 가지고서 하나님의 이름을 사용하도록 해야 합니다. 이런 의미에서 김홍전 목사님의 다음 요약은 이 계명의 의미를 잘 드러낸 것이라고 할 수 있습니다:

> 결국 이 계명은 …… 너의 하나님의 이름을 사곡되게 거짓되이 들어 올리지 말되, 말로써 그렇게 기도하지도 말고 찬송도 그렇게 하지 말고 또 남하고 이야기할 때도 그렇게 부르지 말라는 것입니다.[16]

하나님이 너무나 친근해서 하나님의 이름을 사용하는 일에서 아무런 의미도 없는 듯이 다른 사람들의 이름을 사용할 때만큼의 중요성도 없이 사용되는 것은 하나님과 참으로 친근한 것이 아니라, 하나님을 모독하는 것이 됩니다. 그러므로 우리는 이런 점에 주의해서 주님의 이름이 조금도 손상 받지 아니하도록 늘 힘써 나가야 합니다. 그래야 〈제 3 계명〉을 제대로 지켜가는 것입니다. 그래서 우리 선진들은 아버지 하나님,

---

15 이 점에 대한 좋은 강조로 J. P. Hyatt, *Exodus*, The New Century Bible Commentary [London: Marshall, Morgan & Scott, 1971; Grand Rapids: Eerdmans, 198]), 212를 보십시오.

16 김홍전, 『십계명 강해』, 96.

성자 예수님, 성령님을 모두 "님"자를 붙여 말하려고 노력해 왔고,[17] 삼위(三位)의 각 위를 부를 때에도 늘 주님이라고 불러 왔습니다. 그런 좋은 전통을 잘 유지 발전시키면서 참으로 하나님께 대한 존숭하는 마음을 가지고 하나님의 이름을 부르며 사용하도록 해야 합니다. 그러기 위해서는 "하나님께 대한 우리의 인식과 또한 우리의 감정, 특별히 주님께 대한 경외감이라는 것이 건전해야 합니다."[18] 그리하여 "하나님에 대한 생각이 늘 두려움과 공경하는 마음으로 차 있어야 합니다."[19]

이제 우리가 지금까지 논의한 바를 〈하이델베르크 요리문답〉 〈제 99 문답〉과 〈제 100 문답〉을 통해 정리해 보기로 하겠습니다.

(제 99 문) "제3계명에서 요구된 것은 무엇입니까?"

(답) 우리가 저주로나 잘못된 서약으로나 불필요한 맹세로
하나님의 이름을 더럽히거나 오용하지 말아야 한다는 것입니다.
우리는 심지어 다른 사람들이 그렇게 하는 것에 대해
침묵하거나 묵과함으로
그런 무시무시한 악에 참여하는 자가 되지 말아야 합니다.
요약하자면, 우리는 하나님의 거룩한 이름을
두려움과 존경심을 가지고 사용하여
그가 우리들에 의해서 바르게 고백되고, 경배 받으시며,
우리의 모든 말과 행위로 영광 받으시도록 하는 것 외에는
그 어떤 다른 방식으로도 사용해서는 안 되는 것입니다.

---

17 심지어 학술적인 표현에서라도 성자와 성령님께 대해 예수님, 성령님이라고 부를 것을 강조하는 분들의 주장을(예를 들어서, 박윤선 목사님, 특히 한제호 목사님 등의 주장) 우리는 매우 중시해야 합니다. 특히 하나님에 대해 말하면서 하나님을 소홀하게 여기는 태도와 용법을 드러내어서는 안 된다는 강조로 김홍전, 『십계명 강해』, 96f.을 보십시오.

18 김홍전, 『십계명 강해』, 109.

19 김홍전, 『십계명 강해』, 106.

(제 100 문) "맹세나 저주로 하나님의 이름을 더럽히는 것은 아주 심각한 죄이므로

그 안에 거하는 자들에게 뿐만이 아니라

그 같은 것들을 막거나 금하지 아니하는 자들에게도

하나님의 진노가 있는 것입니까?"

(답) 전혀 의심할 나위도 없이 참으로 그렇습니다.

하나님의 이름을 더럽히는 죄보다

하나님을 더 격동시키는 큰 죄가 없기 때문입니다.

따라서 하나님께서는 그런 자들은 죽음으로 처벌할 것을 명하셨습니다.

제 4 계명의 의미

본문: 출 20:8-11; 신 5:12-15.

〈제 4 계명〉은 "안식일을 기억하여 거룩히 지키라"(אֶת־יוֹם הַשַּׁבָּת לְקַדְּשׁוֹ זָכוֹר)는 적극적 명령으로 시작되고 있습니다. 이는 절대 부정사형(an infinitive absolute)을 사용하여 아주 강한 명령(a strong imperative)을 표현하는 것입니다.[1] 이는 십계명의 규례 중에서 최초로 나온 긍정적인 형태로 진술된 명령입니다.[2] 세 번이나 반복하여 지키라는 말이 나와

---

[1] Cf. Brevard S. Childs, *Exodus*, Old Testament Library (London: SCM Press, 1974), 414.

[2] 이렇게 긍정적으로 진술된 것으로부터 어떤 사람들은 본래 형태는 "안식일에 일하지 말라"는 부정적 형태였을 것이라고 주장합니다(K. Rabast, E. Nielsen, H. G. Reventlow, H. Schulz 등). 그러나 비판 학자들조차도 현재의 긍정적 형태를 옹호하기도 합니다. 대표적인 예로 Clements와 Hyatt는 많은 학자들의 그런 제안을 비판하면서 꼭 그렇게 볼 필요가 없다는 분명한 입장을 표현합니다. Cf. Ronald E. Clements, *Exodus*, The Cambridge Bible Commentary (Cambridge: The University Press, 1972), 124; J. P. Hyatt, *Exodus*, The New Century Bible Commentary (London: Marshall, Morgan & Scott, 1971; Grand Rapids: Eerdmans, 1980), 212f. 챠일즈는 그 둘이 그리 큰 차이를 지니지 않을 것이라는 중도적인 입장을 표합니다(Childs, *Exodus*, 415). 덜햄은 그런 변경이 다 가정적인 것이라고 합니다. 특히 부정적 형태로 바꾸는 것에 대해서는 비판적입니다(John I. Durham, *Exodus*, Word Biblical Commentary 3 [Waco, Texas: Word

강조되고 있는 이 계명은 십계명 가운데서 가장 긴 명령이기도 합니다. 그렇기에 이에 대해서 사람들은 가장 많은 논의를 하여 왔고,[3] 이런 점에서 이는 가장 해석하기 어려운 계명이라고도 할 수 있습니다. 그러나 이는 적극적으로 하나님 백성들의 삶의 형태를 지시해 주는 계명이라고 할 수 있습니다. 그러므로 이번에는 이를 통해서 구속된 하나님의 백성들이 어떻게 살아야 하는지를 말해 주는 〈제 4 계명〉의 내용을 구체적으로 살펴보고, 그 의미와 우리에게 주는 함의를 생각해 보기로 하겠습니다.

1. 〈제 4 계명〉이 요구하는 바: "안식일을 기억하여 거룩히 지키라"

〈제 4 계명〉이 요구하는 바는 안식일을 기억하여 거룩히 지키라는 것입니다. 이는 후에 주께서 하신 말씀에 의하면 당신님의 창조 사역에 근거하여 모든 사람들에게 하시는 말씀이지만, 일단은 이스라엘 백성, 즉 하나님께서 친히 구원하여 내사 "민족으로서의 하나님 백성으로 창조하신"[4] 그 백성에게 주신 독특한 규례입니다. 그러나 이는 시내 산에서 이 때 처음 주어진 것으로보다는 처음부터의 의무였던 것을 기억하도록 권고 받고 있다고 보는 것이 옳을 것입니다.[5] 어떤 사람들은 여기

Books, 1987], 288f.). 더구나 우리로서는 양식 비평이나 편집사, 전승사의 원칙에 따라 본문 배후를 찾아보려고 할 필요는 없습니다.

3 그런 다양한 논의의 배경과 요약으로 Childs, *Exodus*, 413f.를 보십시오.

4 이 점에 대한 좋은 강조와 논의로 P. C. Craigie, *The Book of Deuteronomy*, NICOT (Grand Rapids: Eerdmans, 1976), 157; 그리고 Duane L. Christensen, *Deuteronomy 1-11*, Word Biblical Commentary 6A (Waco, Texas: Word Books, 1991), 118을 보십시오.

5 이 점에 대한 좋은 지적으로 Childs, *Exodus*, 416을 보십시오. 그러나 챠일즈는 편

새로운 명령이 새롭게 주어진 것이 아니고, 이미 창조 때에 주어진 것을 이스라엘이 애굽에 살던 동안 잊었던 것을 상기시키는 것이고, 이는 본래부터 계속적으로 지켜지도록 의도되었던 것이라고 말합니다.[6]

　　물론 이전에 안식일을 지키라는 명령이 있었던 것은 아닙니다. 이 구체적인 명령은 여기서 처음 나타납니다.[7] 그리고 이를 지킴으로 이스라엘은 자신들이 이 땅에서 하나님의 백성이 되었음을 드러내는 것입니다. 그러므로 이는 하나님과 이스라엘 사이의 언약 관계를 상기시키는 징표 구실을 하는 것입니다. 그래서 후에 하나님께서는 에스겔 선지자를 통해서는 이렇게 말씀하기도 하십니다: "나는 그들을 거룩하게 하는 여호와인줄을 알게 하려 하여 내가 내 안식일을 주어 그들과 나 사이의 표징을 삼았었노라"(겔 20:12). 그러므로 이 안식일을 지킴은 하나님 백성의 하나님 백성된 표로 언급되는 것입니다. 그러므로 제일

집사와 전승사적인 입장에 서서 창세기 1장이 현재와 같이 7일의 구조로 나타나게 된 것이 안식일에 대한 이전의 전승을 전제로 한 것이며, "사제(Priestly) 문서의 저자의 공헌은 안식일을 창조 자체의 행위의 날로 근거 지우는 심오한 안식일 신학을 만들어 가고 작업한데서 찾을 수 있다"(Childs, *Exodus*, 416)고 말하고 있음에 유의해야 합니다. Clements도 안식일이 우주적 질서에 편입되게 된 것은 포수기 후의 P 문서의 창조 설명에 속하는 후기에 덧붙여진 것이라고 봅니다(Clements, *Exodus*, 125). 그러나 오히려 창조 사건과 창세기 기록에 근거하여 이 계명의 근거가 제시되고 있다는 입장이 주장되어야 할 것입니다.

6 이런 입장의 대표적인 예로 Hywel R. Jones, "Exodus," in *New Bible Commentary*, Third Edition (Leicester: IVP; Grand Rapids: Eerdmans, 1970), 132; Edward J. Young and F. F. Bruce, "Sabbath," in *New Bible Dictionary*, 2nd edition (Leicester: IVP, 1982), 1042를 보십시오. 영과 부루스는 "기억하여"라는 말이 이런 해석을 유도한다고 봅니다.

7 C. F. Keil and F. Delitzsch, *Biblical Commentary on the Old Testament*, vol. II, trans. James Marin (Reprinted: Grand Rapids: Eerdmans, 1976), 119에 이런 입장이 나타납니다. 이렇게 해석할 때는 출애굽기 16장의 사건과 20장의 안식일 준수 명령 사이의 관계에 대한 논의가 필요합니다. 카일은 16장의 준비가 있은 뒤에 20장에서 처음으로 안식일 준수에 대한 명령이 주어진 것으로 이해합니다(119). Hyatt는 출애굽기 16장에 비추어서 이스라엘은 시내 산에서 율법으로 이 규례가 주어지기 전부터 이 안식일 준수가 기원하였다고 믿었음을 시사해 준다고 합니다(J. P. Hyatt, *Exodus*, The New Century Bible Commentary [London: Marshall, Morgan & Scott, 1971; Grand Rapids: Eerdmans, 198]), 213).

중요한 것은 그것을 기억하는 것입니다("기억하라", זָכַר). 그러나 이는 단순히 그 날이 어떤 날인지를 기억하는 것만을 뜻하는 것이 아닙니다. 이는 자신들이 누구며, 무엇을 하며, 어디를 향해 나아가는지를 기억하라는, 그리고 구원하신 하나님을 기억하라는 함의를 다 가진 말입니다. 또한 기억하여 지키라는 말은 단순히 기억하라는 말이기보다는 "틀림없이 지키라" 또는 "계속적인 우선 순위를 부여하며 지키라"는 뜻을 지닌 말입니다.[8] 모든 날이 다 여호와께 속한 날이지만, 이날은 어떤 의미에서 더욱 특별한 의미에서 여호와께 속한 날로 제시되기 때문입니다. 그런데 안식일을 기억하여 거룩히 지키기 위해서는 날마다 이 모든 것을 생각하지 않으면 안 됩니다. 왜냐하면 이를 준수하는 방법은 다음의 두 가지를 성실히 수행해야 하는 것이기 때문입니다.[9]

2. 안식일을 지키는 방법(1): 엿새 동안 힘써 일하는 것

안식일을 지키는 방법은 먼저 안식일이 아닌 날들에 하나님의 백성답게 하나님께서 맡기신 일의 수행을 위해서 힘써 일하는 것입니다. 이렇게 힘써 일하는 사람에게만 일주일의 하루를 쉰다, 즉 안식한다는 것이 의미 있는 것입니다.[10] 힘써 일하는 것은 창조함을 받은 인간들에

---

8 Durham, *Exodus*, 289.

9 안식일 준수를 다음 두 가지 의무를 행하는 것으로 인해하고 그것을 언급한 다른 예로 E. Hamel, *Les dix paroles. Perspectives bibliques* (1969), 67, cited in Craigie, *The Book of Deuteronomy*, 156; G. F. Hasel, *The Sabbath in Scripture and History*, ed. K. Strand (Washington, DC: Review and Herald Publishing Association, 1982), 67; Christensen, *Deuteronomy 1-11*, 118을 보십시오.

10 안식일이란 말이 보름달 제의를 가르치는 바빌로나아의 "싸파투"(*šapattu*)에서 온 말이므로 안식일이 한 달에 한 번씩 있었다는 제안(J. Meinhold)과 적어도 일주일의 한 번씩은 아니었다는 제안(N.-E., A. Andreasen, *The Old Testament Sabbath*, SBLDS 7 [Missoula, MT: SBL, 1972], 96-100)의 부당성에 대한 지적으로 Durham, *Exodus*, 289;

게 주어진 기본적인 과제입니다. 아담을 창조하신 뒤에도 그를 에덴동산에 두사 그것을 다스리며 지키게 하셨고(창 2:15), 아담과 하와에게는 생육하고 번성해서 땅에 충만하여 "땅을 정복하라, 바다의 고기와 공중의 새와 땅에 움직이는 모든 생물을 다스리라"고 명하셨습니다(창 1:28). 이렇게 사람은 처음부터 하나님께서 주신 일을 하게끔 되어 있는 존재였습니다. 하나님께서 주신 지혜를 잘 사용하고 하나님의 의도를 잘 살펴서 하나님의 의도에 따라 온 세상을 잘 다스려 가는 것이 처음 사람들에게 주신 하나님의 뜻이었듯이, 구속함을 받고 애굽의 노예 됨에서 벗어난 이스라엘에게도 이제 하나님께서는 열심히 일할 것을 명하시는 것입니다.

그 일은 더 이상 이전 애굽 땅 종 되었던 때의 일과 같이 억지로 하는 것이거나, 그저 시키는 대로 하는 것이 아니고, 온 세상의 주관자 되시는 하나님의 의도를 잘 알고 그 뜻을 수행하는 청지기의 입장에서, 지혜로운 종의 입장에서 하는 것입니다. 최낙재 목사님께서 잘 표현하시듯이, "일을 하되 일의 노예가 될 것이 아니라, 내가 하는 일의 그 뜻을 알고 목적을 알고 일을 해야 합니다."[11] 그러므로 하나님의 백성은 더 이상 중노동과 의미 없는 일에 매어 사는 것이 아니라, 하나님께서 과연 어떤 일을 하라고 하시는지를 알며 그 일을 효과적으로 이루려고 하는 이로서 일을 하는 것입니다.

나중에 살피겠지만, 하나님께서는 이렇게 엿새 동안 힘써 일하는

Childs, *Exodus*, 413f.; Walter C. Kaiser, Jr., "Exodus," in *The Expositor's Bible Commentary*, vol. 2 (Grand Rapids: Zondervan, 1990), 423f.를 보십시오.

Craigie와 Christensen은 좀 더 적극적으로 이스라엘 밖에서의 다른 셈족어에서는 쉰다는 뜻의 동사와 관련된 말은 나타나도, 정확히 안식일과 일주일 단위의 시간 분할이 나타나지 않는다는 점을 강조하고(Craigie, *The Book of Deuteronomy*, 157; Christensen, *Deuteronomy 1–11*, 118), Craigie는 이 점이 이스라엘과 다른 나라를 구별하는 또 하나의 요점이 된다는 것을 강조합니다(Craigie, *The Book of Deuteronomy*, 157).

11 최낙재, 『소요리문답 강해』 II (서울: 크리스챤다이제스트, 2000), 263.

것의 모범으로 하나님 자신의 창조 행위를 언급하시기도 합니다. 그렇다면 우리는 우리에게 주어진 일에 대해서 (1) 지혜롭게, (2) 창의력 있게, (3) 전심으로, 그리고 (4) 하나님과 일에 대한 사랑과 애정을 가지고 행해야 합니다. 이렇게 일하는 것이 안식일을 기억하여 거룩히 지키는 일의 한 부분이 됩니다. 그러나 그렇게 열심히 일하는 것만으로는 〈제 4 계명〉을 온전히 다 이룬 것은 아닙니다.

3. 안식일을 지키는 방법(2): 안식일에 안식하는 일

〈제 4 계명〉의 온전한 성취는 안식일을 기억하여 그 날에는 다른 날들과는 달리 안식하는 데서 이루어집니다. 그 안식은 우선 "아무 일도 하지 않는 것", 즉 "모든 일을 그치는 것"으로 나타납니다. 여기서 일이라는 말을 지칭할 때에 좀 힘들고 어려운 일을 주로 지칭하는 '아보다'(עֲבֹדָה)보다는 모든 종류의 일을 뜻하는 일반적이고 포괄적인 용어인 '멜라카'(מְלָאכָה)라는 말이 사용된 것은 바로 모든 종류의 일들이 금해져야만 한다는 함의를 주는 것이라고 할 수 있습니다.[12] 그래서 성경이 규정하고 있는 것들을 찾아서 열거해 보자면, 안식일에는 쟁기질과 곡식을 거두는 것(출 34:21), 음식물을 끓이거나 요리하기 위해서 불을 피우는 것(출 35:3), 나무하는 것(민 15:32ff.), 포도주 짜는 일과 물건을 운반하는 일(느 13:15), 장사하는 것(느 13:15ff.; 암 8:5), 짐을 지고 가는 것(렘 17:21) 등이 금지된 것입니다. 바로 이렇게 "일을 그치고 쉬는 것"(to cease from work)이라는 말로부터 안식일(שַׁבָּת)이라는 말이 왔

---

12 이점에 대한 지적과 논의로 Keil and Delitzsch, *Biblical Commentary on the Old Testament*, vol. II, 119를 보십시오. 물론 이런 용어의 차이를 너무 강조해서는 안 될 것입니다. 그것이 지나치면 자의적인 해석이 되기 때문입니다.

다고 보는 것이 가장 자연스럽고 일반적인 해석입니다.[13] 이는 이 날에
참으로 안식하도록 하기 위한 조치입니다.

그리고 그렇게 안식하는 대상은 "너나 네 아들이나 네 딸이나 네
남종이나 네 여종이나, 네 육축이나, 네 문안에 거하는 객"(출 20:10;
신 5:14), 즉 모든 사람과 피조물에게까지 다 해당됩니다. 여기서 "네
문(שעריך) 안에"(בשעריך)라는 말은 그저 각 사람의 집을 뜻하는 것이 아
니라, '도시, 성읍, 마을 안에'라는 말과 같은 말들로 사용된 용례에 비
추어 해석해야 합니다(신 14:21과 비교해 보십시오).[14] 그러므로 안식일
준수의 명령은 그저 개인에게 준 것이라기보다는, 다른 조항들도 다
그러하듯이, 공동체에게 주어진 공동체의 의무를 규정하는 명령이라는
점에 유의해야 합니다. 따라서 이는 이 백성의 하나님 나라 백성다운
성격을 드러내도록 하기 위해 주어진 규례입니다. 따라서 피조물까지
도 쉬도록 하신 것에 대해서도 이를 순전히 인도주의적인 동기에서 나
온 것으로 해석해서는[15] 안 될 것입니다.

물론 모든 사람들이 쉬도록 하려는 조치가 안식일 규례의 의도라
고 할 수 있습니다. 이처럼 일상적으로 하던 일을(usual work) 멈추고
쉬는 것은 중요한 일입니다. 쉬지 않으면 우리가 다음절에서 생각해
보려고 하는 쉬면서 하나님께서 하라고 하신 것들을 할 수 없기 때문
입니다. 이스라엘이 쉬는 것은 애굽 땅에서의 끊임없는 노역과 대조됩
니다. 심지어 하나님께 희생 제사를 드리러 가겠다고 모세가 요청하는

---

13 Cf. Childs, *Exodus*, 413; Durham, *Exodus*, 289; Walter C. Kaiser, Jr.,
"Exodus," in *The Expositor's Bible Commentary*, vol. 2 (Grand Rapids: Zondervan,
1990), 423.

14 Cf. Keil and Delitzsch, *Biblical Commentary on the Old Testament*, vol. II,
119. 또한 J. A. Thompson, *Deuteronomy: An Introduction & Commentary*, Tyndale
Old Testament Commentaries 5 (Leicester: IVP, 1974), 116도 보십시오.

15 이런 인도주의적 해석의 대표적인 예로 D. R. Driver, *Deuteronomy*, ICC (Third
Edition; Edinburgh: T. & T. Clark, 1895), 85를 보십시오.

것에 대해서 바로는 "너희가 그들로 역사를 쉬게 하는도다"라고 말하면서(출 5:4) 비웃었던 것과 아주 명확히 대조되는 것입니다.

안식일에는 다른 날들에는 늘 하던 일상적인 일을 반드시 쉬어야한다는 것을 이스라엘 역사 가운데서 몇몇 사건으로도 분명히 드러내셨습니다. 그 하나는 광야 생활을 하는 이스라엘 백성에게 안식일에는다른 날에는 날마다 내려 주시던 만나를 내려 주지 않으신 사건입니다.하나님께서는 모세를 통해서 백성들에게 이렇게 말씀하셨습니다. "육일동안은 너희가 그것(만나)을 거두되, 제 칠 일은 안식일인즉 그 날에는없으리라"(출 16:26). 이런 식으로 하여 하나님께서는 백성들이 제 칠 일에 안식하도록 하신 것입니다. 그런데도 이를 무시하고서 제 칠일에도만나를 거두러 나간 사람들이 있었고, 이에 대해서 하나님께서는 다음과 같이 책망하신 일이 있습니다. "어느 때까지 너희가 내 계명과 내율법을 지키지 아니하려느냐?"(출 16:28) 그러므로 하나님께서는 이스라엘이 제 칠 일에는 쉬면서 안식의 의미를 생각하도록 하신 것입니다.

또한 포수기 이후에 잡혀갔던 백성들이 예루살렘으로 귀환한 후에 느헤미야는 "유다에서 어떤 사람이 안식일에 술틀을 밟고 곡식단을나귀에 실어 운반하며 포도주와 포도와 무화과와 여러 가지 짐을 지고안식일에 예루살렘에 들어 와서 식물을 파는" 것을 보고 경계하고(느13:15), 두로 사람들이 물고기와 각양 물건을 안식일에 유다 자손에게파는 것을 보고 유다의 귀인들을 다음과 같이 꾸짖은 기록이 있습니다. "너희가 어찌 이 악을 행하여 안식일을 범하느냐? 너희 열조가 이같이행하지 아니하였느냐? 그러므로 우리 하나님이 이 모든 재앙으로 우리와 이 성읍에 내리신 것이 아니냐? 이제 너희가 오히려 안식일을 범하여 진노가 이스라엘에게 임함이 더욱 심하게 하는도다"(느 13:17, 18).이는 이전에 그들이 맺은 언약의 한 부분을(느 10:31) 어긴 것에 대한 문책의 말입니다. 이 모든 정황은 포수기 이후의 이스라엘 사람들이 안식일을 지키는 일을 신경 쓰지 않고 그저 사는 일에만 신경 쓴 것과 이를 느헤미야가 바로 잡고 백성들에게 이 규례를 강조한 것입니다.

4. 안식하라고 하신 이유

그렇다면 하나님께서는 왜 엿새 동안은 열심히 일하고, 제 칠 일에는 안식하라고 하신 것일까요? 비록 안식일 명령의 직접적인 맥락에서는 그 이유가 분명히 제시되어 있지 않지만, 우리는 성경 전체를 통해서 이런 안식일 규례를 내신 다중적(多重的)인 이유를 생각하지 않을 수 없습니다. 제일 기본적이고 직접적인 이유부터 생각해 보기로 하겠습니다.

첫째로, 엿새 동안 열심히 일하고 제 칠 일에 안식하라고 하신 이유는 인간에 대한 배려에 있다고 할 수 있습니다. 인간을 창조하신 하나님께서는 인간의 어떠함, 특히 인간의 연약함을 잘 아십니다. 우리의 창조주 하나님은 사람이 쉬어야 할 필요를 아시는 것입니다.[16] 이것이 창조 때부터의 규례였다는 점을 강조하는 것은 매우 중요합니다.[17] 안식일은 "창조의 규례"(a creation ordinance)입니다.[18] **더구나** 죄에 빠진 뒤에는 인간이 더 약해졌기 때문에 계속 일을 해서는 그 기운이 진하여 죽게 될 그런 연약한 사람임을 아시기에 하나님께서는 일주일에 한 번씩은 쉬면서 일을 해 나가도록 명하신 것입니다. 여기에 인간들에 대한 하나님의 깊은 배려가 나타납니다. 범죄하여 에덴동산에서 쫓겨날 수밖

---

16 이 점에 대한 지적으로 James K. Hoffmeier, "Exodus," in *Evangelical Commentary on the Bible*, ed., Walter A. Elwell (Grand Rapids: Baker, 1989), 54를 보십시오.

17 이점에 대한 강한 강조로 최낙재, 『소요리문답 강해』, II, 200-201, 206, 210 등을 보십시오.

18 Edward J. Young and F. F. Bruce, "Sabbath," in *New Bible Dictionary*, 2nd Edition (Leicester: IVP, 1982), 1042.

에 없어서 축출되는 사람들에게도 가죽옷을 지어 입히시면서 인간에 대한 배려와 보살핌의 마음을 표해 주시던[19] 우리 하나님의 돌아보시는 깊은 사랑이 이 안식일 규례에서도 잘 나타납니다.

특히 얼마 전에 출애굽하여 여기까지 온 이스라엘 백성에게 있어서는 이런 안식의 규례가 얼마 전까지 그들이 애굽 사람들에게서 당하던 온갖 엄한 고역과 무거운 짐(출 1:11, 13; 출 6:7)과 대조되는 일이 아닐 수 없습니다. 그들을 구원하여 내신 하나님은 새로운 압제자가 아니라, 참으로 자유하게 하시는 분이시요, 그들의 삶을 온전하게 하시는 분이시라는 것이 잘 나타나는 것입니다. 안식의 주님은 엄한 하나님이 아니시고, 자유하게 하시며 인간을 평안하게 하시는 하나님이십니다.

그러므로 사람들은 일주일에 하루를 쉬면서 다음 한 주간을 더 잘 일할 수 있는 힘을 얻고, 숨을 돌리도록 하신 것입니다. 새로운 힘을 충전해서 살아가며, 일도 보다 효과적으로 하도록 하시려는 지혜가 작용하고 있습니다. 그러나 안식일 규례는 이런 물리적인 이유에서만 제정된 것은 아닙니다.

둘째로, 이 안식은 백성들로 하여금 자신들의 존재와 하나님과의 관계, 자신들이 하는 일의 의미를 깊이 생각해 볼 수 있는 기회를 가질 수 있는 시간적 여유를 갖도록 하는 것입니다. 일을 쉬면서 과연 자신들이 어떤 존재이고, 자신들의 하는 일의 의미가 무엇이며, 그것을 어느 정도 감당하고 있는지를 생각해 보는 기회가 되도록 하는 것입니다.[20] 사람의 존재 이유와 그 의미를 묻고, 자신들의 존재와 행위에 대하여 반성하는 태도를 가지고 살아가게 하시려는 의도에서 이 안식일

---

[19] 이 구절을 이렇게 해석해야 한다는 논의로 이승구, 『21세기 개혁신학의 방향』 (서울: SFC, 2005), 207-208을 보십시오.

[20] 이 점에 대한 좋은 강조로 김홍전, 『십계명 강해』 (서울: 성약, 1997), 127을 보십시오.

규례가 주어진 것입니다. 이런 사유와 반성을 위해서는 고달프게 일하는 것으로부터 잠시 쉬는 것이 필요합니다. 쉬면서 자신들을 돌아보고, 하나님을 생각하고, 이로부터 바른 생각을 가지고 하나님도 경배하며, 그의 뜻도 기리고, 하나님의 뜻을 어떻게 하면 잘 수행할 수 있을 것인지 다짐도 하는 시간을 가지도록 하기 위해서 안식하라고 하신 것입니다. 그러므로 안식일에 쉬는 것은 쉬는 것 자체에 의미가 있는 것이 아니라, 쉬면서 하나님을 생각하여 "상징적으로 그 날을 하나님께 드림으로"[21] 하나님께 거룩히 드리는(consecrate) 의미를 지니는 것입니다.[22] 또한 여기서 하나님의 백성은 (자신들의 애씀과 노력이나 힘든 노동에 의존하는 사람들이 아니라) 온전히 하나님께 의존하는 백성들이며, 또한 이 세상의 다른 모든 사람들과 세력들에게 의존하지 않으며, 그런 것들로부터 진정 독립적인 존재들임을 의식하며 드러내도록 하는 것입니다.[23] 그러므로 처음에는 명확한 명문화된 규정이 없었어도 자연스럽게 안식일에 하나님의 뜻을 깊이 있게 생각해 보고, 기도하는 일들이 발전해 간 것입니다. 성경이 기록된 후에는 이 성경을 읽고 그 뜻을 생각하는 일이 안식일을 중심으로 발전되는 것은 자연스러운 일이라고 할 수 있습니다.

셋째로, 이 점은 두 번째 요점과 연관된 것이기도 하지만, 안식일 규례는 우리의 역사가 그저 마구잡이로 진행해 가는 것이 아니라, 결국 안식할 때가 있어서 그 목표를 향하여 진전하여 가는 것임을 보여 주시

---

[21] 이 점에 대한 강조로 Gerhard von Rad, *Deuteronomy, A Commentary* (London: SCM Press, 1966), 58을 보십시오.

[22] Cf. Keil and Delitzsch, *Biblical Commentary on the Old Testament*, vol. II, 119.

[23] 이 점에 대한 좋은 지적으로 Durham, *Exodus*, 290을 보십시오. 그는 출 20:11과 연관하여 이 점을 잘 지적하고 있습니다. 의존성에 대한 강조는 Christensen, *Deuteronomy 1-11*, 118에도 나타납니다.

기 위한 것이라고 할 수 있습니다. 이 역사 속을 살아가는 사람들에게 역사의 궁극적 목적을 생각하면서 하나님께서 역사 전체에 부여하시는 의미와 그 방향이 과연 어떠해야 하는지를 생각하면서, 역사의 안식을 향해서 나아가게 하려는 의도로 이 규례가 주어진 것입니다. 이 점을 가장 잘 표현한 것으로 우리는 김홍전 목사님의 설명을 언급할 수 있을 것입니다. 예를 들어서, 다음의 설명을 들어보시기 바랍니다:

> 그 거룩한 목표는 궁극적으로 아담이 가지고 있는 차원에서 훨씬 높은 영화의 세계에 상당한, 생명의 차원에 이르러 새로운 세계에서 하나님을 섬기고 살도록 하신 것이었습니다. 사람을 만드시사 그가 그러한 행보를 하고 그러한 목표를 향해서 진전하는 생활을 해서"[24] 하나님의 의도를 다 이루어야 했는데, 우리가 마땅히 도달해야 하는 목표인 그 "영광과 안식의 세계", "하나님의 거룩한 빛이 비취는 세계"에[25] 이르지 못하고 실패하자, 이제 이스라엘에게 그런 목표를 지향하게끔 하려고 안식의 제도를 주신 것입니다. 따라서 안식일은 하나님이 "새로운 안식의 세계, 평안의 세계, 영광의 세계로 이끌어 인도해 가시는 중요한 하나님의 큰 경륜의 사실의 한 심벌(symbol)입니다. 그것이 한 상징으로, 하나의 시간적 대표로 표시된 것입니다."[26]

최낙재 목사님도 이 점을 분명히 언급합니다: "이 안식일은 하나님이 지으신 이 세상이 끝이 있다는 것과 영원한 세계를 계시해 주시는 것입니다 …… 이 창조계가 자기 길을 다 달리고 자기 속에 있는 잠재력을 다 발휘해서 하나님의 창조의 영광을 충분히 나타낼 때에, 그래서 역사의 종국을 맞이할 때에 더 높고 복된 새 질서가 있을 것이다 하는 것을 보여 주시는 것입니다."[27] 따라서 안식일을 지킴으로 우리

---

24 김홍전, 『십계명 강해』, 124.

25 김홍전, 『십계명 강해』, 126f.

26 김홍전, 『십계명 강해』, 117.

27 최낙재, 『소요리문답 강해』, II, 201f. Cf. 205, 208.

에게 "생의 의미를 끊임없이 계속적으로 가지는 세계를 사모하고 전진"하게 하십니다.[28] 그러므로 이는 사람들의 역사적 방향성을 바로잡게 하는 의미도 있습니다.

그러므로 안식일에 이와 같이 안식하라고 하신 하나님의 의도를 다 저버리고 그저 쉬기만 하는 사람은 참으로는 안식일을 기억하여 거룩히 지키는 것이 아닙니다. 물론 안식일을 전혀 쉬지도 않고 일에만 골몰하는 사람에 비하면 약간의 유익을 얻을 수는 있겠지요. 그러나 주말마다 쉬고 놀러 다니는 사람들이 안식일을 거룩히 지키는 이들이라고 할 수는 없을 것입니다. 그러므로 안식일을 지킨다는 것은 쉰다는 것이 중요한 요인이지만, 그런 쉼을 이용하여 그렇게 쉬도록 하신 하나님의 뜻을 잘 지켜가도록 해야 합니다.

따라서 안식일 규례를 지키며 사는 사람은 인생을 낭비하지 않고, 자신들의 존재 의미를 묻고, 사유와 행동을 깊이 반성하면서, 과연 하나님께서 맡기신 일을 제대로 힘쓰고 있는지를 생각하며 역사가 종국적으로 나아갈 방향을 향해 나아가고 있는지를 물으며 혹시 잘못된 것이 있으면 그런 방향 조절을 하면서 이 땅에서 참된 하나님의 백성으로 살아 갈 수 있는 것입니다.

5. 안식의 근거

하나님께서는 이런 고귀한 의도로 안식의 규례를 주셨을 뿐만 아니라, 사람을 바로 이런 방향으로 효과적으로 나아가도록 하기 위해서 사람이 안식의 규례를 지켜야 하는 근거를 친히 제공해 주심으로 사람들이 마

---

28 김홍전, 『십계명 강해』, 129.

땅히 안식의 규례를 지켜가도록 모든 조치를 마련하기도 하셨습니다.

그 첫째 근거는 출애굽기의 본문이 제시하는 근거로서, "나 여호와가 하늘과 땅과 바다와 그 가운데 모든 것을 만들고 제 칠 일에 쉬었음이라. 그러므로 나 여호와가 안식일을 복되게 하여 그 날을 거룩하게 하였느니라"(출 20:11)는 말씀입니다. 하나님께서 이 세상을 창조하시는 과정에서 엿새 동안 온 세상을 만드시고 제 칠 일에 쉬신 것이 우리의 안식의 제일 근거입니다. 하나님께서 그리하셨던 것처럼 하나님의 백성들도 엿새 동안 열심히 일하고 제 칠 일에 쉬라고 하시는 것입니다. "여호와께서 친히 안식일을 지키시고, 그로써 그 날을 복되게 하셨으므로, 이스라엘은 어떻게 달리할 도리가 없습니다."[29] 이는 하나님 당신님의 창조 행위의 모범을 안식의 근거로 제공하십니다. 이처럼 "성경은 분명히 안식일의 기원을 하나님의 모범에로 돌리고" 있습니다.[30] 그러면서 이를 하나님께서 안식일을 복되게 하여 그 날을 거룩히 하신 것, 즉 구별하신 것이라고 하십니다. 그러므로 하나님의 이 창조의 모범으로 인해 안식일이 복된 날이 되었습니다.

그런가 하면 신명기에서는 이스라엘이 종 되었던 것에서 해방되었으므로 하나님께서 명하시기를 안식일을 지키라고 하셨다고 하면서, 특히 "네 남종이나 여종으로 너와 같이 안식하게 할지니라"고 하고 있습니다(신 5:14).[31] 여기서는 하나님이 구속자와 해방자이심을 모범으로

---

29 Durham, *Exodus*, 290.

30 Edward J. Young and F. F. Bruce, "Sabbath," in *New Bible Dictionary*, 1042.

31 출애굽기가 제시하는 근거와 신명기가 제시하는 근거가 다르지만, 그 둘은 모두 "쉼"을 다루고 있으므로 그것이 서로 배타적인 것은 아니라는 좋은 논의로 Alan Cole, *Exodus*, Tyndale Old Testament Commentaries (Leicester: IVP, 1973]), 158; 그리고 Edward J. Young and F. F. Bruce, "Sabbath," in *New Bible Dictionary*, 1042를 보십시오. 더 나아가 Craigie와 Christensen은 이 두 가지 이유가 서로를 보충하는 것이라는 점을 강조합니다(Craigie, *The Book of Deuteronomy*, 157; Christensen, *Deuteronomy*

하여서 우리가 우리만 안식할 것이 아니라, 우리와 관련된 사람들도 안식하게 해야 함을 강조합니다. 이렇게 우리의 의무를 생각하려는 의도가 있다고 보는 해석이 신명기의 말씀이 그저 심리적인 설명이고 안식일의 사람에게 유익된 성격을 부각시키고 있다는 논의보다[32] 더 옳다고 여겨집니다.

그러므로 하나님의 가장 중요한 두 가지 행위인 창조와 구속이 우리가 안식을 해야 하는 근거로 제시되고 있습니다. 우리는 창조의 하나님을 본받아서 안식하며 하나님을 기억하고 그의 뜻을 기려야 하고, 구속의 하나님께 의존해서 그가 주시는 안식을 누리면서 다른 사람들도 안식하게 해야 합니다.

6. 결론

〈제 4 계명〉은 이 땅을 살아가는 하나님의 백성들의 역사 의식을 자극하는 계명이 아닐 수 없습니다. 이 계명에 근거해서 우리는 주의 뜻을 따라 주의 일을 열심히 수행하며, 한 주일에 한 번씩 자신의 존재와 행위와 시간과 삶을 돌아보면서 과연 하나님의 의도를 잘 반영하는지를 살펴보면서, 지금 사는 것이 하나님이 경영해 가시는 역사의 방향에 부합하게 힘쓰고 있는지를 돌아보고 살피며, 시간을 아끼는 진정한 그의 백성으로 나타나야 할 것입니다.

다음 번에는 이제 신약 시대에는 이러한 안식일 규례가 어떻게 우리에게 적용되는 것인지를 생각해 보도록 하겠습니다.

1-11, 118).

32 이런 논의의 대표적인 예로 von Rad, *Deuteronomy, A Commentary*, 58을 보십시오.

제 4 계명과 주일 문제

본문: 출 20:4-6; 신 5:8-10.

우리는 지난 번에 하나님께서 우리들에게 안식일을 지키라고 하신 말의 의미를 주로 구약적인 맥락에서 생각해 보았습니다. 이것이 신약에서는 어떻게 되는 것일까요? 이에 대해서는 네 가지 다른 입장이 있다고 할 수 있습니다.

(1) 계속해서 매주의 마지막 날을 안식일로 지켜야 한다는 주장을 하는 사람들이 유대인들과 안식교 사람들[The Seventh Day Adventists]입니다. 그들은 안식일 계명과 관련해서 다른 어떤 변화를 명령하거나 시사(示唆)하는 말이 성경에 없으므로 우리는 계속해서 이전의 안식일을 우리의 안식일로 지켜야 한다고 주장합니다. 물론 안식교인들은 유대인들과 달리 그리스도의 속죄의 의미는 인정합니다. 그러나 그것이 안식일 계명을 의미하는 안식일의 의미를 바꾸지 않는다고 주장하는 것입니다.[1]

---

[1] 그러나 예수의 재림 날짜를 1844년 8월 21일과 10월 22일로 예언했던 William

(2) 위의 견해와는 정반대로 우리 주 예수 그리스도께서 십자가에 서 죽으시고 부활하심으로 이제 더 이상 어떤 특정한 날을 안식일로 지킬 필요가 없다고 하는 주장이 있습니다. 십자가에서 구속 사건이 일어난 후에는 이제 그 어떤 날을 삼가 지켜야 할 필요가 없을 뿐만 아니라, 어떤 날을 다른 날과 구별하여 지키는 것은 그리스도 안에서 우리에게 주어진 자유를 손상하는 것이라고 합니다. 이런 입장을 취하 는 사람들은 안식일이 지향하던 하나님의 안식이 이미 그리스도 안에 서 우리에게 주어진 것임을 강조합니다.[2]

Miller의 문제와 지나친 천년왕국주의, 영혼수면설 주장, 세족식의 문제, 구약의 음식 규 례 준수 등 안식교의 다른 심각한 문제점들에 대해서는 『교회사 대사전』 III (서울: 기독 지혜사, 1994), 105-108의 "제 칠일 안식일 예수 재림 교회" 항목을 보십시오.

[2] 이런 입장의 대변인들과 그들의 저작으로는 루터와 그를 따른 아우구스부르크 신앙 고백서(1530), P. Schaff, *Creeds of Christendom*, III (Grand Rapids: Baker, 1977), 69; 칼빈(*Institutes*, 2. 8. 28-34); D. A. Carson, ed., *From Sabbath to Lord's Day* (Grand Rapids: Zondervan, 1982); 양용의, 『예수와 안식일 그리고 주일』 (서울: 이레서 원, 2000), 464-70, 491-502 등을 보십시오. 그러나 사람들은 이런 입장을 비교적 온건 히 제시하는 사람들이라고 할 수 있습니다.
   이런 견해를 좀 더 극단적으로 주장하면서 주일과 〈제 4 계명〉의 연관성을 부인하던 사람들로 William Tyndale (*Answer to More* [1931], I. 25, Parker Society reprint, 47-72), Peter Heylyn (*The History of Sabbath* [1635]), P. Dodridge (1763), J. A. Hessey (Bampton Lectures on *Sunday* [1860]), 그리고 Willy Rordorf (*Sunday: The History of the Day of Rest and Worship in the Earliest Centuries of the Christian Church*, trans. A. A. K. Graham [London: SCM Press, 1968]) 등을 들 수 있습니다. Rordorf는 주일이라는 말이 예배 중의 주의 만찬에서 온 것이므로 주일에 행할 일로는 예 배만이 중요할 뿐, 이날과 안식을 연관시킬 이유가 없고, 그런 연관은 콘스탄틴 대제 하에 서의 이교적이고 정치적 동기에서 나온 것이라고 합니다. (이상의 정보에 관해서는 Roger T. Beckwith and Wilfrid Stott, *This is the Day* [London: Marshall, Morgan and Scott, 1978], reprinted as *The Christian Sunday: A Biblical and Historical Study* [Grand Rapids: Baker, 1980], viii-ix를 보십시오).
   후에 좀 더 자세히 논의되겠지만 이런 입장을 극단적으로 제시하는 사람들을 제외하 면 위에 열거된 온건한 입장에서의 성취를 강조하는 사람들과 아래 (4)의 입장을 가진 사 람들 사이의 실제적 차이는 그리 크지 않다고 할 수 있습니다. 사실 Beckwith와 Stott는 루터나 칼빈, 그리고 웨스트민스터 표준 문서의 입장을 같이 안식일주의의 입장에 넣고 논 의하고 있습니다. (단지 칼빈이 이 날의 준수가 인간적인 법이라는 것을 강조했음을 드러 내는 것 외에는 말입니다. Cf. Beckwith and Stott, *The Christian Sunday*, vii). 또한 이런 입장을 지닌 분들도 "이 종말론적 안식은 세상 끝날 그 최종적 완성을 아직 내다보 고 있는 것"임을 의식하며 공표하기 때문입니다(양용의, 『예수와 안식일 그리고 주일』, 496). 그래서 아직도 육체적 안식의 필요가 있고, 따라서 안식의 사회적 인간애적 측면을

(3) 이와 같은 견해에 반발(反撥)하면서 그리스도의 십자가에서 죽으심과 부활은 이제 안식일을 일주일의 제 7 일로부터 한 주간의 첫날로 바꾸어 놓았을 뿐, 이전에 유대인들이 안식일을 지키듯이 신약의 성도들은 "그리스도인의 안식일"인 주일을 철저히 지켜야 한다는 견해가 있습니다.[3]

(4) 마지막으로 그리스도께서 속죄를 이루시고 부활하심으로 이제 그리스도께서 부활하신 날이 그리스도인의 안식일(Christian Sabbath)이 되었음을 주장하면서, 따라서 위의 (2)의 견해와는 달리 그리스도의 재림 때까지는 모든 날이 다 안식일은 아니고 오직 주님의 부활을 기념하는 주의 날이 안식일로서의 의미를 지니고 있음을 강조하되, 위의 (3)의 견해와는 달리 율법주의적으로 주일을 안식일로 지키는 것이 아니라, 안식일을 내시고 그리스도 안에서 이미 성취하시되 아직 아니 이룬 측면이 있음을 생각하면서 그 모든 측면을 반영하면서 신약적 의미에서 새롭게 안식일을 지켜야 한다는 주장이 있습니다.

이 중에서 (1)은 그리스도 안에서 이루신 구속과 그 구속 사역이 가져 온 변혁을 인정하지 않는 것이기에 심각한 문제가 있습니다. 그런가 하면 (2), (3), (4)는 모두가 다 이미 그리스도 안에서 원칙적으로

준수되어야 함을 강조하기 때문입니다(양용의, 『예수와 안식일 그리고 주일』, 497; Calvin, *Institutes*, 2. 8. 32: "노예들과 노동자들에게 노동으로부터 쉼을 주는 안식일의 기능도 그리스도인에게 적용되어야 한다").

3 이런 입장을 가장 강조하는 견해의 하나로 Francis Nigel Lee, *The Covenantal Sabbath: The Weekly Sabbath Scripturally and Historically Considered* (London: Lord's Day Observance Society, 1969)을 들 수 있습니다. 한국 교회에서는 스푸너 선교사 환송 때 너무 늦어져서 선상에서 주일 예배를 드린 것과 관련하여 일어난 박윤선 목사의 고려신학교 교장직 사임과 관련된 사건이 이런 태도를 잘 반영한다고 할 수 있습니다. 이에 대해서는 다음 글들을 보십시오: 신복윤, "성경의 사람, 한국의 나다나엘", 『박윤선의 생애와 사상』 (수원: 합동신학교 출판부, 1995), 81-82; 전고려신학교 이사 일동, "'주일 지키는 일에 대하여'란 박윤선 목사의 논문에 답변함", 「파수꾼」 107 (1961년 2월호): 45-51.

안식의 성취가 이루어졌으나 '아직 아니'의 측면이 있음을 인정하는 견해라는 면에서 서로에 대해서 깊이 고려하고 서로 재미있게 토론을 해야 하는 견해들이라고 할 수 있습니다. 그러므로 우리는 (1)에 반(反) 해서 그리스도의 속죄와 부활이 가져다 준 안식일에서 주일에로의 변환을 아주 강조해야 합니다.

그리고 (2), (3), (4)는 각자의 입장을 충분히 성경적으로 합리적으로 제시한 후에 서로로부터 배우려고 하면서, 그러나 어쩌면 우리는 그 이견(異見)들을 그리스도의 재림 때까지 가지고 가면서 깊이 존중하는 마음으로 같이 논의해야 할 중요한 신학적 토론의 문제로 여겨야 합니다.

그리스도의 구속이 이루어지고 부활하신 이후인 오늘날에도 (1)과 같은 주장을 한다는 것은 이단적인 것이지만, 구속의 성취가 안식일에 주는 의미를 인정하는 (2), (3), (4)는 자신의 입장을 극단적으로 강조하면서 다른 입장을 극단적으로 배제하려 하지 않는 한 이단적이라고 할 수는 없을 것입니다. 그러므로 우리는 먼저, 위의 (2), (3), (4)의 입장에서 (1)의 견해에 반박하면서 왜 "안식일에서 주일"에로, 또는 "유대교적 안식일에서 기독교적 안식일"에로 변화가 이루어졌는지, 그리고 그 일의 함의가 무엇인지를 생각해 보아야 할 것입니다.

1. "안식일에서 주일에로"의 변화와 그 의미

성경에 언제부터는 더 이상 유대교의 안식일을 지키지 말고 이제 새로운 날을 "주의 날"(主日)로 하라는 명시적인 언급은 없습니다. 그러나 그렇다고 해서 우리가 계속해서 유대인의 안식일을 우리의 안식일로 지켜야 한다고 할 수 없는 것은 우리 주 예수 그리스도의 십자가에서의 속죄 사건과 그의 부활이 가져다 준 구속사적인 변화를 성경이 매우 강조하고 있기 때문입니다. 그러므로 우리는 다음 세 가지 제목 아래서 "안식일에서 주일에로의 변화"가 신약에서 아주 분명히 나타나고 있음을 생각해 보고자 합니다.

(1) 십자가에서의 구속과 부활이 구속사적으로 가져다 준 전환과 변혁

십자가와 부활은 그저 역사 가운데서 일어난 사건일 뿐만 아니라, 구속사에 있어서 가장 중요한 변화를 가져오게 한 사건이기에 이것이 구원 사건이라고 불리워지는 것도 그렇게 지나친 것이라고 할 수는 없습니다. 부활은, 신약 성경의 저자들과 초대 교회의 성도들이 잘 의식하고 있었듯이, 새 창조를 가져다 준 것입니다. 그러므로 이는 종말론적 사건입니다.[4] 따라서 주께서 부활하신 날인 주일도 종말론적인 의미를 지닙니다.[5] 그 결과 그리스도인들은 안식 후 첫날을 특별하게 생각하게 되었고, 점차 이 날, 즉 "주의 날"(主日)이 우리 주님의 "부활에 대한 지속적 증언"(a standing witness)이 되었습니다.[6]

따라서 이 사건의 구속사에서의 성취적이고 종말론적 의미를 깊이 생각한 사람들은 더구나 신약 성경을 기록하게 하시는 성령의 영감 (inspiration) 가운데서, 이제 구속 사건이 일어난 후에는 더 이상 유대

---

4 이 점에 대해서는 G. Vos, *The Pauline Eschatology* (1930: Grand Rapids: Baker, 1979), 특히 37-61; Richard B. Gaffin, Jr., *The Centrality of the Resurrection* (Phillipsburg: Presbyterian and Reformed, 1978)을 보십시오.

5 안식일 자체의 종말론적 의미와 그리스도 안에서의 안식일 성취의 종말론적 의미를 가장 분명히 제시한 예로 양용의, 『예수와 안식일 그리고 주일』, 72, 466, 467-70를 보십시오.

6 부활에 대한 지속적 증언이라는 이 표현은 Beckwith and Stott, *The Christian Sunday*, xii에서 온 것입니다.

교적인 안식일을 지켜서는 안 된다는 것을 말하는 것입니다. 이런 문제를 비교적 날카롭게 생각하지 않던 다른 초기 교회 지도자들에 비해서 그 자신이 그리스도인이 되기 전에는 엄격하게 율법을 지키던 바울은 이 문제를 아주 분명히 하면서 그리스도인들이 다른 율법의 금지 조항들과 함께 유대교적 안식일을 지키지 않는 것과 관련해서 다음과 같이 지적합니다: "그러므로 먹고 마시는 것과 절기나 월삭이나 안식일을 인하여 누구든지 너희를 폄론(貶論)하지 못하게 하라"(골 2:16). 이는 적어도 바울의 가르침과 그에 근거한 교회 안에서는 더 이상 유대교의 안식일이 유대교의 다른 절기들과 함께 지켜지지 않았고, 이는 다른 율법의 요구들과 함께 이미 그리스도께서 이루신 율법의 성취로 이루어진 것으로 여겨지고 있었다는 것을 분명히 해줍니다.

그러므로 보스가 델리취를 인용하면서 하는 다음의 말을 깊이 있게 생각해 볼 필요가 있습니다:

> 우리 주께서는 자신의 힘씀과 그 극점을 예견했던 주간의 노동의 마지막 날, 유대인의 안식일 전야에 돌아가셨고, 그리스도께서 주간의 첫날에 자신의 안식, 새로운 영원한 생명의 안식에 들어가셨으므로 유대인의 안식일은 그의 무덤과 함께 장사지낸바 된 것이다.[7]

보스는 더 나아가서 "신약에 이 변화에 대한 공식적 제정이 없는 것은 그것이 불필요했기 때문이"라고 아주 강한 입장을 천명합니다.[8] 따라서 십자가와 부활은 이제 예배 의식과 예배하는 날과 예배의 방법 등 모든 점에서의 폭 넓은 변화를 가져오게 한 가장 놀라운 구속사적인 사건입니다.

---

7 Vos, 『성경신학』(개정판, 서울: CLC, 2000), 174.

8 Vos, 『성경신학』, 174.

(2) 우리 주께서 부활하신 날이 "주의 날"이라는 의식의 생성과 보편화

그러면 이제 그리스도께서 부활하신 후에는 구약의 안식일이 지향하던 모든 것이 다 이루어져서 모든 날이 다 안식일이 된 것일까요? 그래서 이제는 모든 날이 다 같은 날로 여겨지는 것일까요? 그러나 성경에서는 일주일 중 하루를 "주의 날"로 구별하여 생각하는 의식이 있었고, 점차 우리 주님께서 부활하신 날을 "주의 날"(主日)로 부르기 시작했습니다. 이것의 가장 현저한 예가 밧모 섬에 있는 요한의 다음과 같은 진술입니다: "주의 날에 내가 성령에 감동하여 내 뒤에서 나는 나팔 소리 같은 큰 음성을 들으니"(계 1:10). 만일 모든 날을 다 주의 날이라고 생각하였다면 이런 식으로 표현할 수 없었을 것입니다. 그러므로 일주일 중 어느 하루가 주의 날로 지칭된 것인데, 이는 우리 주님께서 부활하신 안식 후 첫날이라고 보는 것이 가장 자연스러운 해석입니다.

(3) 안식 후 첫날, 즉 주의 날에 모여서 예배하는 일의 보편화

그리고 이날 모여 예배하는 일은 요한계시록에서 이 날을 "주의 날"로 언급한 것보다 더 오래된 것 같습니다. 사도행전에는 교회가 안식 후 첫날 떡을 떼려고 모였다는 시사(示唆)가 나타나 있고(행 20:7), 고린도 전서에서도 그리스도인들이 모여 예배하는 일이 매 주일의 첫날, 즉 안식 후 첫날이었음에 대한 시사가 있습니다: "매 주일 첫날에 너희 각 사람이 이를 얻은 대로 저축하여 두어서 내가 갈 때에 연보하지 않게 하라"(고전 16:2). 이 모든 일들은 모두 우리 주께서 부활하신 날인 안식 후 첫날, 즉 주의 날에 예배하는 일이 보편화되었음을 보여 주는 것입니다.

이는 성경 기록 이후 시대에서도 잘 나타납니다. 초기 교부들은 주일을 예배일로 특별하게 여겼고,[9] 321년 콘스탄틴 대제의 칙령에 의해서 주일은 쉬는 날로 여겼고, 4세기의 유세비우스(Eusebius)에게서는 안식일 예배로부터 주일 예배로의 분명한 전환에 대한 명시가 나타나고 있습니다.[10] 그리고 6세기 이후에는 이날 예배하는 것을 더 잘 보호하고자 주일에 쉬도록 교회법적으로 규정하려는 시도가 확연히 나타나고 있습니다. 그러므로 초기부터 기독교회는 주께서 부활하신 날인 주일에 모여서 예배하여 왔습니다.

2. "주의 날"과 "기독교적 안식일"

이렇게 안식 후 첫날을 그리스도인들은 "주의 날"이라고 불렀고, 그런 뜻에서 이 날을 다른 날과 구별하였습니다. 그렇게 구별하는 방식 중 하나가 이 "주의 날"에 모여서 하나님께서 구속 사건을 일으켜 주신 것에 대해서 감사하며 그에게 경배하는 모임을 가져 나간 것입니다. 물론 우리는 초기 그리스도인들이 정확히 어떤 이유에서 안식 후 첫날 모여 예배를 하며 공적인 모임을 가지게 되었는지를 단언하기 어렵습니다. 아마 여러 요인들이 복합적으로 작용해서 안식 후 첫날의 예배를 가능하게 하였을 것입니다. 그러나 이 때 우리 주님께서 이날 부활하셨기에 이 날 모여서 예배한다는 의식이 전혀 있지 않았다가 후에야

---

[9] Cf. W. Rordorf, *Sunday: The History of the Day of Rest and Worship in the Earliest Centuries of the Christian Church*, trans. A. A. K. Graham (London: SCM Press, 1968), 154-62, 양용의, 『예수와 안식일 그리고 주일』, 477에서 재인용; R. Bauckham, "Sabbath and Sunday in the Post-Apostolic Church," in D. A. Carson, ed., *From Sabbath to Lord's Day* (Grand Rapids: Zondervan, 1982), 269-80.

[10] W. Rordorf, *Sabbat und Sontag in der Alten Kirche* (Zuerich: Theologisher Verlag, 1972), 84, 양용의, 『예수와 안식일 그리고 주일』, 477에서 재인용.

그런 연관성이 발전되었다고 주장하는 것은 더 지나친 논의라고 여겨집니다. 그러므로 안식 후 첫날 모여 공예배를 하던 처음 그리스도인들의 의식에 작용했던 여러 요인들 가운데서 이 날 주께서 부활하셨으므로 우리는 이 날 우리의 주님께 경배한다는 의식이 있었으리라고 생각하는 것이 더 자연스럽습니다.

그러다가 점차 안식일에 성전이나 회당에서 유대인들과 함께 예배하는 일이 사라지게 되었고, 점점 더 유대교적인 안식일을 지키는 것은 오히려 그리스도 안에서 구속을 이루신 하나님의 뜻에 반(反)하는 것이라는 의식이 나타나게 되었던 것입니다. 보스(Vos)도 잘 표현하는 바와 같이, "유대인 그리스도인들은 처음에는 두 날을 다 지키기 시작했을 것이고, 점차 주의 부활의 날의 거룩함이 비할 데 없이 뛰어나다는 것을 느끼게 되었을" 것입니다.[11] 그래서 이런 점들을 깊이 의식하게 된 사도와 사도적 교회는 이제는 더 이상 유대인들의 안식일을 지켜서는 안 된다고 선언한 것입니다.

그렇다면 이제 그리스도 안에서 우리에게 임하여 온 새로운 피조계 안에 사는 우리에게 있어서는 모든 날들이 다 같은 날들입니까? (이것이 이 글 처음의 (2)의 입장의 중요한 논점입니다). 성경에서는 한편으로 우리 주께서 이미 우리에게 구약의 성도들이 고대하던 안식이 주어진 것으로 말합니다. 하나님께서는 신약에 사는 "우리를 위하여 더 좋은 것을 예비하신" 것이라고 합니다(히 11:40). 그러므로 믿음으로 말미암아 실제적으로 신약에 사는 우리는 믿음으로 말미암아 증거를 받았으나 약속을 받지 못하던(히 11:39) 구약의 믿음의 영웅들보다 더 놀라운 위치에 선 것이고, 하나님 나라[天國]가 임한 이 상태에 은혜로 이미 이 하나님 나라[天國] 안에 들어와 살고 있는 우리는 비록 지극히

---

11 Vos, 『성경신학』, 174.

작은 자들이기는 하지만 구약의 입장에서 가장 큰 자인 세례 요한보다 더 큰 자라고 할 수도 있는 것입니다(마 11:11). 이렇게 우리는 이미 그리스도 안에서 구약의 성도들이 바라고 고대하며, 구약에 매 안식일마다 그런 상태가 이루어 지기를 고대한 안식의 상태 안에 들어 와 있는 것입니다: "이미 믿는 우리들은 저 안식에 들어가는도다"(히 4:3). 그리스도의 구속이 이런 안식을 이루신 것입니다.

그러나 성경은 그리스도 안에서 이미 우리에게 임하여 온 안식에는 "아직 이루어지지 않은" 측면이 있다는 것도 또한 분명히 합니다. 그래서 히브리서 기자는 "안식할 때가 하나님의 백성에게 남아 있도다"(히 4:9)라고 말하며, 또한 "그러므로 우리가 저 안식에 들어가기를 힘쓸지니"(히 4:11)라고 권면하기도 합니다. 이는 순종치 아니하는 본에 빠지지 않게 하려 함이라고 그 이유를 밝힘으로, 이는 우리에게도 안식과 관련한 '아직 아니'의 측면이 있어서 지금도 힘써 안식에 들어갈 일이 남아 있는 것처럼 부지런히 주의 뜻을 순종해 가야 한다고 권면하는 것입니다. 그러므로 신약의 성도들은 여기서 이미 안식에 들어와 있으나 또한 아직 온전히 들어가지는 않은 자들로 규정되는 것입니다. 구약의 성도들은 아직 안식에 들어오지 못하던 자들이었으니, 이는 안식을 가져다주시는 하나님의 구속 사역이 아직 성취되지 않은 상태였기 때문입니다. 또한 예수 그리스도 재림 이후의 성도들의 상태는 온전히 안식에 들어간 자들로 규정됩니다. 그러므로 재림 이전의 이 땅에 사는 모든 신약의 성도들은 이미 안식에 들어가 있으나 "아직 아니"의 측면을 가진 자들입니다. 이는 하나님께서 온 세상에 안식을 가져다주시는 방식이 바로 이같은 이중적 성취의 방식, 즉 그리스도의 초림에서 구속 사역을 이루시고, 그리스도의 재림에서 그 사역의 극치에 이르게 하시는 방식이기 때문입니다.

따라서 그리스도의 재림 이전의 신약의 성도들에게 있어서는 한편으로는 모든 날들이 이미 그리스도 안에서 안식에 이른 날이라는 의식을 가지고 모든 날들을 주께 속한 날로 살아가야만 합니다. 그러나 성경은 또한 재림 때까지는 안식 후 첫날이 "주의 날"이라는 의식을 소개해 줍니다. 그런 뜻에서 모든 날들이 다 주의 날이기는 하지만 안식 후 첫날, 우리 주께서 부활하신 날은 이제 그리스도인들에게 있어서 그리스도의 재림 때까지는 특별한 날로 기념되는 것입니다. 이날은 특별히 "주의 날"이고, 웨스트민스터 신앙고백서 작성자들의 이른 바 "기독교적 안식일"(Christian Sabbath)입니다.[12]

그러나 보스(Vos)가 잘 말하고 있듯이 "십계명에 편입되지 않은 제 4계명과 관련된 다른 율법의 금지들은 신약 이후에는 보편적으로 적용될 수 없는 것들(출 16:23; 34:21; 35:3; 민 15:32; 렘 17:21; 암 8:5)"입니다. 이는 토지의 안식년, 희년 등의 규례를 다 포함하는 것입니다. 왜냐하면 "그리스도의 사역을 통해 이 모든 것이 그 충분한 의미에서 성취되었으므로 오늘날에는 이러한 것들에서 면제"됩니다.[13] 단지 창조 때 제정된 안식일이 이제 주일로 변화하여 그리스도인의 안식일입니다.

3. 〈제 4 계명〉을 지키는 우리의 자세

그러므로 그리스도 안에서 이미 우리에게 임하여 온 안식의 의미를 집중적으로 드러내는 그리스도인의 안식일인 "주의 날"(the Lord's Day,

---

[12] *The Westminster Confession of Faith*, Chapter XXI, 7, 8; *Westminster Shorter Catechism*, Q 59; *Westminster Larger Catechism*, Q. 116: *Westminster Directory of Worship*, I, 2.

[13] Vos, 『성경신학』, 174f.

主日)은 그 안식을 준비하고 그것을 향하여 지향해 나아가던 구약에서 와는 달리, 이미 그리스도 안에서 이루어진 안식을 기념하며 즐기는 의미를 지니며, 그 안식을 이루신 하나님께 경배하고, 그 안식의 하나님 안에서 안식을 즐겨가야 합니다. 또한 그 터 위에서 그 안식을 극치에 이르게 하실 하나님의 손길을 바라보면서 기대를 가지고 그 안식의 극치를 가져다주실 예수 그리스도의 재림을 고대해야 합니다. 이는 신약 성도들이 항상 가지고 있는 기본적인 의식인데, 이를 집중하여 드러내는 것이 바로 그리스도인의 안식일인 주일에 우리가 행하는 일이어야 합니다.

그러므로 다른 날도 그러하지만 주일에는 우리에게 존재와 새로운 생명과 그에 속한 모든 활동을 주신 하나님께 감사하는 마음으로 가득 차서 그 창조와 구속의 주님께 전심의 경배를 드려야 합니다. 왜냐하면 "안식일이라는 것은 그 날이 우리에게 대표적인 날이고 상징적인 의미를 가진 날로서 하나님의 자녀답게 그 앞에 앉아서 그를 경배하고 찬양하고 기쁨을 드리려는 소원 속에서 지내는 날"이기 때문입니다.14 따라서 주일에 가장 중요한 부분은 바로 이런 공적인 예배(public exercise of worship)입니다. 그 경배 가운데서 하나님의 뜻을 기리고 찬양하며, 그의 말씀을 듣고 깊이 묵상하는 일이 가장 필수적인 일이 됩니다. 그 결과로 우리 가운데서는 하나님의 엄위와 영광에 대한 의식이 점증해 가야 할 것이고, 그에게 속한 백성으로서 우리가 이 땅에서 이루어 가야 할 일에 대한 사상이 분명하게 정립되어야 합니다.

따라서 다른 날에도 그러하지만 특히 주일에는 공예배 후에 각 가정이나 개인적으로도 주님의 뜻을 기리면서 그 분의 뜻을 어떻게 우리의 삶 가운데서 드러내어 가야 하는지를 생각하고, 과연 우리의 삶

---

14 김홍전, 『십계명 강해』 (서울: 성약, 1997), 132.

이 하나님의 뜻을 반영했는지를 심각하게 살피면서 돌아보는 시간을 가져야 합니다. 이것을 웨스트민스터 신앙고백서 작성자들은 '사적인 예배'(private exercise of worship)라고 언급하였습니다.

그리고는 생명을 구하는 일과 같은 자비의 일을 해야 합니다. 평소에도 그런 태도로 살아야 하지만 특히 주일에 시간을 내어서 다른 사람들을 돌아보는 일을 해 나가야 합니다. 그리고 이것이 습관이 되어서 다른 날에도 특별히 다른 사람들을 돌아보는 태도로 살아가야 합니다. 그러므로 생명을 구하는 일들과 같이 꼭 해야만 하는 부득이한 일들을 주일에도 할 수 있습니다. 그러므로 주일에는 주로 공적, 사적 예배와 다른 사람들을 돌아봄에 주로 시간을 드려야 합니다.

이를 분명히 하기 위해서 주일에는 다른 날에 하는 일상의 일을 쉬고, 그런 일들에 대한 생각과 말도 그치고, 우리들을 가다듬어서 주님의 뜻을 잘 생각하는 태도를 가지는 것이 매우 유익합니다.[15] 그래서

---

[15] 이런 뜻에서는 안식일이 그리스도 안에서 성취되었음을 강조하는 입장도 실천적 제안에서는 이런 태도와 그리 멀지 아니함을 발견할 수 있을 것입니다. 이를 보다 분명히 하기 위해 양용의 교수님의 제안을 인용해 보기로 합시다: "주일 성수의 진정한 의미는 결코 우리를 구약의 안식일 율법에 다시 얽어매는 데 있는 것이 아니며, 오히려 그 율법을 성취하신 예수의 구속에 참여하는 기쁨을 누리도록 하는데 있는 것이다. 그 구속에 참여한 자들은 그들의 주께서 죽음의 권세를 이기고 부활하신 날인 주일에 함께 모여 그의 구속과 부활을 감사하고 감격하여 공적인 예배를 드리고, 성도간의 교제를 나누며, 영적인 활동들을 행하는 것, 그리고 실제적인 육체적 쉼을 갖는 것은 그들만의 특권이며 마땅한 의무인 것이다. 사실 그리스도인들은 이러한 일들을 위해 주일 하루 동안 세상적인 일들로부터 자유로워질 필요가 있다. 주일에 세상적인 오락이나 세상 사람들과의 모임이나 세속적인 이익 추구 등에 시간을 보내는 것보다는 일주일 모두를 해도 부족함이 없는 의미 있는 일들을 위해, 그리고 또한 육체적 쉼을 위해 온전히 하루를 보내는 것은 지극히 의미 있는 일인 것이다. 하지만 이는 결코 율법에 얽매인 활동이나 준수와는 전혀 무관한 것이어야 하며, 철저히 그리스도 안에서 기쁘게 자원하는 모습으로 이루어지는 영적 활동이자 헌신이 되어야 한다"(양용의, 『예수와 안식일 그리고 주일』, 500f.).
그러므로 그리스도 안에서의 안식일의 성취를 주장하는 입장을 온건하게 주장하는 입장(예를 들어서, 칼빈과 양용의 교수 등)과 우리의 입장 사이에는 주일을 그리스도인의 안식일이라고 부를 수 있느냐의 문제, 주일의 다른 날과의 다른 성격을 어느 정도 의식하느냐의 문제, 웨스트민스터 표준 문서의 진술과 제안을 어떻게(율법주의적으로 바리새주의적인 것으로 받아들이는가, 아니면 율법의 정신을 반영하려는 노력으로) 받아들이는가, 그리고 일주일에 한번 공적 예배를 드리는 날을 굳이 주일로만 해야 하느냐에 대해서만 다를

웨스트민스터 신앙고백서에서는 다음과 같이 상세하게 규정하기도 합니다: "그러기에 이 안식일[그리스도인의 안식일]은 주님께 거룩히 지켜야 하는데, 그들의 마음을 합당하게 준비하고 그들의 일상적인 일들을 미리 정돈하고, 하루 종일 그들 자신의 일과 세상적인 일들에 대한 말과 생각, 그리고 오락을 중단하고 거룩하게 쉴 뿐만 아니라, 모든 시간을 바쳐서 공적으로, 그리고 개인적으로 하나님께 예배하는 일과 필수적인 것과 자비의 의무를 행하는 일을 해야 한다."[16]

웨스트민스터 예배 모범에서는 좀 더 구체적으로 미리 준비해서 주일을 거룩히 함에 구애되지 않도록 하고 공적 예배에 시간을 지켜 모여서 하나님께 경배를 드리고 남는 시간에 대해서는 다음과 같이 보내도록 상세한 제안을 하고 있습니다: "엄숙한 공적인 예배 모임 사이에 혹은 그 후에 남는 여분의 시간은 [성경을] 읽거나 묵상하거나 설교들을 반복하도록 하라. 특히 자신들의 가족들을 불러 모아 그날에 들은 설교들을 설명하고, 그들에게 거룩한 예배 모임들과 성만찬에서 행하는 축복 기도들에 대해서 교육하고, 시편을 찬송하고, 병자들을 문병하고, 가난한 자들을 돌아보고, 경건과 자선과 자비 등과 같은 의무들을 행함으로써 안식일이 기쁨의 날이 되도록 해야 한다."[17]

그러나 이와 같은 말은 율법적인 말로 여겨져서는 안 되고, 그리스도 안에서 우리에게 이루어진 안식을 누리는 마음으로 양심의 자유를 가지고 더욱 주님의 뜻을 잘 이루도록 하려는 마음으로 준수되어야 합니다. 사실 웨스트민스터 신앙고백서나 예배모범도 이런 제안이 주일이 기쁨의 날이 되도록 하려는 제안임을 분명히 하고 있습니다.[18] 이

뿐 실천적인 면에서는 실제적인 차이가 없는 듯하다. 일단은 이런 실제적 일치성을 중심으로 생각하면서 계속해서 신학적 토론이 있도록 해야 할 것이다.

16 *The Westminster Confession of Faith*, XXI, 8.

17 *Westminster Directory of Worship*, I, 2.

런 의도를 가장 잘 지적하는 김홍전 목사님의 다음 말을 유념해 보시기 바랍니다: "안식일이니까 밥도 해먹어서는 안 된다, 차를 타서도 안 된다, 어딜 가서도 안 된다 하고 행동의 규범대로 자기를 절제하는 일을 유표(有表)하게 한다고 해서 반드시 안식일이 가지고 있는 실상을 잘 드러낸다고 말할 수 없습니다…… 안식일의 의미라는 것을 제대로 바로 이해하고 그 의미가 가진 바른 실상을 구현해야 하는 것입니다";[19] "대표적이고 상징적인 이 계명이 우리에게 요구하는 교시를 파악해야지 그것을 무시하고 맹목적으로 종교 의식에 붙들려 매달려 있으면 의미가 없어지게 됩니다. 그것은 바리새적인 유대 사람과 같은 식이 됩니다."[20] 우리는 이런 말씀의 깊은 정신을 생각하면서 신약적 안식의 의미를 잘 이해하고 〈제 4 계명〉을 지켜야 하는 것입니다.

〈하이델베르크 요리문답〉에서도 안식일 계명과 관련해서 기본적으로 주의 말씀을 선포하고 배우는 것과 관련해서 복음 사역과 기독교 학교의 사역과 특히 주일에 예배하는 일과 다른 필수적인 일들을 하면서 이런 날을 지키도록 하신 주님의 의도를 생각할 것을 강조합니다. 그 말을 구체적으로 들어보기로 합시다:

---

18 그러므로 "웨스트민스터 신앙고백서 21장에 도달하게 되면 프로테스탄트 스콜라주의가 자리 잡게 되며, 그 많은 좋은 말들에도 불구하고 비복음적 엄격성이 뿌리를 내리고 만다"는 F. D. Bruner, *Matthew I: The Christbook* (Dallas: Word Books, 1987), 450 (양용의, 『예수와 안식일 그리고 주일』, 485, n. 53에서 재인용)의 말은 웨스트민스터 표준 문서의 정신을 왜곡하는 것이거나, 이에 대한 엄격하고 율법주의적인 해석의 빛에서의 비판, 즉 바르지 못한 비판으로 여겨져야 할 것이다.

19 김홍전, 『십계명 강해』, 123f.

20 김홍전, 『십계명 강해』, 127. 사실 웨스트민스터 신앙고백서를 바르게 설명하는 분들은 이 날이 전체적으로(the whole day) 잘 지켜져야 하지만, 이 기독교인의 안식일이 율법의 정신으로 지켜져서는 안 되고 그것이 제정된 목적을 따라서 지켜져야 한다는 것을 아주 강조해 왔음을 잊어서는 안 될 것입니다. Cf. A. A. Hodge, *The Confession of Faith* (1869; Edinburgh: The Banner of Truth Trust, 1958), 283; 박윤선, 『헌법 주석, 정치 예배 모범』 (서울: 영음사, 1983), 190.

(문) 제 4 계명에서 하나님께서는 무엇을 요구하십니까?

(제 4 계명에서 하나님께서 요구하신 것은)
첫째로,
복음 사역과 이를 위한 교육이 유지되어져야 한다는 것입니다.
특히 안식일에는 하나님의 백성들의 모임에 나도 부지런히 참여해야 한다는
것입니다.
하나님의 말씀이 가르치는 바를 배우고,
성례에 참여하며,
하나님께 공적으로 기도하고,
가난한 자들을 위한 기독교적 헌금을 하도록 하기 위해서 말입니다.

둘째로,
세상에 사는 모든 날 동안에
주님께서 성령님으로 내 안에서 역사하도록 하시기 위해
악한 모든 것으로부터 쉬어야 한다는 것입니다.
그리하여 이 세상에서부터
영원한 안식을 시작하도록 하시는 것입니다.

이와 같이 〈하이델베르크 요리문답〉에도 안식일의 성취의 '이미'와 '아직 아니'에 대한 인식이 분명히 나타나 있고, 그 성취의 의미에 근거해서 모든 날들을 안식의 빛에서 살되, 이를 분명히 천명하는 복음 사역과 학교 사역을 강조하면서, 동시에 주일을 안식의 날로 언급하면서 하나님께 경배하는 일과 구제하는 일들에 힘써야 할 것에 대한 강조가 나타나고 있습니다. 그러므로 좀 더 구체적으로 그리스도인의 안식일을 말하며 그날을 지키는 방식을 제시하는 〈웨스트민스터 표준문서들〉의 입장과 〈하이델베르크 요리문답〉이 그 정신에 있어서 서로

대조적인 것으로 언급하는 것은 별로 유익하지 않은 것으로 여겨집니다.[21] 우리 모두는 그 두 가지 문서들을 작성한 사람들이 공언하는 안식의 성취의 빛에서 그러나 여전히 유효한 안식의 의미를 우리의 주일에 나타낼 수 있도록 해야 할 것입니다.

---

[21] 개혁자들과 그들의 후예들의 작업을 여러 면에서 대조시키려는 오늘날 학계의 노력에 깃들인 위험성은 결국 여러 세대의 성도의 교제와 그 사상적 일치성을 깨도록 할 위험성이 있는 것입니다. 우리는 무엇보다도 어떤 신학적 노력의 정신을 중심으로 하여 고찰하고 그 빛에서 비교하는 작업을 해 나가야 할 것입니다. 그런 사상의 정신을 치중하여 보면 개혁자들과 그들의 후예 사이에는 그들이 처한 목회적 정황의 차이에서 온 표현과 강조의 차이가 있는 것이지, 근본적 차이와 대립이 있다고 하기 어려운 것입니다.

제 3 부

하나님의 법과 우리의 삶(Ⅱ)

제 5 계명과 우리(1)

본문: 출 20:12; 신 5:16, 엡 5: 1-3.

흔히 십계명 1계명부터 4계명까지를 하나님과 관련된 관계(對神關係)를 규정하는 계명이라고 하고, 오늘부터 생각하는 5계명부터를 사람들 사이의 관계(對人關係), 또는 사회 관계(社會關係)를 규정하는 계명이라고 합니다.[1] 5계명부터 10계명까지의 내용이 하나님과 관련 없는 것인 양 생각하지 않고, 이 계명들이 모두 다 하나님과의 관계로부터 규정되고 있다는 점을 염두에 두면서 생각한다면 이런 분류는 상당히 좋은 분류라고 할 수 있습니다. 그러나 〈제 5 계명〉을 1-4 계명까지의 '하나님에 대한 계명'과 6-10 계명까지의 '언약 공동체 안에서의 이웃에 대한 계명'의 연결 고리(bridge)로 보면서, 이를 커다란 언약 공동체의 핵

---

[1] 이는 가장 일반적인 분류이나 이런 분류의 대표적인 예로 다음을 보십시오: J. A. Thompson, *Deuteronomy: An Introduction & Commentary*, Tyndale Old Testament Commentaries 5 (Leicester: IVP, 1974), 117; Alan Cole, *Exodus*, Tyndale Old Testament Commentaries (Leicester: IVP, 1973), 159; 김홍전, 『십계명 강해』 (서울: 성약, 1997), 137f.; 그리고 John M. Frame, *The Doctrine of the Christian Life* (Phillipsburg, New Jersey: P&R, 2008), 844.

심에 있는 가정의 상황을 규제하는 계명으로 보는 것도 십계명의 구조에 대한 흥미로운 분류가 될 수 있습니다.[2] 이런 입장을 지닌 사람들은 "가정의 관계가 사회의 시작이기에 모든 사람의 관계에 대한 논의의 필연적 출발점이 된다"고 하는 것을 강조합니다.[3]

그러나 십계명의 구조를 어떻게 살피든지 간에, 순서 상 하나님과 관련된 내용을 먼저 규정하고, 그로부터 사람과 사람 사이의 관계가 어떠해야 한다는 것을 규정하는 것은 매우 좋은 순서라고 할 수 있습니다. "하나님과의 바른 관계가 없이는 동료 인간들과의 바른 관계가 있을 수 없기" 때문입니다.[4] 여기에 진정한 기독교 윤리의 성격이 나타난다고 할 수 있습니다. 기독교 윤리에서는 항상 하나님과의 관계를 선행시킵니다. 그 하나님과의 관계로부터 우리가 어떠한 존재여야 하고 어떤 일들을 이루어야 하는지가 제시되는 것입니다. 그러므로 이런 기독교 윤리는 하나님 중심적 윤리(theocentric ethics), 따라서 하나님의 명령에 근거한 윤리[신명령설, divine command theory]이고, 하나님의 은혜에 근거한 은혜의 윤리(ethics of grace)이며, 하나님께서 이루신 구속에 근거한 제자도의 윤리(ethics of discipleship)요, 성령의 능력으로만 이룰 수 있는 성령론적 윤리(pneumatical ethics)라고 할 수 있습니다. 기독교 윤리의 이런 성격들은 우리가 이에 해당하는 계명들을 살

---

2 이런 분류를 제시한 대표적인 예로 P. C. Craigie, *The Book of Deuteronomy*, NICOT (Grand Rapids: Eerdmans, 1976), 159; 그리고 그의 말을 문자적으로 그대로 반복하는 Duane L. Christensen, *Deuteronomy 1–11*, Word Biblical Commentary 6A (Waco, Texas: Word Books, 1991), 123; 그리고 J. P. Hyatt, *Exodus*, The New Century Bible Commentary (London: Marshall, Morgan & Scott, 1971; Grand Rapids: Eerdmans, 1980), 213도 보십시오. 또한 5계명을 앞뒤의 계명들의 연결점으로 보는 해석에 대한 가벼운 비평으로 Brevard S. Childs, *Exodus*, Old Testament Library (London: SCM Press, 1974), 417f.을 보십시오. 그러나 그렇다고 Childs가 전통적 분류를 적극적으로 제시하고 있는 것도 아님에 유의해야 합니다.

3 Durham, *Exodus*, 290.

4 Craigie, *The Book of Deuteronomy*, 159.

필 때 항상 유념해야 하는 성격이 아닐 수 없습니다.

그 중에서 이번에는 〈제 5 계명〉의 직접적인 의미를 생각해 보기로 하겠습니다. (다음에는 이 직접적인 의미로 생각한 것에 근거해서 우리가 〈제 5 계명〉의 함의된 것으로 생각할 수 있는 권위의 문제를 좀 더 일반적으로 다루어 보아야 할 것입니다.)

1. 〈제 5 계명〉과 그 직접적 의미

〈제 5 계명〉은 "네 부모를 공경하라"(כַּבֵּד אֶת־אָבִיךָ וְאֶת־אִמֶּךָ)는 매우 단순한 형태로 제시되고 있습니다. 이는 〈제 4 계명〉과 함께 긍정적으로 제시된 계명입니다.[5] 이 두 계명 외에는 다른 모든 계명들이 모두 " ~ 하지 말라"는 형태의 금지 명령으로 제시되어 있습니다. 〈제 4 계명〉과 〈제 5 계명〉만 적극적으로 " ~하라"로 제시되고 있습니다. 그러므로 이는 이 둘이 그만큼 적극적인 규정이라는 간접적인 함의를 갖는다고 할 수 있습니다. 그리고 고대 사회에 아버지와 함께 어머니에 대한 공경이 강조된 것은 매우 의미심장한 것이 아닐 수 없습니다. 이런 '어머니에 대한 강조'는 고대 근동 사회에서 매우 이례적인 언급과 조치가 아닐 수 없습니다.[6]

---

5 이 〈제 5 계명〉의 긍정적 진술 형태에 주목하면서 (이것이 "네 부모를 저주하지 말라"는 부정적 금지 명령으로 파생한 것이라는 A. Alt와 K. Rabast 등의 주장을 잘 반박하며) 긍정적 형태가 원형임에 대한 옹호로 Ronald E. Clements, *Exodus*, The Cambridge Bible Commentary (Cambridge: The University Press, 1972), 125; Childs, *Exodus*, 418; Hyatt, *Exodus*, 213을 보십시오. 그들이 제시하는 주된 근거는 레위기 19:3 등에 긍정적인 형태도 처음부터 있었다는 것입니다(Childs, *Exodus*, 418; Hyatt, *Exodus*, 213f.).

그러나 Hyatt는 "네 부모를 공경하라"는 것만 원계명이었을 것이고, 나머지는 (신 4:40, 5:33, 6:2; 11:9; 22:7; 30:18; 32:47등과 같은) 신명기적 편집에서 온 것이라는 편집사적인(전승사적인) 입장을 표현하고 있음에 유의하십시오.

6 이 점에 대한 주목과 강조로 Hyatt, *Exodus*, 213; Durham, *Exodus*, 291을 보십

(1) "공경하라"는 말의 의미

"공경하라"는 말씀은 무엇을 뜻합니까? 문자적으로 이는 "무겁게 하다"는 뜻의 "카베드"입니다(כבד). 일반적으로 "높이다"(prize highly, 잠 4:8), "존경함을 나타내다", "존중하다"는 뜻으로 이해되는 이 말은 우리가 이 말을 들을 때 자연스럽게 생각할 수 있는 모든 것을 다 생각하면 좋을 것입니다. "부모님을 존귀하게 여기고, 높이며, 그 뜻을 존중하여 그 뜻에 따라 행하며, 마음을 기쁘시게 해 드리고, 따뜻한 마음을 가지고서 봉양하고 자녀로서의 모든 의미가 잘 드러나게 살아라" 정도로 생각하면 이 "공경하라"는 뜻을 그런 대로 잘 표현한 것이라고 할 수 있을 것입니다.

에베소서에서 바울은 "자녀들아(τὰ τέκνα) 너희 부모를 주 안에서(ἐν Κυρίῳ) 순종하라(ὑπακούετε)"라고 명령하고, "네 아버지와 어머니를(τὸν πατέρα σου καὶ τὴν μητέρα) 공경(恭敬)하라(τίμα)"고 명하고 있습니다(엡 6:1, 2). 그러므로 순종하는 것을 공경하는 것의 매우 중요한 측면으로 제시하는 것입니다. 그러나 공경한다는 것은 순종하는 것보다 훨씬 더 풍성한 함의를 지닌 말입니다.[7] 성경에서는 대개 "공경한다"는 말의 반대를 "업신여기고, 멸시하는 것"으로 말하고 있습니다(이 용어를 하나님께 대해 적용한 삼상 2:30과 말 1:6의 대조를 살펴보십시오). 그러므로 부모님에 대한 존경은, 카일이 말하는 대로, "마음과 입과 손으로, 즉 생각과 말과 행동으로 나타나야" 합니다.[8]

시오.

[7] Cf. Childs, *Exodus*, 418.

[8] C. F. Keil and F. Delitzsch, *Biblical Commentary on the Old Testament*, vol. II, trans. James Martin (Reprinted: Grand Rapids: Eerdmans, 1976), 122.

(2) 동양적 효 사상과 일반적 부모 공경과의 유사성과 차이점

그러면 이는 동양에서 일반적으로 강조하던 효 사상(孝思想)과 비슷한 것입니까? 사람과 사람 사이의 가장 기본적인 관계성을 부모와 자녀의 관계로 보면서 그 사이를 규정하는 것이 부모를 공경하라는 점임을 말해 준다는 점에서는 유사한 면이 있습니다. 따라서 부모를 공경해야 한다는 것으로만 따지면 하나님 백성의 생각에서나 동양 사상에서나 서양의 윤리에서 생각하는 부모와 자녀 관계가 다를 것이 없습니다. 하나님을 섬기는 사람들은 그 누구보다 부모님을 잘 공경해야만 한다는 것에는 재론의 여지가 있을 수 없습니다.

앞으로 논의할 것에 근거하거나 다른 어떤 생각 때문에서라도 하나님의 백성이 부모님을 공경하지 않는 것은 있을 수 없는 것입니다. 그래서 구약의 이스라엘 백성 가운데서는 부모를 공경하지 않는 것에 대해서 아주 강한 법이 시행되도록 하셨던 것을 봅니다: "자기 아비나 어미를 치는 자는 반드시 죽일지니라. … 그 아비나 어미를 저주하는 자는 반드시 죽일지니라"(출 21: 15, 17; 레 20:9; 신 21:18-21; 잠 19:26; 잠 20:20 참조). 그리고 일반적으로 이 백성들에게는 부모에게 순종하지 않는 자들에게는 하나님의 재앙이 임한다는 일반적인 생각이 있었습니다. 그래서 잠언서에서는 "아비를 조롱하고 어미 순종하기를 싫어하는 자의 눈은 골짜기의 까마귀에게 쪼이고 독수리 새끼에게 먹히리라"고 말하기도 합니다(잠 30:17). 더구나 부모님을 잘 공경해야 한다는 말씀은 더 많이 있습니다: "너 낳은 아비에게 청종하고 네 늙은 어미를 경히 여기지 말지니라"(잠 23:22); "네 부모를 즐겁게 하며 너 낳은 어미를 기쁘게 하라"(잠 23:25). 이렇게 성경에서는 부모 공경을 매우 강조하고 있습니다. 그러므로 하나님 백성은 참으로 부모님을 공경해야 하니 그는 무엇보다도 하나님에 의해서 부모를 공경하라는 명령을 받고 있기 때문입니다. 이런 사상에 의하면 "지혜로운 아들은 아비를 즐겁게 하여도 미련한 자는 어미를 업신여기느니라"(잠 15:20)고 생각하게 되어 있는 것입니다.

따라서 조금만 깊이 생각해 보면, 동양의 근본적 효 사상과 기독교의 부모 공경의 태도 사이에는 심각한 차이가 있다는 것을 알 수 있습니다. 먼저 그렇게 공경하는 **근본적 동기의 차이**가 있습니다. 하나님 백성은 부모를 존귀하게 여기는데, 그 근본적 이유는 하나님께서 부모 자녀의 관계를 세우시고 자녀들로 하여금 부모를 공경하라고 하셨기 때문입니다. 부모의 부모 됨이 존귀하나 그 근본적 이유는 하나님께서 그렇게 관계를 창설하시고, 자녀들로 공경하라는 명령을 세우셨기 때문입니다. 신명기의 본문은 이 점을 분명히 합니다: "너는 너의 하나님 주 여호와의 명한 대로 네 부모를 공경하라"(신 5:15). 이는 이 말씀이 이전에 어졌던 것을 모세가 다시 백성들에게 전달하고 있는 것임을 잘 보여 줍니다.[9] 부모 순종의 근거가 여호와께서 명령하셨기 때문이라는 것입니다. 그리고 전반적으로는 하나님과 그의 백성 사의의 언약 관계가 이런 부모 공경 명령의 토대가 되고 있습니다. 이에 비해서 동양 사상에서는 부모 됨은 거의 절대적인 위치에 있는 것을 볼 수 있습니다. 그래서 부모와 관련된 관계성을 규정하는 것을 거의 천륜(天倫)으로 생각합니다.

하나님 백성에게는 하나님이 가장 먼저 오고, 그로부터 부모와 자녀와의 관계성과 그들 관계에 대한 규정이 오는 것입니다. 이에 비해서 동양 사상에서는 부모 됨이 모든 것의 근본으로 여겨지는 경향이 있습니다. 결국 무엇이 절대적인가 하는 것의 차이가 있습니다. 기독교

---

9 Cf. Peter Craigie도 모세의 이런 말이 신명기의 "권유적 또는 설교적 스타일"(the hortatory or sermonic style)을 보여 주는 또 하나의 예가 된다고 말하고 있습니다 (Craigie, *The Book of Deuteronomy*, 158, n. 21).

적으로는 부모님께 순종하는 것이 궁극적으로는 그것이 "주 안에서 기쁘게 하는 것"이기 때문입니다(골 3:20). 그러므로 그리스도인에게는 부모 공경도 기독교적 제자도의 한 부분으로 나타나고 지켜지는 것입니다. 그들은 사회적 관례에 따라 부모를 공경하는 것이 아니라, 주님의 뜻의 빛에서 순종하는 것입니다.[10]

이 근본적인 차이로부터 다른 모든 차이가 나온다고 할 수 있습니다. 만일에 하나님의 요구와 부모의 요구가 혹시 대립되는 경우에 하나님의 백성들은 다른 모든 점에서는 부모를 공경하면서도 하나님의 뜻과 요구에 대립하는 부모님의 요구에 대해서는 자녀답게 자신이 왜 그 요구에 따를 수 없는 지를 잘 말씀드리고 그 점에서는 불순종할 수 있습니다. 여기에 '양심의 자유' 문제가 있습니다. 그러나 이는 그 요구가 극단적으로 대립하는 매우 특별한 예들에 해당하는 것이고, 우리는 일반적으로는 부모에게 순종하며 공경해야 합니다. 그렇다면 어떤 경우가 특별한 경우가 될 수 있을까요? 예를 들어서, 예수님을 믿지 못하시도록 하는 경우가 그 현저한 예에 속합니다. 부모님은 예수님을 믿지 않을 것을 요구하더라도 하나님의 백성은 다른 모든 점에서 부모님께 순종하여 그 마음을 시원하게 하면서 이 예수님을 믿는 문제만큼은 하나님의 뜻대로 해야 할 것임을 아주 겸손히 말씀드리고 아주 간곡하게 그것을 주장해야 할 것입니다. 이럴 때 아주 충직한 신하가 임금에게 충성을 다 하면서도 간곡하게 바른 것을 이루시도록 간곡하게 간청(懇請)드리던, 그보다 더한 그런 태도와 마음으로 말씀드려야 할 것입니다. 이를 옛날에는 부모님께 "간(諫)한다"고 표현했었습니다. 그러면 그 부모 된 이는 다른 면에서는 그렇게도 순종하며 복종하는 이가 이

---

10 이 점에 대한 좋은 강조로 Andrew T. Lincoln, *Ephesians*, Word Biblical Commentary 42 (Dallas, Texas: Word Books, 1990), 402, 403을 보십시오.

문제에서는 자신의 뜻을 굽히지 않는 이유를 기이히 여기게 될 것이고, 그래야 결국 그 부모님께 예수님을 증언할 수 있는 좋은 기회를 얻게 되는 것입니다. 이런 것이 에베소서에서 말하는 "자녀들아 너희 부모를 주 안에서 순종하라"는 말씀의 한 측면입니다.[11]

또한 기독교 윤리의 근본적으로 하나님 중심적 성격으로부터 부모님을 공경하는 방식의 차이가 나올 수 있습니다. 하나님 중심적 부모 공경은 이 세상에서 말하는 효와는 다른 방식의 공경을 낳습니다. 예를 들어서, 동양에서는 부모 사후에도 효를 하는 것으로 제사를 모시도록 합니다. 그러나 하나님 중심적 부모 공경에서는 부모님을 지극 정성으로 섬기고, 또 사후에라도 존중하지만 제사를 하는 등의 일을 하지 않습니다.

2. 강조를 위해 더하여 주신 말씀의 진정한 의미

이렇게 부모님 공경하는 것을 강조하기 위해서 출애굽기에서나 신명기

---

[11] 어떤 분들은 바울이 믿는 부모와 자녀로 구성된 가정에 대해서 말하는 것이므로 우리는 이 구절들의 의미에 대해서 생각할 때에 가정 자체가 "주 안에 있는 것"을 전제로 하고 생각해야 한다고 말합니다. 예를 들어서, T. K. Abbott, *The Epistle to the Ephesians and to the Colossians*, ICC (Edinburgh: T. & T. Clark, 1897), 176; F. W. Beare, "The Epistle to the Ephesians," *The Interpreter's Bible*, vol. 10 (New York: Abingdon, 1953), 729; A. Skevington Wood, "Ephesians," *Expositor's Bible Commentary*, vol. 11 (Grand Rapids: Zondervan, 1978), 80; F. F. Bruce, *The Epistles to the Colossians, to Philemon, and to the Ephesians*, NICNT (Grand Rapids: Eerdamans, 1984), 397; Francis Foulkes, *Ephesians*, Revised edition, Tyndale NTC (Leicester: IVP, 1989), 170; Lincoln, *Ephesians*, 403을 보십시오.

그러나 이방인들로부터 그리스도인이 된 사람들을 포함하고 있는 에베소 교회의 성도들에게 주어진 에베소서의 이 구절을 그렇게만 한정해서 해석할 필요는 없을 것입니다. C. L. Mitton은 그리스도에 대한 순종을 부모에 대한 순종 앞에 두어야 하는 상황을 시사(示唆)할 수 있다는 가능성을 언급하고 있습니다(*Ephesians* [London: Oliphants, 1976], 210-11). 또한 최낙재, 『소요리문답 강해』, II (서울: 크리스챤다이제스트, 2000), 271f., 277f.의 분명한 언급을 참조하십시오.

에서나 명령 뒤에는 "그리하면"이라고 하시면서 축복의 말씀이 더하여
져 있습니다. 출애굽기에서는 "그리하면 너의 하나님 나 여호와가 **네
게 준 땅에서 네 생명이 길리라**"(출 20:12 하)라고 하셨고, 신명기에서
는 "그리하면 너의 하나님 여호와가 **네게 준 땅에서 네가 생명이 길고
복을 누리리라**"(신 5:16 하)라고 같은 뜻의 말을 "더 잘 설명해 주고"
있습니다.[12] 이런 말씀들을 염두에 두면서 바울은 에베소서에서 "네
부모를 공경하라"라고 말한 뒤에 "이것이 약속 있는 첫 계명(ἐντολὴ
πρώτη ἐν ἐπαγγελίᾳ)이니"라고 말하면서, 그리하면 "네가 잘 되고 땅
에서(ἐπὶ τῆς γῆς) 장수하리라"라고 덧붙이시고 있습니다(엡 6:2-3). 에
베소서에서는 이렇게 이 계명이 약속에 주어진 것에 주목하고 있습니
다.[13] 하나님께서는 부모 공경하는 것에 대해서 그것을 매우 강조하시
면서 이를 잘 지키는 자들에게 복스러운 삶을 오래 누리도록 하실 것
이라고 매우 현세적인 약속을 하셨습니다. 이는 부모를 공경하는 일의
중요성을 부각시키고,[14] 이 일에 대한 어떤 강한 동기 유발을 의도하신

---

[12] Cf. Keil and Delitzsch, *Biblical Commentary on the Old Testament*, vol. II, 123.

[13] 이에 대해서는 여러 해석들이 시도되었습니다. (1) 둘째 계명에도 약속이 있으므로 두 번째 부분 중의 첫 번째로 보는 해석도 있고(J. Gnilka; C. Hodge), (2) 둘째 계명에 주어진 것은 약속이기보다는 하나님의 성품에 대한 설명으로 보는 해석도 있고(Bruce, *The Epistle to the Ephesians* [London: Pickering and Inglis, 1961], 121), (3) 이는 절대적으로 중요한 것이기 보다는 자녀들이 처음 배워야 하는 자녀들에 관한 한 가장 중요한(first in importance) 계명이라고 보는 해석도 있고(Beare, "The Epistle to the Ephesians," 730; A. M. Hunter, *Galatians to Colossians*, in the Layman's Bible Commentaries [1959: London, SCM, 1960], 74), (4) '첫째'라는 말 앞에 정관사가 없는 형태로, 즉 "앤톨레 프로테"(ἐντολὴ πρώτη)라고 쓰인 것에 주의하면서 첫 계명이라는 말을 "근본적 계명"(primary commandment)으로 보는 해석도 있습니다. 후자의 해석으로 Foulkes, *Ephesians*, 171; William Hendriksen, *Ephesians* (Grand Rapids: Baker, 1967), 260; 그리고 헨드릭슨에게 동의하는 Wood, "Ephesians," 81을 보십시오.

[14] 이 계명의 중요성 때문에 약속이 주어졌다는 점에 대한 언급으로 Thompson, *Deuteronomy*, 117을 보십시오. Gnilka와 Schnackenburg도 이 점을 강조합니다. 그러나 그들은 이것이 계명의 중요성을 강조하는 기능만 가졌다고 생각하는 점에서 문제가 있습니다(Lincoln, *Ephesians*, 405 참조).

것 같습니다.

왜 이렇게 5계명에는 이런 약속의 말씀이 있습니까? 이 점에 대해 매우 시사적인 대답을 하고 있는 다음의 진술을 깊이 생각해 보는 것이 도움이 될 수 있을 것입니다: "그 앞에 있는 네 가지 계명은 하나님께 대한 절대적인 것입니다. 약속 여부가 필요 없습니다. 사람의 당위라는 말씀입니다. 물론 부모를 공경하는 것도 당위는 당위이지만 사람에게는 패역의 본성이 있어서 많은 경우 그렇게 하지 않을 수도 있는 까닭에 그렇게 하는 자에게는 [하나님께서] 특별히 긴 생명과 함께 복을 내릴 것이라고 한 것입니다. 이렇게 해서 자식으로서 부모를 공경하고 순종함으로써 하나님의 언약의 사실을 생활로 느끼고 체험하라 한 것입니다."[15]

그런데 이것이 **일차적으로** 이스라엘 백성들에게 그들의 땅에서의 민족적 사명을 다하는 일과 관련해서 주어진 약속임을 기억하는 것이 매우 중요합니다. 이는, 월터 카이저가 잘 지적하는 바와 같이, 이스라엘에게 대한 "의식적이고 민족적 약속"(a ceremonial or a national promise)인 것입니다.[16] 그래서 에스겔서에서는 이스라엘 백성이 바빌론 포수기를 경험한 이유로 여러 죄악을 언급하면서 부모를 제대로 공경하지 않았던 것도 강조하며 말하고 있습니다(겔 22:7, 15). 이렇게 주께서 주신 계명대로 부모를 공경하지 않고 업신여기자 그들이 그 땅에

---

15 김홍전, 『십계명 강해』, 143.

16 Walter C. Kaiser, Jr., "Exodus," in *The Expositor's Bible Commentary*, vol. 2 (Grand Rapids: Zondervan, 1990), 424. 카이저는 이점을 아주 바르게 지적하고 있습니다. 특히 이 약속의 언어의 민족적 성격은 신명기 4:26, 33, 40; 32:46-47을 고려해 보면 확증될 수 있다고 합니다. 신 4:1, 8:1 16:20, 30:15ff. 등을 언급하면서 구약에서 이런 약속이 계명 전체와 연관되고 있다는 점에 대한 좋은 지적으로 Gerhard von Rad, *Deuteronomy, A Commentary* (London: SCM Press, 1966), 58을 보십시오. 그러나 여기서 폰 라트의 인용 구절들은 카이저의 것들보다는 폭넓게 해석될 여지가 더 많은 것들임에 유의하십시오.

서 오래 살 수 없게 된 것입니다. 그러므로 5계명에 대한 약속을 기계적으로 이해하기보다는 그런 약속을 주신 하나님의 의도성 전체와 관련해서 생각하는 것이 더욱 옳을 것입니다.[17] 즉, 이는 하나님과 이스라엘 백성 사이의 언약 관계를 지키는 것의 한 측면으로 여겨져야 합니다. 부모를 공경하지 않는 자들은 여호와와의 언약을 깨는 사람들로 여겨지며,[18] 역으로 부모를 순종하는 일은 하나님과 맺은 언약을 지키는 일의 한 부분으로 여겨집니다. 부모의 말을 듣지 않고 공경하지 않으면 약속의 땅에서 번영할 수 없으니, 이는 그들이 언약적 약속의 주님을 친밀하게 알지 못하게 되기 때문이라는 것입니다.[19] 그러므로 다른 곳에서는 부모 공경을 포함해서 하나님께 순종하는 일 전체에 대해서 같은 약속을 주시기도 합니다. 예를 들어서, 하나님께서 솔로몬에게 이렇게 말씀하시기도 하십니다: "네가 만일 네 아비 다윗의 행함 같이 내 길로 행하며 내 법도와 명령을 지키면 내가 또 네 날을 길게 하리라"(왕상 3:14). 그러므로 하나님의 약속은 기계적으로 생각하기보다는 그 전체의 언약적 의도와 관련해서 생각해야 합니다.

오늘날 우리에게 있어서는 역시 계명 전체와 관련된 하나님의 의도를 생각할 때 한편으로는 이런 약속이 새 언약 가운데서 살아가는 우리의 삶의 질을 높여 주는 결과를 가져온다는 것을 천명하는 것이고,[20] 결국은 하나님 백성이 하나님의 언약이 온전히 이루어질 극치의

---

17 이 점과 관련해서는 다음에 생각할 이 계명의 폭 넓은 의미와 관련해서 생각하면 더 분명해 질 것입니다. 즉, 이 계명을 이스라엘 사회 전체의 관계성을 규정하는 계명으로 이해할 때 이런 측면이 잘 이해 될 수 있을 것입니다. 이 점에 대한 의식과 지적으로 Childs, *Exodus*, 419를 보십시오.

18 이 계명을 언약의 구조 안에서 보아야 한다는 점에 대한 좋은 지적으로 Craigie, *The Book of Deuteronomy*, 158; Christensen, *Deuteronomy 1-11*, 123을 보십시오. 그렇게 분명하지는 않으나 시사(示唆)적인 언급으로 Durham, *Exodus*, 292도 보십시오: "부모를 존중하지 않는 것은 언약 공동체에서의 심각한 범과인 것이다".

19 Craigie, *The Book of Deuteronomy*, 158.

하나님 나라인 새 하늘과 새 땅에서 누릴 온전한 삶 전체를 지시해 주는 것으로 보아야 합니다.[21]

3. 〈제 5 계명〉을 지키는 일에 대한 제안

그러므로 우리는 주 안에서 부모를 잘 공경해야 합니다. 이를 위해서 우리가 해야 할 일이 구체적으로 어떤 것일까요? 이하에서 논의하는 것은 성경에 어떤 절대적 규범이 있는 것이 아니고, "공경하라"고 하신 말씀을 성경 전체의 뜻과 우리의 현실에 비추어서 제시한 일종의 시사적인 제안일 뿐입니다. 그러므로 이런 논의를 통해서 도움을 얻어 스스로 어떻게 하는 것이 성경적 의미로 부모님을 잘 공경하는 것이 될 수 있는지를 잘 도출해 내야 합니다. 그런 것이 주어진 제안들을 율법화하지 않으면서 신약적인 의미에서 하나님의 계명을 지켜나가는 바

---

20 카이저는 이 점만을 언급합니다(Kaiser, "Exodus,"in *The Expositor's Bible Commentary*, 424). 비슷한 해석으로 Mitton, *Ephesians*, 213도 보십시오. 스토트는 일반화하여 "자녀들이 부모를 공경하는 사회에서는 그 사회적 안정이 약속된다"고 해석합니다(*The Message of Ephesians: God's New Society*, 전영근 역 [서울: 기독지혜사, 1986], 292). 또 어떤 사람들은 가정의 파괴가 모든 것의 종국을 가져온다는 점만을 지적합니다. Cf. Philip C. Johnson, "Exodus," in *The Wycliffe Bible Commentary* (Chicago: Moody Press, 1962), 69. Lincoln처럼 이런 해석을 현대적 재해석이라고 하면서 거부하려는 것이(405) 과연 유익할까요? (특히 바로 이전 때문에 이 부분을 바울이 썼을 수 없다고 하는 결론에로(Lincoln, *Ephesians*, 406) 나아가는 것이 과연 유익할까요?) 그리고 우리는 이런 해석에 머물지 말고, 극치에 이른 하나님 나라에서의 복락에 대한 다음 부분까지도 생각해야 할 것입니다.

21 Earl S. Kalland, "Deuteronomy," in *The Expositor's Bible Commentary*, vol. 3 (Grand Rapids: Zondervan, 1992), 57에서는 조금 거칠기는 하지만 이 약속이, 단지 가나안 땅에 대해서만 언급되는 것이 아니고, 바울이 언급하는 것에 비추어 볼 때, 계속적으로 함의를 지니며 결국 새 하늘과 새 땅에서 온전히 이루어진다는 요점을 잘 제시하고 있습니다. 그러므로 이는 산상수훈에서 "땅을 기업으로 받는다"는 말에 대한 해석과 같이 해석되어야 할 것입니다. 이렇게 보는 것이 교부들의 상당히 영적인 해석의 문제점을 피하면서도, 그 좋은 의도와 일치하는 방향으로 해석하는 것이 될 것입니다. 크리소스톰의 다음과 같은 해석과 비교해 보십시오: "여기서 오래 사는 삶을 추구하지 말고, 후에 제한 없고 무한한 삶을 가질 수 있도록 하라"(*In Ephes.*, Hom. xxi, 161 A, cited in Beare, "The Epistle to the Ephesians," 730).

른 태도가 될 것입니다. 그러면 성경적인 부모 공경, 즉 부모님에 대한 사랑을 어떻게 표현해야 하는 것일까요?[22]

첫째로, 부모님께서 하나님을 잘 섬기도록 하는 일에 힘써야 합니다. 아직 하나님을 섬기지 않는 분들을 위해서는 기도하면서 기회를 타서 천국 복음을 잘 증거하여 생명의 근원 되신 분에게 돌아오게 하는 것이 가장 중요한 일이 될 것입니다. 그리고 이미 주를 섬기는 부모님들에게는 거룩한 성경의 가르침에 더욱 친근히 하셔서 하나님을 잘 섬겨나가도록 하는 일에 일차적인 관심을 가져야 합니다. 인생의 가장 고귀한 일은 하나님을 섬기며 하나님의 뜻을 잘 성취해 가는 것이기 때문입니다. 그것이 인생의 전부입니다.

둘째는, 부모님의 마음을 잘 살펴서 될 수 있는 대로 그 마음에 기쁨이 있도록 해야 합니다. 잠언서에서는 "지혜로운 아들은 아비를 즐겁게"한다고 말씀하십니다(잠 15:20; 잠 10:1 참조). 그리고 명령하시기를 "네 부모를 즐겁게 하며 너 낳은 어미를 기쁘게 하라"고 말씀하십니다(잠 23:25). **가장 정상적인 경우에는** 부모님이 가장 중요시하시는 하나님 나라의 경륜을 잘 받들어서 그 힘쓰신 바가 다음 대에서도 그 자녀들에게 하나님께서 불러 맡기신 일에 따라서 계속 유지되게 하며, 더 발전되도록 모든 것을 다 동원해 힘써서 자녀된 모습을 드러내는 것입니다. 혹시 그렇지 못한 상황 가운데서도 최대한 하나님의 경영에 일치하는 바대로의 삶을 유지해 가면서, 부모님의 마음이 즐거우시도록 하는 일에 최선의 노력을 경주해야 합니다. 그러므로 무엇보다

---

22 물론 엄밀하게 말하면 이웃(다른 사람들)에 대해서는 "사랑하라"(אהב)고 하시고, 부모님에 대해서는 하나님에게 사용한 용어와 같은 용어를 사용해서 "공경하라"(כבד)고 하신 차이가 언급될 수 있습니다. 이점에 대한 강조로 Keil and Delitzsch, *Biblical Commentary on the Old Testament*, vol. II, 122를 보십시오. 그러나 부모를 공경하는 마음의 근원이 사랑임을 생각하며 부모 공경이 부모님께 대한 사랑의 독특한 표현 형태라고 할 수 있을 것입니다.

하나님의 의도하신 대로 자신의 일을 건실하게 잘 감당해 나가는 일, 자신들의 가정을 잘 돌보아 가는 일이 선결되어야 합니다. 그것에 근거해서라야 부모님의 의중을 잘 살피는 것이 가능하겠기 때문입니다.

그러나 이렇게 하는 일이 가장 중요하더라도 다른 문제들에 대해서 부모님의 의중을 잘 파악해서 사소한 문제들에서 그 마음을 시원하게 해드리는 일에도 힘을 써야 합니다. 사소해 보이는 것까지 순종할 것을 강조하면서 골로새서에서는 "자녀들아 모든 일에(κατὰ πάντα) 부모를 순종하라"하십니다(골 3:20). 어쩌면 이렇게 사소해 보이는 것들에 대해서 마음을 살펴 드리는 것이 연로해 가는 부모님들에게는 더 중요한 것으로 여겨질지 모르겠습니다. 순종은 이런 사소한 일에서부터 시작되기 때문입니다. 이를 위해서 시간을 좀 더 많이 내어서 부모님과 많은 이야기를 할 수 있도록 지혜롭게 대화하는 법을 개발하는 것이 좋습니다. 늘 많이 잘 듣고, 그 마음을 살펴 나가는 것이지요. 특히 부모님이 연로(年老)하실 수록 그런 방향으로 노력해 가야 할 것입니다.

셋째로는 부모님의 생활을 보살펴 드리고 연약한 몸을 잘 돌보아 드리는 것에 신경을 써야 합니다. 이와 관련해서 생활에 필요한 물질을 지혜롭게 잘 공급해 드리고, 때때로 좋아하시는 음식물을 잘 공궤하여 드리도록 노력해야 할 것입니다.[23] 이는 우리 주 예수님께서 어떤 유대인들의 잘못된 관행을 비판하시는 말씀 가운데서 강조한 요점이기도 합니다. "고르반" 되었다고 하면서 부모님께 돌려 드려야 할 것을 빼앗아서는 안 된다고 하신 것입니다(마 15:4/막 7:10). 그렇게 하는 것은 하나님과 부모님을 모두 멸시하고 업신여기는 것이 됩니다. 특히 부모님이 연로(年老)하실수록 이런 면에 더욱 더 신경을 써야 합

---

[23] 이런 점에 대한 강조로 Lincoln, *Ephesians*, 405; Clements, *Exodus*, 125를 보십시오. 그러나 Clements는 이 계명의 의도를 오직 확대 가족들 가운데서 나이 드신 부모님들에 대한 이런 경제적 돌봄을 중심으로만 생각하는 문제를 가지고 있습니다.

니다. 바빠진 현대 사회 속에서 그리스도인들이 더욱 더 연로한 부모님들에게 감당해야 할 일이 여기 있습니다. 연로해 지실수록 여러 면에서 불편해 하실 것을 살피면서 될 수 있는 대로 일을 하시지 않을 수 있는 여건을 마련해 드리는 것이 매우 중요할 것입니다.

4. 〈제 5 계명〉과 관련된 부모된 자들의 의무

그러면 부모된 사람들에게는 〈제 5 계명〉이 어떤 함의를 주는 것입니까? 십계명 자체에는 이에 대한 어떤 언급도 하지 않고 있습니다. 그러나 구약의 다른 본문에서는 부모 된 사람들의 의무를 잘 지시하고 있습니다. 그리고 에베소서에서는 자녀들에게 부모님을 공경할 것을 잘 가르친 후에 부모된 사람들의 의무를 자세히 규정해서 언급하고 있습니다. 그러므로 이런 중요한 언급을 함께 생각해 보는 것이 좋을 것입니다.

첫째로, 자녀를 "노엽게 하지 말라"(μὴ παροργίζετε)고 말씀하십니다. 이는 고대 사회에서 아버지들의 엄격한 권위와 이에 따른 벌의 문제와 관련해서, 그리스도인인 가장 필요한 경우에 징계를 해서 마땅한 가야 할 길을 가르치더라도 근본적으로 그 자녀의 마음에 분노가 있도록 해서는 안 된다고 교훈하는 것입니다. 자녀의 감정(the feelings of child)을 배려하면서 징계해야 한다는 것입니다. 아버지의 권위(*patria potestas*)가 절대적이었던 사회 속에서,[24] 이는 아주 혁명적인 개념을 도입시킨 것이라고 할 수 있습니다.[25]

---

[24] 당대 로마 사회에서의 아버지의 절대적 권위에 대한 묘사로 William Barclay, *The Letter's to the Galatians and Ephesians*, in the *Daily Study Bible*, 2nd Edition (Edinburgh: St. Andrews Press, 1958), 208을 참조하여 보십시오.

[25] 이 점에 대한 좋은 지적으로 Wood, "Ephesians," 81을 보십시오.

물론 성경에서는 자녀들을 징계할 것을 아주 분명히 명합니다. 이는 자녀들의 마음에 죄악이 그로 하여금 바른 길로 가지 못하도록 하기 때문입니다. 그래서 잠언서에서는 "아이의 마음에는 미련한 것이 얽혔으나 징계(懲戒)하는 채찍이 이를 멀리 쫓아내리라"고 하시며(잠 22:15), "아이를 훈계하지 아니치 말라"고도 하고(잠 23:13), "초달을 차마 못하는 자는 그 자식을 미워함이라 자식을 사랑하는 자는 근실히 징계하느니라"(잠 13:24)고도 말씀하십니다. 그러나 이렇게 자녀를 징계하되 그 자녀들의 마음에 노여움(anger)이 생기거나 남지 않도록 해야 한다는 매우 교육적이고 인간의 심리를 잘 파악하는 에베소서의 교훈이 아닐 수 없습니다.

이는 골로새서에서도 마찬가지입니다. "아비들아 너희 자녀를 격노케 말지니 낙심할까 함이라"(골 3:21). 그러므로 부모 된 이는 자녀를 징계할 때에라도 성령님에 의지해서 해야 합니다. 부모가 먼저 자신을 살펴야 한다는 것은 매우 자연스러운 일입니다. 먼저 자신을 잘 다스려야 제대로 된 징계에로 나아갈 수 있습니다.[26] 그러므로 부모는 주님의 뜻을 살피면서 성령님께서 자녀의 마음을 바른 길로 인도해 주시기를 바라면서, 또 성령님께서 감화하사 징계를 받으면서 분노가 나타나지 않도록 기도하면서 징계해야 합니다.

이미 잠언서에서도 이렇게 표현하신 바 있습니다. "네가 네 아들에게 소망이 있은즉 그를 징계하고 죽일 마음은 두지 말지니라"(잠 19:18). 너무 지나치게 하지 말라는 이 말씀도 결국 노와 분과 관련된 말이고, 자녀에게 분노가 생기도록 하지 말 것을 함의한다고 할 수 있습니다. 이는 결국 우리와 자녀가 성령님께 의존할 때에 가능한 일입니

---

26 이 점에 대한 좋은 강조로 Martin Lloyd-Jones, *Life in the Spirit in Marriage, Home and Work: An Exposition of Eph. 5:18 to 6:9* (London: Banner of Truth Trust, 1976), 279.

다. 이렇게 우리는 무슨 일에서나 어떤 상황에서나 성령님께 의존하지 않을 수 없습니다. 바로 이와 같이 될 때에 "주안에서" 순종과 가르침이 이루어집니다.[27]

둘째로는, "(그들을) 주의 교양과 훈계로 양육하라"(ἐκτρέφετε αὐτὰ ἐν παιδείᾳ καὶ νουθεσίᾳ κυρίου)고 하십니다. "주의 교양과 훈계"는 문자적으로는 "훈련"(παιδεία, discipline or training)과 입의 말로 교정하는 것, 즉 "권면"(νουθεσία, instruction or correction or admonition)을 뜻하는 말입니다. 그러므로 "주의 훈련과 권면 가운데서"라고 직역할 수 있는 이 말은 주로 우리의 **가르치는 방법**과 관련하여 말씀하시는 것이 됩니다.[28] 주께서 마땅히 가르치라고 하신 바를 "주께서 제시하신 방식을 따라서" 가르치라는 말씀입니다. 구약에서도 주께서 원하시는 바를 자녀에게 잘 가르치도록 다음과 같이 구체적으로 명하시기도 하셨습니다:[29]

> 네 자녀에게 부지런히 가르치며 집에 앉았을 때에든지 길에 행할 때에든지 누웠을 때에든지 일어날 때에든지 이 말씀을 강론할 것이며, 너는 또 그것을 네 손목에 매어 기호를 삼으며 네 미간에 붙여 표를 삼고 또 네 집 문설주와 바깥문에 기록할지니라(신 6:7-9).

---

27 에베소서의 "주안에서"라는 말이 순종이 이루어지는 전체 분위기를 지칭하는 것이라는 논의로 Abbott, *The Epistle to the Ephesians and to the Colossians*, 176; Beare, "The Epistle to the Ephesians," 729를 보십시오.

28 이와는 다른 해석으로 "훈련과 권면"을 중언법(重言法, hendiadys)으로 보면서 이 말이 모두 "권고"(admonition)를 뜻하는 것으로 보는 해석도 있습니다(Cf. Bertram, TDNT 5 (1967), 624, cited in Lincoln, *Ephesians*, 407). Lincoln은 이 맥락에서는 이 두 단어가 다른 뉘앙스를 가지고 사용되었다고 지적합니다(*Ephesians*, 407).

29 또한 신명 5:9의 맥락에서 이미 부모의 가르침에 강조되고 있다는 좋은 논의로 Craigie, *The Book of Deuteronomy*, 158과 그를 따르는 Christensen, *Deuteronomy 1-11*, 123을 보십시오.

이스라엘 백성들이 모두 듣고 암송하며 그에 따라야 하는 이 쉐마(שְׁמַע, shema)의 말씀은 교육의 방법과 교육적 분위기, 즉 잠재적 교육 과정까지를 잘 지시해 주는 매우 교육적인 교육 방법에 대한 시사가 아닐 수 없습니다. 그와 같이 신약 시대에도 부모 된 사람들은 주의 교양과 훈계로 자녀를 잘 양육해야 합니다. 이는 그 교육의 내용과 방법까지를 시사해 주는 것입니다. 그러므로 우리의 교육 내용은 주님의 가르치신 것, 주님의 경륜 전체를 특히 자녀의 삶과 관련해서 가르치는 것이 되어야 할 것입니다. 주께서는 말씀하십니다: "마땅히 행할 길을 아이에게 가르치라. 그런즉 늙어서도 그것을 떠나지 아니하리라"(잠 22:6). 이 말씀에 순종해서 우리는 자녀들을 가르침으로 주께서 우리 자녀들에게 "네 아비의 명령을 지키며, 네 어미의 법을 떠나지 말고, 그것을 항상 네 마음에 새기며 네 목에 매라. 그것이 너의 다닐 때에 너를 인도하며 너의 잘 때에 너를 보호하며 너의 깰 때에 너로 더불어 말하리니"라고 (잠 6:20-22) 말씀하시는 것이 참됨을 드러내도록 해야 합니다.

그러므로 부모된 사람들은 이런 말씀에 따라서 자녀를 바르게 주의 교양과 훈계로 양육하고(ἐκτρέφειν), 자녀된 사람들은 주의 말씀에 따라서 부모님을 잘 공경하도록(τιμάω) 해야 할 것입니다. 부디 주께서 그렇게 할 수 있는 지혜와 힘을 우리에게 주시기를 앙망합니다.

〈제 5 계명〉과 기독교 가정

본문: 창 1:26-28; 2:20-25; 엡 5:31-33

1. 구속함을 받은 가정인 '기독교 가정'

그리스도께서 십자가에서 이루신 구속은 개개인만을 구속하는 것이 아니고 동시에 우리들의 가정도 구속하려는 것이기도 했습니다. 그리스도 안에서 우리 개개인이 구속되듯이 우리들의 가정도 십자가로 말미암아 구속된 가정이 됩니다. 하나님께서는 우리들이 다시 하나님의 뜻을 제대로 수행하는 사람들이 되기를 원하셨고, 우리 가정도 그 본래의 목적을 이룰 수 있는 가정이 되도록 우리를 구속하신 것입니다. 이제 그리스도 안에서 우리들은 하나님께서 처음에 우리들을 가정으로 살도록 창조하신 의미를 깊이 있게 생각하면서 하나님께서 있기를 원하시는 가정을 이루어야 합니다.

그런데 그리스도인들로 구성된 우리 가정도 진정 구속된 가정의 모습을 잘 드러내고 있지 못하다는 점에 우리들의 문제가 있습니다. 그러므로 이제 구체적으로 기독교 가정에 대한 논의를 하면서는 무엇보다 먼저 21세기 초 한국 사회 속에서 우리들이 진정한 "기독교 가정"을 잘 드러내고 있지 못하다는 것을 전심(全心)으로 시인하는 것으로부터 시작해 봅시다. 다른 문제들에 대해서 생각할 때도 마찬가지이지만 가정에 대해서 생각할 때에도 우리는 진정 회개하는 일로부터 시작해야 합니다. 사실 이것은 참으로 기독교적인 접근입니다. 성경이 가르치는 온전한 모습에 비추어 보면 우리들은 언제나 부족한 모습을 드러내고 있습니다. 과거 이사야 선지자가 잘 고백하고 있는 바와 같이 "우리는 다 부정한 자 같아서 우리의 의는 다 더러운 옷 같은" 것입니다(사 64:6). 그러므로 우리들은 성경에 비추어 부족한 우리들의 모습을 있는 그대로 내어 놓고 하나님께 진정으로 회개하면서 주께서 지적해 주시는 대로 우리들을 고쳐가려고 해야 합니다. 우리들의 가정이 구체적으로 사는 모습이 성경이 말하는 모습과 비슷하게라도 나아가지 못하는 우리의 현실을 우리는 하나님 앞에서 솔직히 인정해야 합니다. 이런 회개가 있는 곳에서만 우리 가정이 진정 기독교적 가정이 되는 희망이 있을 수 있습니다.

2. 기독교 가정의 특성들

이 과정에서 우리는 이미 성경이 말하는 이상적인 가정의 모습을 그려 보기 시작한 것입니다. "기독교 가정"이라고 하려면 기본적으로 그 가정의 분위기(ethos)가 기독교적이어야 합니다. 그런데 우리 가정의 분위기는 유교적이거나 자유방임적입니다. 과거에는 소위 그리스도인들의 가정도 유교적인 분위기와 가부장적인 분위기가 지배적이었습니다. 유교적 분위기는 모든 사람들이 열심히 공부하도록 하고, 부모와 어른을 잘 섬기도록 하며, 가정을 잘 질서 지우는 순기능(順機能)도 하였지만, 지나치게 위계 질서을 강조하며 가부장적(家父長的)인 편견을 만들어 내는 역기능(逆機能)도 낳았습니다. 그런데 근자(近者)에 와서는 우리들의 가정도 아무 원칙이 없는 자유방임적인 분위기가 지배적입니다. 상당히 많은 사람들이 가정에서는 내 마음대로 살 수 있어야 한다고 생각합니다. 그리하여 모든 성원들이 그야말로 방임(放任)되고 있습니다. 자녀들이 너무 귀한 자녀 대접을 받음으로 방임되기도 하고, 개성을 존중한다는 미명(美名) 하에 하나님께서 위임하신 권위가 전혀 존중되지도 않는 일들이 많이 있습니다.

이처럼 우리 한국 그리스도인들의 가정의 분위기도 엄밀한 의미에서 진정 "기독교적"이지 않았었고, 요즈음도 "기독교적"이지 않은 경우가 많이 있습니다. 사실 우리들의 가정들은 때로는 유교적이고, 때로는 매우 자유방임적입니다.

가정의 모든 성원들이 성령님께 철저히 의존해야만 우리들의 가정의 분위기가 진정 기독교적일 수 있습니다. 우리 가정이 진정 기독교적이려면 우리 가정 안에 "이 가정을 성령님께서 감싸시며 보호하신다는 것"이 충만히 느껴지는 그런 분위기가 있어야 합니다. 비유적으로 말하자면 우리 가정이 성령님으로 가득 찬 그런 분위기가 있어야 한다는 말입니다. 성령님이 우리들의 환경이나 우리가 공유하는 공기와도 같이 느껴질 수 있어야 합니다. 성령님 안에서 우리가 살며 우리들이 성령님과의 교제 가운데서 가정생활을 한다는 인식과 그런 분위기가 있어야 합니다. 그러려면 가족 구성원 개개인들이 성령님께 온전히 복종하고, 또한 가정 전체가 성령님을 의존하면서 성령님께서 인도하시는 대로 살아야 합니다.

둘째, 그 결과로 각 가정 구성원들의 관계가 진정 "인격적"이어야 합니다. 부부(夫婦)가 하나님께서 내신 도리에 따라 진정으로 서로를 사랑하고 존중하며 하나님께서 의도하신대로 서로 도우면서 자신들에게 주신 사명을 함께 수행해 가야 합니다. 남성이 상위(上位)를 차지하거나 여성이 상위(上位)를 차지하여 모든 것을 주도하는 것은 모두 다 잘못된 것입니다. 타락한 인간 사회는 항상 한쪽이 다른 한쪽을 지배해 보려는 투쟁으로 특징 지워집니다.

그리스도께서 다시 오실 때까지는 하나님께서 남성의 머리되심(headship)을 주셨다는 것을 존중하는 그런 인격적 관계성이 우리를 지배해야 합니다. 그러나 이것은 남편이 가기 마음대로 할 수 있다는 뜻이 아니고, 그리스도께서 교회를 위하여 자신의 몸을 주신 것과 같이 부인을 사랑하여서 자신을 다 내어 주며(엡 5:26), 자신이 가정의 머리됨을 깨닫고 그리스도의 뜻을 잘 발견하여 그것을 지시하여 함께 그리스도를 따라 가도록 해야 합니다. 이런 뜻에서 바울은 "너희도 각각 자기 아내 사랑하기를 자기 같이 하고, 아내도 그 남편을 경외하라"(엡 5:33)고 하는 것입니다.

또한 부모된 자들은 하나님에 의해서 위임(委任)된 권위를 제대로 사용하여 자녀들을 주의 교양으로 가르치며 주 안에서의 삶을 훈련하도록 해야 합니다. 그리하지 않는 것은 주께서 부모로 세우신 자기 책무를 감당하지 않는 것이며, 직무를 유기(遺棄)하는 것이 됩니다. 사랑으로 가르치고 징계하되, 사랑 가운데서 지혜롭게 감당하여 자녀들이 노여운 마음을 가지지 않도록 해야 할 것입니다(엡 6:4). 또한 자녀들도 하나님께서 부모님들께 주신 권위를 인정하고 주 안에서 부모를 존중하며 순종해야 합니다. 이것이 옳다고 하면서 우리에게 명령하신 말씀을(엡 6:1-2) 우리는 존중하며 그대로 순종해야 합니다. 그렇게 본다면 기독교 가정에서는 가족 성원들 사이에 억압적이거나 권위주의적인 관계가 있을 수 없습니다. 그런 것은 비인격적인 관계이기 때문입니다. 그런데도 우리 가정의 분위기가 그러하다면 바로 그것이 우리 가정이 아직도 온전히 기독교적이지 않다는 것을 잘 보여 주는 것입니다. 참된 기독교 가정은 하나님께서 내신 질서에 따라서 모든 것이 이루어지게 하면서도 그 성원들 사이에 참된 인격적 존중이 있어야 합니다.

셋째, 가정은 함께 살면서 주어진 사명을 함께 수행해가는 일을 잘 감당하기 위한 가장 기본적인 일을 하면서, 또한 진정으로 그 안에서 안식을 누릴 수 있는 터전이 되어야 합니다. 이처럼 가정에서의 삶이 이 세상 속에서 우리들이 수행해가는 일을 위한 기본적 토대가 되어야 합니다. 가정은 그 식구들이 함께 식사하고 함께 자는 등 함께 사는 일을 함으로 이 세상에서 하나님께서 주신 사명을 수행하는 일의 가장 기본적인 토대를 형성하는 것입니다. 이 일을 위해서 여러 가지 해야 할 일이 많습니다. 소위 가사 노동이라고 하는 매우 많은 일들이 이런 토대 마련을 위해 필요합니다. 동시에 가정에서는 모든 성원들이 참된 안식을 누릴 수 있어야 합니다.

물론 그 안에서 가정 예배도 하고 함께 기도도 하지만 가정은 교회는 아닙니다. 마찬가지로 그 안에서 교육이 되고 학습이 이루어지지만 가정이 학교는 아닙니다. 그런데 40여 년 전 신실한 그리스도인들의 가정은 (특히 열심 있는 신실한 목사님들과 장로님들의 가정은) 가정이기보다는 교회이기를 지향해 왔습니다. 물론 그런 것이 많은 열매를 내어 많은 사람들이 평생 주님을 떠나지 않는 그리스도인들이 되기는 했지만, 그것이 기독교 가정의 가장 바람직한 모습이라고 하기는 어렵습니다. 그런데 오늘날은 우리들의 가정들도 이 세상 가정들을 본받아서 거의 학교가 될 것을 요구받고 또 우리가 자녀들에게 요구하기도 합니다. 가정 안에서 진정한 기독교적 안식을 누리기 어려운 일들이 많이 있습니다. 그러나 진정 하나님께서 요구하시는 가정은 동시에 안식과 쉼의 장(場)이기도 하다는 것을 잊어서는 안 됩니다.

3. "기독교 가정", 그 아름다운 이름에 접근하기 원하면서

그렇다면 이런 상황 속에서 우리들은 과연 어떻게 하여야만 우리들의 가정을 진정한 기독교적 가정으로 만들 수 있을까요? 우리 가정을 진정 기독교적 가정으로 만들기 위해서 우리들이 실천할 수 있는 몇 가지 요점들을 간단히 제시해 보기로 합시다.

첫째로, 우리 한 사람 한 사람이 성령님께 의지해서 진정한 그리스도인이 되려고 해야만 합니다. 이것이 없이는 우리들의 가정이 진정한 기독교 가정이 될 수 없습니다. 한 사람 한 사람이 진정한 그리스도인이 되려고 해야만 우리 가정이 기독교 가정이 되고, 또한 역으로 우리 가정이 그런 기독교 가정이 되어야만 우리 한 사람 한 사람이 진정한 그리스도인이 될 수 있습니다. 바로 이점 때문에 우리가 기독교 가정에 대해 신경을 쓰는 것입니다.

가족 성원 가운데서 아직 그리스도를 믿지 않는 사람들이 있는 경우에는 일차적으로 그/그녀가 그리스도인이 되도록 하는 일에 전심전력(全心全力)해야 합니다. 그러나 이때도 우리의 가정이 가정으로서의 성격이 유지되도록 하지 않으면 안 됩니다. 우리 가정이 그저 전도를 위한 장(場)은 아니기 때문입니다. 우리들이 우리 가정을 성경이 원하는 그런 분위기(ethos) 있는 가정이 되게끔 해야만 그 결과로 가족 내에서의 전도도 효과적으로 이루어질 수 있습니다. 가족 전도를 위해서 가정이 전쟁터가 되어서는 가족 전도도 할 수 없고, 우리 가정을 기독교 가정으로 만들 수도 없습니다. 그러므로 이런 상황에서는 이미 그리스도인이 된 우리들의 희생과 사랑과 봉사로 우리들의 가정에 기독교적 사랑의 분위기를 끊임없이 생산해 내고, 또 전달해야만 합니다.

둘째로, 우리들이 서로를 위해 그리고 우리 가정을 위해 진정으로 기도하는 일에 힘을 다해야 합니다. 가족 성원 중에 믿지 않는 분이 있을 때는 개인적으로 시간을 내어서 그/그녀가 예수님을 믿을 수 있도록 기도해야 합니다. 또 가족 성원들 가운데 믿는 가족들이 시간을 내어서 예배당에 가서 기도하는 시간을 마련하는 것도 좋은 방안입니다. 이는 믿지 않는 가족들이 처음부터 대립적인 정황을 느끼지 않도록 하기 위한 방안입니다. 그리하여 모두가 그리스도를 믿게 된 상황에서는 비로소 가족이 함께 모여서 기도하고 함께 예배하는 일이 시도될 수 있습니다. 그러므로 온전한 기독교 가정은 매일 '가정 경건의 시간'(family devotion time)을 가져야 할 것입니다.

믿는 신혼부부들은 처음부터 일정한 시간에 '가정 경건회'(family devotion)를 가지는 것이 좋습니다. 그리고 지속해서 경건회 시간을 가져가야 합니다. 그리해야만 후에 자녀들이 태어난 후에도 계속해서 그 일을 지속할 수 있습니다. 처음부터 하지 않으면 후에 따로 시간을 내어 경건회를 가지는 것이 이상하게 여겨지거나 부담스럽게 여겨질 수 있습니다. 어린 아이들이 어릴 때부터 매우 자연스럽게 매일 정한 시간이 되면 부모님과 함께 기도하고 찬송하며 성경을 읽고 생각하며 생각을 나누는 일을 할 수 있어야만 합니다. 그래야 평생 자연스럽게 그 일을 지속해 갈 수 있습니다. 오늘날은 부모님들이 바빠서, 또한 자녀들이 일정한 연령이 되면 학원에 가는 일로 바빠져서 가정 경건회 시간이 흐지부지 되는 일들이 비일비재합니다. 이런 상황에서는 모든 성원들이 애를 써서 가정 경건회 시간을 지키기 위해서 노력해야 합니다. 물론 이것이 율법주의적으로 되지 않도록 주의하면서 그렇게 해야 합니다. 그러나 과거로부터 신실한 그리스도인들은 매일 일정한 시간에 모든 성원들이 의관을 갖추고 하나님 앞에 기도하며 찬송하며 성경을 읽고 하루의 삶을 돌아보는 시간을 가졌었습니다. 우리 시대에 이런 가족 경건회 시간을 마련하기 위해 일종의 영적인 투쟁이 있어야 할 것입니다. 성령님께 의존하면서 애쓰지 않으면 온 가족이 하나님 앞에서 진정한 경건을 유지하기 어려워집니다.

셋째로, 온 가족이 함께 매일, 매주, 그리고 매달 일정한 시간에 함께 시간을 보내는 일을 해야 합니다. 가장 자연스럽게 함께 놀거나 함께 이야기하거나 어떤 방식으로라도 함께 하는 시간을 가질 수 있어야만 합니다. 이를 위해서 아이들이 성장하는 것에 따라 그 연령에 부합하는 '가족이 함께 놀 수 있는 놀이와 방안들'을 개발해야 합니다. 그 동안 우리들은 이런 점들을 너무 무시했었다고 할 수 있습니다. 다들 너무 바쁘거나, 그렇지 않다고 해도 어떻게 함께 노는지를 몰랐던 것입니다. 또 때로는 가족이 함께 노는 것이 그리스도인들로서 적절하지 않다고 생각하는 분들도 있을 정도였습니다. 잘못된 이원론적인 사고가 우리들의 가정을 진정 기독교적이지 않은 매우 경직된 가정으로 바꾸도록 한 것입니다. 그러나 진정한 경건은 가족이 함께 시간을 가지고 사랑하면서 함께 노는 것으로도 표현되는 것입니다. 가족이 성령님 안에서 함께 쉬며 노는 시간도 가족들이 함께 기도하며 예배하는 시간만큼이나 거룩한 것임을 우리는 명심해야 합니다.

이 일을 위해서 우리들이 텔레비전이나 컴퓨터 사용, 그리고 요즈음은 휴대폰 사용에 바치는 시간을 줄여 가려는 노력을 해야 합니다. 우리들은 지금 너무 나도 많은 시간을 이런 것들에 소비하고 있기 때문입니다. 물론 이런 것들을 전혀 사용하지 말아야 한다는 아미쉬 공동체 같이 극단적 재세례파적인 입장을 천명하지 말아야 합니다. 그러나 이 모든 것에서 "절제"할 수 없는 사람들이 경건한 사람이라고 할 수는 없습니다. 주어진 모든 환경 가운데서 자신을 적절히 절제할 수 있는 사람을 만드는 것이 우리들의 가정이 존재하는 이유 중의 하나입니다.

　넷째로, 우리 가정이 이런 저런 방식으로 주변의 우리보다 어려운 사람들을 돕는 노력을 해가야만 합니다. 이를 위해서 어떤 특정한 방식만을 생각하는 것은 별로 좋은 것이 아닙니다. 다양한 모든 방도를 사용해서 주변의 어려운 사람들을 돕는 노력을 모든 가족이 해가야 합니다. 이 과정 중에 아이들이 자연스럽게 우리들은 언제나 이웃을 도우며 살아야 한다는 것을 체득(體得)하게 될 것입니다. 그것이 진정한 가정 교육이고, 우리 가정 안에 있는 잠재적 교육 과정이 될 것입니다.

4. 마치면서

여기서 단순하게 제시한 이 네 가지를 실천하기 위해서 노력하기만 해도 우리들의 가정이 점점 더 온전한 기독교적 가정으로 변화되어 갈 수 있을 것입니다. 물론 이 세상에 완벽하거나 완전한 기독교 가정은 없습니다. 마치 이 세상에 완전한 그리스도인이 없는 것과 같습니다. 우리들은 항상 되어져 가는 존재들입니다. 우리 개인도 그러하고 우리 가정도 그렇습니다. 우리 가정이 이런 노력을 지속해 갈 때에 우리들은 우리 가정이 기독교 가정으로 점차 변해 가는 것을 느낄 뿐만 아니라, 개개인도 참된 그리스도인이 되어 감을 느끼게 되고, 우리 교회가 성경이 말하는 교회로 변해 가는 것을 느끼게 되며, 우리 사회와 국가도 좀 더 나은 사회와 국가가 되어 가는 것을 감지하게 될 것입니다. 이것이 우리 가정들이 진정 기독교적 가정이 되는 것입니다. 기독교 가정의 중요성이 바로 여기 있습니다. 가정의 달 5월에 우리 모두 이 점을 깊이 생각하여 이런 가정이 되게끔 노력해야 합니다.

〈제 5 계명〉과 우리(2)

본문: 출 20:12; 신 5:16, 롬 13:1-7.

우리는 지난 번에 〈제 5 계명〉의 직접적인 의미를 중심으로 〈제 5 계명〉이 명하는 바를 생각해 보았습니다. 그것이 이 말씀의 가장 직접적인 의미라는 것이 분명하고, 우리는 그런 의미에 유의해서 〈제 5 계명〉을 지켜 부모님께 순종해야 하지만, 그러나 그것으로 〈제 5 계명〉에서 주께서 말씀하시는 바를 다 말한 것이라고 할 수는 없습니다. 그렇다면 〈제 5 계명〉에 함의된 것은 과연 어떤 것일까요? 그것은 권위의 문제라고 할 수 있습니다.[1] 〈제 5 계명〉은 결국 인간들 사이에서의 권위라는 것이 과연 어떤 의미를 지니고 있는지를 잘 보여 줍니다. 그러므로 이번에는 이 권위의 문제를 다루어 보려고 합니다.

---

1 〈제 5 계명〉에서 권위의 문제를 생각하는 것은 매우 오랜 전통을 지닌 해석입니다. 적어도 루터와 멜랑흐톤, 그리고 칼빈이 그런 해석을 시도하고, 그것이 웨스트민스터 표준 문서, 특히 소요리문답 64, 65 문답에 잘 반영되어 있음을 보십시오. 그 후의 학자들 가운데서는 Oehler (*Dakalog*, 322), Keil (122) 등이 이런 전통을 잘 따르고 있습니다.

1. 〈제 5 계명〉과 그 함의된 의미: 권위에 대한 순종의 문제

"네 부모를 공경하라"(כַּבֵּד אֶת־אָבִיךָ וְאֶת־אִמֶּךָ)는 이 〈5 계명〉은 일차적으로 부모와 자녀의 관계를 규정하고 있지만, 사람들 사이의 권위의 문제가 여기 포함되어 있습니다. 그런 의미에서 다음과 같은 멜랑흐톤의 말은 매우 통찰력 있는 말입니다: "하나님께서는 통치자와 다스림을 받는 자들 사이에 질서를 수립하신다. 그런데 그에 의해서 사람이 인도함을 받는 모든 다스림의 시작은 부모의 다스림이다. 그 뒤에 칼을 가진 주권자들과 부모들과 함께 하나님의 질서와 부모의 요청에 따라서 선한 훈련과 덕과 하나님의 영광을 유지하도록 노력하는 선생님들의 다스림이 온다."[2]

〈웨스트민스터 소요리문답〉에서도 "제 5 계명이 명하는 것은 각 사람에게 위, 아래, 혹은 평등한 지위와 인륜 관계에 따라 높일 자를 높이고 수행할 의무를 행하라는 것입니다"(제 64 문답)라고 하고, 또한 "제 5 계명이 금하는 것은 각 사람에게 그 지위와 인륜 관계에 따라 높일 자를 높이고 수행할 의무 행하기를 소홀(疏忽)히 하거나 거스르는 것입니다"(제 65 문답)라고 해서 〈제 5 계명〉의 의미를 폭 넓게 해석하고 있습니다. 그러므로 우리도 부모와 자녀와의 관계를 토대로 해서 권위의 문제 일반을 생각해 보기로 하겠습니다.

(1) 부모의 권위

---

2 Phillip Melanchthon, *Loci Communes*, *1555*, 한역, 『신학 총론』(서울: 크리스챤 다이제스트사, 2000), 222.

"공경하라"는 말은 일차적으로 부모가 자녀에게 대해서 권위를 가지고 있음을 시사(示唆)합니다. 부모는 공경을 받아야 할 권위를 가지고, 자녀는 공경해야 할 책임을 지닙니다. 그러나 우리가 지난 번에 생각한 바와 같이 그리스도인이 이를 지키는 가장 근본적인 이유는 하나님께서 그렇게 명령하셨기 때문입니다. 따라서 그리스도인의 부모 공경은 종국적으로 하나님에 대한 사랑과 하나님의 뜻에 대한 복종에서 나온 것이므로 더 철저한 것이어야 합니다. 즉, 그리스도인이 근본적으로 그렇게 해야 하는 이유는 하나님께서 그렇게 하는 것을 의도하시고 그것을 명하시는 데서 찾아 볼 수 있습니다. 이것은 동양 사상이나 사람들의 자연스러운 생각과 달리 성경적으로 볼 때 부모의 권위는 본래적인 (intrinsic) 것이기보다는 하나님께서 권위를 부여해(commission) 주신 데서 나온 파생적인(derivative) 것임을 말해 주는 것입니다. 다른 권위는 몰라도 부모의 권위는 본유적으로 부모 됨에 내재해 있는 것이라고 생각하기 쉽고, 그렇게 생각하는 것이 자연스럽습니다. 그러나 그런 내재성도 결국 하나님께서 그런 권위를 부모 된 이에게 부여해 주기 때문이라는 것이 성경의 독특한 가르침입니다.

그리고 사실 사람들의 오해와는 달리 이 **부여된 권위** (commissioned authority)라는 개념은 사실 더한 책임을 자녀 된 자와 부모 된 자들에게 부가합니다. 먼저 자녀 된 자들은 하나님께서 부모님들께 권위를 부여하셨다는 것에서 본인들의 책임을 더 통감해야 합니다. 그저 부모님이 본래적으로 가진 권위나 일반적인 의미에서의 천부(天賦)의 권위(명목상의 천부(天賦)의 권위) 정도가 아니라, 참으로 진정한 의미에서 절대적이신 하나님께서 부여해 주신 권위를 부모님이 가지신 것으로 생각해야 합니다. 이는 실질적인 천부(天賦)의 권위를 인정하는 것입니다. 따라서 부모님께 순종하는 것이 하나님의 뜻을 따라서, 주 안에서 순종하고 공경하는 것입니다.

위임(委任)된 권위라는 개념은 특히 부모인 사람들에게 자신들의 부모 됨이 참으로 신성한 의무라는 것을 상기시켜 줍니다. 부모는 자녀의 소유권자나 자기 마음대로 할 수 있는 존재가 아니라, 하나님께서 그 자녀들을 선물로 주신 하나님의 형상적 존재이니 그 고귀하고 자신들과 동등한 인격적 존재를 자신들에게 맡겨서 주의 교양과 훈계로 가르치게 하신 것을 생각할 때에 부모들은 부모들로서 최선을 다해 나가야 하겠다는 생각을 하게 되는 것입니다. 그러므로 부모 된 이가 부모로서의 역할을 다하지 못할 때 그는 하나님 앞에서 자신이 위임받은 일을 제대로 감당하지 못하는 죄를 범하는 것입니다. 이렇게 생각해야 하나님과 상관없이 천부의 권위를 주장하는 사람들의 독주와 전재를 잘 막을 수 있습니다. 부모도 하나님께 위임을 받아서 자녀를 하나님의 뜻대로 잘 키워야 할 책임이 있는 것입니다.

따라서 어떤 부모가 자녀를 제대로 돌보지 않거나 제대로 교육하지 않는 것은 물론이거니와 인간적으로 자신의 생각대로 자기 나름대로는 최선을 다해서 부모 노릇을 한다고 해도 그 생각이라는 것이 하나님의 뜻과 일치하지 않는 경우라면 그런 부모는 사실상 위임(委任)받은 권위를 제대로 감당하지 못하는 존재로 전락하는 것입니다. 바로 그렇기 때문에 부모님께서 하나님의 뜻과 반대되는 것을 명하시면 자녀들이 다른 모든 것에 대해서는 지극 정성으로 섬기고 순종하면서도, 하나님의 뜻에 대립되는 것에 대해서는 아주 절실하게 겸손하게, 그리고 간곡하게 왜 자신이 순종할 수 없는지를 말씀드리고, 역시 간곡하게 하나님의 뜻과 일치하는 바를 향해서 나아가시기를 청원(請願)드릴 수 있는 것입니다. 만일에 부모의 권위가 본래적인 것이었더라면 감히 이렇게 할 수 없을 것입니다. 그렇다면 부모의 말씀은 절대적인 것이고 항상 그 의견을 존중해야 합니다. 그러나 위임(委任)된 권위를 가진 부모님이라는 생각은 우리들로 하여금 부모 된 이로서의 역할도 더욱 신중하게 감당하게끔 만듭니다.

(2) 사회적 권위: 교사, 교회 지도자들, 정부와 정치적 지도자들의 권위의 문제

부모의 권위의 성격에 대한 논의로부터 다른 모든 사회적 권위의 성격도 도출해 낼 수 있습니다. 부모의 권위가 위임된 권위라면 다른 모든 권위도 다 위임된 권위라는 것은 매우 자명하고, 자연스럽게 생각할 수 있습니다.[3] 학교에서 가르치는 일을 감당하고 있는 교사나 교회 공동체에서 가르치는 일을 감당하고 있는 목사나 목사와 함께 다스리는 역할을 감당하는 장로나, 교회의 봉사의 직무를 총괄하며 담당하는 집사, 그리고 사회 속에서 여러 가지 직임을 받은 사람들에게 하나님께서는 그들의 하는 일과 역할에 부합하는 권위를 위임해 주신 것입니다. 이 모든 사람들은 그 직임을 받을 때 그 직임에 내재한(intrinsic) 권위를 자신이 가지게 되는 것이 아니라, 그 직임을 가지고 하나님의 뜻을 섬길 수 있도록 하기 위해서 하나님께서 권위를 위임해 주신 것입니다. 따라서 이 모든 사람들이 하나님의 뜻에 따라서 그 직무를 감당할 때

---

3 다른 권위자들이 부모와 같이 권위를 받은 것이라는 것을 드러내기 위해서 선지자들과 교사들에게 '나의 아버지'(אבי)라는 말이 돌려지고(왕하 2:12; 왕하 13:14), 가르침 받는 사람들에게 '자녀'라는 말이 돌려진 구약의 예들을(시 34:11), 그리고 하나님께서 세우신 영적 육적 생명의 보호자들에게 '아비'나 '어미'라는 단어가 돌려진 예들을(창 45:8; 삿 5:7) 언급하는 것은 흥미롭습니다. 그러나 그것에 근거해서 〈제 5 계명〉의 부모가 이 모든 사람들을 포함한다고 주해하는 것은 (Keil-Delitzsch, *Biblical Commentary on the Old Testament*, vol. II, 122) 좀 무리한 주해로 여겨집니다.
　오히려 우리가 시도한 것과 같이 1차적이고 직접적인 의미를 부모에 대한 것으로 보고, 파생적인 의미를 권위 일반에로 확대해 내는 것이 자연스러울 것입니다.

그는 참으로 권위를 가지고 그 일을 하는 것이며, 하나님의 뜻에 반하거나 하나님의 뜻을 생각하지도 않고 권세를 사용하는 것은 하나님께서 부여해 주신 권위를 남용하는 것이며 오용하는 것이 됩니다. 항상 하나님께서 우리에게 이 권위를 주신 것이라는 생각을 바르게 해야 합니다.

예전에 이런 생각에 근접하면서도 이렇게 하나님께서 주신 권위와 권세에 대해 오해하던 생각이 있었으니, 그런 사상 가운데 하나가 소위 "왕권 신수설"(王權神授說, the divine rights of the kings)이라고 할 수 있습니다. 왕권은 하나님께서 부여해 주신 것이라는 이 생각이 결국은 왕권의 절대성, 신성 불가침의 권위 등을 주장하는 것으로 나타나고 만 것입니다. 이는 하나님께서 권위를 위임해 주셨다는 생각의 근본적인 정신을 망각한 이해라고 하지 않을 수 없습니다. 그렇다면 하나님께서 권위를 위임해 주셨다는 말의 근본적 의미는 무엇일까요? 권위를 위임받은 자의 책임을 논하면서 이 말의 의미를 생각해 보기로 하겠습니다.

2. 위임된 권위를 부여받은 자들의 책임

하나님께서 권위를 위임해 주셨다는 것은 근본적으로 (1) 자신은 본래 본래적 권위는 없다는 것, 즉 모든 사람은 본래적으로 하나님 형상으로서의 동등한 권위와 권리를 가지고 있다는 것을 뜻하며, 그런데 (2) 하나님께서 어떤 일을 하게 하실 때 그 일을 효과적으로 하도록 하기 위해서 일정한 권위를 주셔서, 그 권위를 가지고 다른 사람들을 잘 섬기도록 해 주셨다는 것을 뜻합니다. 그러므로 이렇게 위임된 권위를 가지고 있음을 잘 의식하는 사람들은 기본적으로 두 가지에 마음을 써야 합니다.

첫째는, 하나님께서 자신들에게 권위를 주시며 부탁하신 것이 과
연 무엇인지를 잘 파악해서 그 하나님의 뜻을 이루어가는 일에 마음을
써야만 합니다. 하나님께서 불러서 시키신 일[김命]에 대한 하나님의
기대와 의도가 무엇이었는지를 잘 파악하고 그 일에 대한 하나님의 선
하시고 기뻐하시고 온전하신 뜻이 무엇인지를 잘 분별해서 그 뜻을 이
루기 위해 최선의 노력을 기울여야 합니다. 그러므로 부모는 자녀들에
게 음식과 육신에 필요한 것들을 제공하고, 하나님에 대해서 잘 가르
치고, 악에 대해서 징계하여 하나님 백성으로 잘 자라나도록 해야 하
고, 교사들은 가르침과 치리와 징계를 성실히 해야 합니다. 또한 통치
자들은 옳은 가르침과 선한 치리를 유지하고 공의를 확고히 하고 압제
받는 자들을 보호하는 일을 해야 합니다. 이런 일에 힘쓰지 않는 것은
자신들이 맡은 일을 성실히 감당하지 않는 것이고, 멜랑흐톤이 말하듯
이 5계명을 범하는 죄가 됩니다.[4]

둘째로는 자신과 동등한 인격을 지닌 사람들을 잘 돕도록 하기
위해 하나님께서 자신에게 자신의 직임에 상응하는 권위를 주신 것을
생각하면서 자신이 섬겨야 할 사람들을 자신과 동등한 인격을 지닌 사
람들로 아주 존중하면서 그들과 함께 주께서 주신 일을 이루어 가도록
하는 일에 마음을 써야 합니다. 그러므로 권위를 부여받은 사람들은
다른 사람들의 하나님 형상으로서의 권위를 존중하는 태도로 자신에게
주어진 일을 감당해야 합니다. 모든 사람들이 그리해야 하지만 특별히
교회의 사역자들로 주께서 세우신 집사, 장로, 목사들은 바로 이런 태
도를 가지고 모든 교우들을 잘 섬겨야만 합니다.

이렇게 할 때에 일을 감당한 사람들은 참으로 권위 있는 사람들

---

4 Melanchthon, 『신학 총론』, 232.

로 나타나게 됩니다. 그렇게 하지 아니하고 하나님을 무시하거나 하나님께서 부탁하신 것을 전혀 생각하지 않는 사람들, 혹 그런 것은 생각하더라도 다른 분들을 본래는 자신과 동등한 권위를 지닌 분들로 보지 않는 것은 결국 자신에게 부여해 주신 권위를 실추시키는 것입니다. 그런 사람들은 권위가 없는 사람들입니다. 그런데 그런 사람들은 가만히 있는 것이 아니라 없는 권위를 있는 체해야 하므로 권위주의적인 성품(authoritarian character)을 발전시키게 되고, 권위주의를 조장하게 됩니다. 예를 들어서, 정통성이 없는 정부나 그런 정부의 정치 지도자들이 그런 권위주의를 자꾸 조장하게 되는 이유가 바로 여기에 있습니다. 참된 권위가 없는 곳에는 권위주의가 기승을 부립니다. 참으로 권위 있는 사람들은 권위주의에 호소하지 않고, 권위주의적 성격을 형성해 가지도 않습니다. 그럴 필요가 없으니, 그 일을 제대로 하도록 하나님께서 위임해 주신 권위가 있기 때문입니다.

3. 위임된 권위를 부여받은 사람들에 대한 권위 아래 있는 사람들의 책임

그러므로 하나님께서 부여한 권위를 가진 사람들에 대해서 우리는 그 **권위를 인정하고 힘을 합해서 같이 주께서 이루시게 하는 일을 감당해 가야** 합니다. 하나님께서 세우신 분들의 권위를 무시하는 것은 그것이 결국 하나님께서 세우신 것을 무시하게 되기에 매우 심각한 일이 될 수 있음을 기억해야 합니다. 그러므로 모든 권세는 다 하나님께로부터 온다는 것을 유념하면서 주께서 어떤 사람들을 우리 위에 세워서 주의 일을 하게 하실 때에 함께 협력해서 그 일을 제대로 이루어 가도록 해야 합니다. 바로 이런 뜻에서 바울은 "각 사람은 위에 있는 권세들에게 굴복하라"고 말합니다(롬 13:1 상). 이는 권력 앞에서의 비굴한 복종을 의미하는 것이 아니라, 그 권세를 세우신 하나님의 뜻을 살피면서 그 하나님의 뜻에 복종하는 것을 의미합니다. 그래서 바울은 그렇게 굴복하는 이유를 말하면서 **하나님을 강조**합니다: "권세는 하나님께로 나지 않음이 없나니 모든 권세는 다 하나님의 정하신 바라"(롬 13:1 하). 따라서 이것은 하나님의 뜻을 무시하면서 권력 앞에 복종하거나 하는 것을 뜻하는 것이 아닙니다. 이는, 최낙재 목사님께서 잘 말하고 있듯이, "윗지위에 있는 자들은 하나님이 세우신 본의대로 자기의 의무를 또한 잘 감당할 것을 전제로 하고 하는 말씀입니다."[5] (그러므로 이런 위치에 있는 자가 하나님의 뜻에 반할 때 우리가 어떻게 해야 하느냐는 질문을 할 수 있고, 그에 대한 성경적 대답을 찾아야 합니다. 이에 대해서 다음 절을 살펴보시기 바랍니다).

예를 들어서, 학생들은 교사의 권위를 인정해서 학습을 하도록 하신 것은 매우 자연스러운 일입니다. 교사에게 권위가 없다면 타락한 인간의 본성을 감안할 때 효과적으로 학습이 이루어지기 어렵습니다. 이는 학생 중심의 학습을 강조하는 입장에서라도 결국은 일종의 교사의 권위를 말해야만 하는 것을 생각할 때 매우 바른 조치라는 것을 생각할 수 있습니다. 그래서 하나님께서는 학교에서는 교사에게 권위를 부여하셔서 효과적인 교육이 이루어지게 하셨고, 교회에서는 집사와 장로와 목사님들께 권위를 부여하셔서 효과적으로 교회를 세워가도록 하셨고, 국가에는 관리들에게 권위를 주셔서 그 나라가 무정부 상태에 빠지지 않도록 하신 것입니다. 그러므로 기본적으로 우리는 이런 권위자들을 높이고, 그들을 존중하면서 하나님께서 우리들로 하여금 이루어 가도록 하신 바를 열심히 추구해 가야만 합니다.

---

5 최낙재, 『소요리 문답 강해 II』(서울: 크리스챤 다이제스트, 2000), 288.

4. 하나님의 뜻에 반하는 권세자들에 대한 일반 시민들의 의무

그런데 만일 하나님께서 우리 위에 세우신 권세자들이 하나님의 뜻에 반하면서 자신들에게 부여된 사명을 제대로 감당하지 못한다면 우리는 어떻게 해야 합니까? 그런 때에도 하나님께서 그를 세우셨으니 무조건 순종하면서 그를 지지하고 나가야 합니까? 이때 하나님께서 위임된 권위와 위임된 권세를 주신 것이라는 것을 잘 파악하면 우리는 이런 상황 가운데서 그리스도인답게 바르게 생각할 수 있습니다.[6] 가장 먼저 생각해야 할 것은 통치 기관이 하나님께서 세운 목적에서 떠나 있으면 하나님께서 그것을 심판하실 것이라는 점입니다. 이를 잘 유념하는 것이 우리의 사유에 큰 도움을 줍니다.

그러므로 우리의 첫째 책임은 **주어진 정황에 대한 바른 판단**을 하는 것입니다. 모든 권위가 위임된 권위라는 것을 철저하게 파악하고 있는 사람들은 이 문제에 있어서도 바른 생각을 가질 수 있습니다. 모든 정황 가운데서 하나님의 선하시고 온전하신 뜻이 무엇인지를 파악하고 판단해야 하는 의무를 지닌 그리스도인들에게는 우리 위에 있는 권위자가 하나님의 뜻을 제대로 드러내면서 그 권위를 제대로 행사하고 있는지, 아니면 그 권위를 오용하거나 남용해서 권위를 실추시키고 있는지를 하나님의 의도와 뜻에 따라서 바르게 판단해야만 하고, 또 판단할 수 있습니다. 그러므로 모든 그리스도인들은 주어진 정황 가운데서 바른 판단을 해야 합니다. 이것은 우리 주님께서 하지 말라고 말씀하신 비판하는 것과는 다른 것입니다. 그리스도인은 하나님의 뜻에

---

6 이하의 논의를 보충하는 논의로 이승구, "기독교 강요 제4권 20장 22-32절에 나타난 시민의 복종과 저항 문제에 대한 칼빈의 입장과 그 현대적 의미", 『개혁신학에의 한 탐구』 (서울: 웨스트민스터출판부, 1995): 167-78; 그리고 같은 책의 "그리스도인의 국가 의식: 종말론적 구속 전망에서", 67-81; "복음화와 사회 참여", 83-88을 보십시오.

따라서 모든 것을 바르게 판단할 수 있습니다.

그리고 둘째 책임은 고난과 압제를 인내하면서 권위자들을 위해 **기도하는 것**입니다. 물론 이 기도에 우리가 앞서 언급한 판단이 작용해야만 합니다. 우리의 기도는 늘 내용을 지니고 주께 드려야 하기 때문입니다. 그래서 권위자들이 주께로부터 위임된 사역을 잘 감당하고 있는 경우에는 그 일에 대해서 감사를 드리고, 주께서 더욱 더 힘을 주셔서 하나님의 뜻에 부합하는 현실을 더 잘 드러내도록 해 주시기를 위해 힘써 기도해야 합니다. 혹시 지도자들이 주어진 일을 제대로 감당하지 못하고 사람들을 억압하며 심지어 상하게 하기도 하고 무리하게 어떤 일들을 도모하려고 할 때에 우리는 모든 정황을 다 잘 살펴서 판단한 그 판단에 근거해서 주께서 그런 상황 속에 있는 우리들을 불쌍히 여겨 주시고, 주님의 뜻이면 그렇게 무리한 사람들이 회개하고 하나님 뜻에 가까운 현실을 내어 놓도록 하시기를 위해서, 또 그런 무리한 사람들이 제거될 것을 위해서 간절하게 주께 기도해야 할 것입니다.

예를 들어서, 일제가 우리나라를 무리하게 점령하고 있을 때 우리가 주께 드려야만 하는 기도는 바로 이런 성격의 기도였을 것입니다. '어느 때까지 이런 일이 계속되어야만 합니까?' 하면서 하나님의 뜻에 가까운 현실이 이루어지기를 위해 기도했어야 하는 것입니다. 6.25 때의 기도도 그런 것이었어야 합니다. 3.15 부정 선거가 있을 때나 군인들이 무리하게 정권을 장악하거나 특히 연장하려고 했을 때, 그 과정에서 많은 사람들을 억압하고 심지어 죽이기도 했을 때 그리스도인들이 그런 상황 가운데서 주님께 드렸어야 하는 기도가 바로 이런 내용의 기도였어야 합니다. 또한 앞으로도 하나님의 뜻에 부합하지 아니하는 여러 가지 정치, 경제, 사회 문화적 현실이 우리 앞에 전개될 때의 우리의 기도도 같은 성격의 것이어야 할 것입니다. 우리 사회 속에 건전하지 않은 문화적 현실이 있을 때에 우리는 그 문제를 직시하고 정확히 지적하면서 하나님 앞에서 이런 상황에 대해서 주께서 어떤 가르침을 주시고 우리의 행할 바를 알게 해 주시기를 위해 기도해야 합니다.

그리고 셋째로, **각각의 시민들이 처한 지위에 따라서 그에 부합하는 기회와 방법으로 주어진 상황을 좀 더 하나님의 뜻에 부합하는 방향으로 이끌고 가기 위한 의견 표명을 해야 할 것입니다.** 그것이 투표하는 일에 적극적으로 참여해서 자신의 판단을 드러내는 것일 수도 있고, 바른 여론을 형성해서 여러 사람들이 정확한 사실을 알도록 하고, 그에 근거한 바른 판단을 하여 가도록 하는 일일 수도 있습니다. 그리고 가장 평화로운 방법으로 자신들의 의견을 개진하는 시민 운동도 할 수 있습니다. 공명 선거가 이루어지도록 투표와 선거 과정에 대한 감시 활동에 참여하는 일도 있을 수 있고, 여러 사람들에게 바른 판단을 하도록 하는 강연회를 주관하거나 참여할 수도 있겠고, 그와 같이 여러 방도를 다 사용할 수 있습니다. 이 때 우리의 태도는 가장 간절한 태도로 예의를 다 지켜서 우리의 판단하는 바를 말하여 그것이 전달되도록 하는 것입니다. 그렇게 하는 것까지를 "권세를 거스리는 것"(롬 13:2)이라고 할 수 없습니다.

물론 무리한 권위주의자들에게는 우리의 이런 말이 도무지 영향을 발휘하지 못하고, 오히려 그들은 간곡하고 겸손하게 말하는 우리를 억압하려는 태도를 보일 것입니다. 그렇게 되면 우리 모두가 그에 대항해서 악한 태도를 가지기가 매우 쉽습니다. 의(義)로 시작했더라도 우리는 그로부터 분과 악으로 나아가기 쉬운 존재들입니다. 그래서 급기야 스스로를 보호하기 위해, 또는 자신들의 주장하는 바의 효과를 위해 우리도 그 권위주의자들과 같은 방법인 악과 폭력에 의존해서 저항해 보려고 하기가 쉽습니다. 그러나 바로 이 점에서 성경의 가르침이 우리를 붙잡습니다. "아무에게도 악으로 악을 갚지 말고, 모든 사람 앞에서 선한 일을 도모하라······ 악에게 지지 말고 선으로 악을 이기라"(롬 12:17. 21). 그러므로 우리 마음 가운데 선으로 시작했다가 미워하는 마음과 분한 마음과 원수 갚아야 한다는 마음이 있도록 해서는 안됩니다. 우리가 이런 태도를 끝까지 유지하고 나아갈 때에야 우리는 온 세상에 평화(shalom)를 말할 수 있는 자격이 있는 것입니다. 그리고 그리해야 후에 정당한 방법으로 그 악한 사람들과 권위주의적 태도를 가진 사람들이 물러가게 되었을 때에 이렇게 손해와 고난을 불구하고 노력한 사람들의 의미가 그 순수성 그대로 나타날 수 있습니다.

결국 우리는 그들 자신들의 어리석음과 무리한 행위로 이미 권위를 상실한 사람들에게까지도 끝까지 겸손하고 간절한 태도로 우리의 의견을 제시하여 설득하는 방법을 취하는 것입니다. 하나님께서 위임하신 권위를 인정하는 사람들의 태도가 여기 있습니다. 그것이 위임된 권위이기에 하나님의 의도에 따라 그 권위가 행사되지 않을 때 그 권위의 실추를 바르게 목도하며 지적할 수 있는 것입니다. 그들이 하나님이 주신 권위를 실추시키고 있음을 정당하게 드러내며 하나님의 뜻을 잘 선포할 수 있는 것입니다. 그러나 주께서 주신 것이기에 우리로서는 끝까지 **이 세상이 무정부 상태에 빠지지 않도록 최소한도나마 질서 유지를 위해 그 권위를 인정하는 태도를 지니면서,** 그러나 하나님의 뜻에 대한 자신의 견해를 간곡하게 표현하는 일을 하는 것입니다. 그렇게 하여 주께서 우리를 이 사회에 있게 하신 뜻을 수행해 나가는 것입니다.

5. 결론

우리는 이렇게 해서 세 차례에 걸쳐서 〈제 5 계명〉의 의미를 생각해 보았습니다. 결국 이 계명은 이 세상에서의 우리의 삶이 제대로 유지되어 가도록 가장 기본적인 지침을 주신 것이라고 할 수 있습니다. 〈하이델베르크 요리문답〉 〈제 104 문〉은 이 문답의 의미를 다음과 같이 요약하고 있습니다.

(문) 하나님께서는 제 5 계명에서 무엇을 요구하십니까?

(답) 내가 나의 부모님에 대해,
그리고 내 위에 권위를 지닌 모든 사람들에게(all in authority over me)
모든 공경과 사랑과 신실함을 보일 것을 요구합니다.
그래서 마땅한 순종하는 마음을 가지고서
나 자신을 그들의 모든 선한 가르침과 고쳐주심에 복속시키며,
그들의 연약함에 대해 인내할 것을 요구하십니다.
왜냐하면 그들의 손을 통해서 우리를 통치하시는 것이
하나님의 뜻이기 때문입니다.[7]

이와 같이 〈하이델베르크 요리문답 제 104 문〉도 〈제 5 계명〉의 의도를 폭 넓게 해석하면서 권위자들을 세우셔서 우리를 통치하시는 하나님의 뜻에 대한 순종을 잘 이끌어 내며, 우리 윗자리에 있는 사람들의 가르침과 고쳐주심에 대해 순종하는 마음으로 복속할 것을 지적하며, 그들의 연약함을 잘 인식할 정도로 현실적인 인간 이해에 근거해서

---

[7] *Heidelberg Cetechism*, **Q.** 104: What does God require in the fifth commandment?

Answer: That I show all honour, love and fidelity, to my father and mother, and all in authority over me, and submit myself to their good instruction and correction, with due obedience; and also patiently bear with their weaknesses and infirmities, since it pleases God to govern us by their hand.

〈제 5 계명〉의 의미를 이끌어 내고, 이를 통한 하나님의 의도를 잘 드러내고 있습니다. 우리는 우리 선배들의 의도를 잘 파악하면서 이 계명을 통해 그들이 제시하려고 한 하나님의 뜻을 우리의 삶 가운데서 잘 구현해가도록 해야 할 것입니다.

제 6 계명과 우리

본문: 출 20:13; 신 5:17

〈제 6 계명〉은 십계명 안의 많은 금령들과 같이 "~ 하지 말라"는 금령의 형태로 되어 있지만, 좀 더 깊이 생각해 보면 이 계명은 결국 진정한 생명 신학과 생명 운동의 적극적 기초가 되는 말입니다. 이 계명은 기본적으로 인간 "생명의 존재와 수호의 문제"를 다루는 명령입니다.[1] "하나님의 선물"로서의 생명의 고귀성을 분명히 수립하는 것이기 때문입니다.[2] 현대 사회와 같이 인간의 생명을 매우 중요시하는 것 같으면서도 상당히 무시하는 사회 속에서[3] 우리들이 강조하고 나갈 수 있는 매우 중요한 가치 진술과 운동의 근거가 여기 있다고 여겨집니다. 먼저

---

[1] 이 문제를 다루시는 분들은 누구나 다 이 문제를 지적하지만 특히 김홍전, 『예수께서 가르치신 율법의 참 뜻』(서울: 성약, 2002), 276을 보십시오.

[2] 이 점을 강조하는 R. Alan Cole, *Exodus*, Tyndale Old Testament Commentaries (Leicister: IVP, 1973), 160을 보십시오: "In any case, the sanctity of life, as God's gift, is established."

[3] 현대사회의 이와 같은 성격에 대한 묘사로 이승구, "생명신학을 위한 시론", 초판 서문, 『인간 복제, 그 위험한 도전』(서울: 예영, 2006), 4-5를 보십시오.

이 계명의 단순한 의미를 생각해 보고, 더 적극적 의미를 찾아 본 후, 우리 사회에 어떻게 적용해가야 하는지를 생각해 보기로 하겠습니다.

1. "살인하지 말라"는 금령의 단순한 의미

일단 "살인하지 말라"는 이 계명이 명령하는 바는 매우 단순하고 분명한 것입니다(straightforward). "라짜"(רצח)라는 드물게 나오는 강한 단어가 사용되어 폭력적인 죽임(violent killing)을 하지 말라고 하고 있으니,[4] 이는 기본적으로 다른 사람들의 생명을 빼앗지 말라는 것입니다. 만일에 어떤 사람이 이 금령을 생각하면서 나는 다른 사람의 생명을 빼앗지 않기만 하면 그의 생명을 해하여도 이 금령을 어긴 것이 아니라고 한다면 그런 생각이 옳다고 생각하거나 찬동할 사람은 거의 없을 것입니다. 일단 이 계명은 다른 사람의 생명도 마음대로 빼앗아서는 안 된다고 할 뿐만 아니라, 우리 자신의 생명에 대해서도 그리해서는 안 된다는 것을 분명히 함의하고 있습니다. 즉, 이 금령에는 자살을 금하는 것도 포함되고 있는 것입니다.[5] 이 금령을 듣는 사람들은 누구든지 자신과 다른 사람들의 생명을 빼앗는 것뿐만 아니라, 또한 자신과 다른 사람들의 생명에 그 어떤 해를 가하는 것 모두를 이 금령이 금하고 있다는 것을 생각하게 됩니다.

그러므로 이 금령은 모든 살인과 살인 교사, 그리고 자살과 사람들

---

4 이를 지적하는 J. P. Hyatt, *Exodus*, The New Century Bible Commentary (London: Marshall, Morgan & Scott, 1971; reprint, Grand Rapids: Eerdmans, 1983), 214; 그리고 그를 따르는 Cole, *Exodus*, 159를 보십시오. Hyatt는 구약에서는 "죽이다"는 말로 "할라그"라는 단어와 "헤미트"라는 단어가 더 일반적으로 사용되었다고 지적하고 있습니다. 그래서 콜은 "살인하지" 말라는 것이 적절한 번역이라고 합니다.

5 거의 이것을 분명히 하지만 본문의 의미를 따라 가면서 이를 강조하는 C. F. Keil and Franz Delitzsch, *Commentary on the Old Testament*, vol. II, trans. James Martin (Reprinted, Grand Rapids: Eerdmans, 1976), 124도 보십시오.

을 자살에 이르도록 하는 모든 것을 금하는 것이 됩니다. 이것만으로도 이 금령은 인간 사회에서 매우 중요한 역할을 하는 것입니다. 그리고 그리스도인인 우리는 하나님께서 왜 살인을 금하셨는가 하는 것도 생각해야 합니다. 예수님의 뜻을 밝히면서 "사람의 생명은 하나님께서 내신 신성한 것이고 하나님의 대권하에서 하나님의 거룩하신 뜻대로 내신 것인 까닭에 사람의 권한 훨씬 바깥에 있다. 그런고로 너희는 남의 생명에 대해서 함부로 침해하지 못한다. 그것은 하나님의 대권을 유린하는 태도이다. (그러니) 살인하지 말라"고 하셨다고 설명하는 것은[6] 이 금령과 이에 대한 예수님의 해석의 매우 깊은 의미를 잘 간취한 것입니다. 김홍전 목사님은 계속해서 다음 같이 이와 하나님 나라를 잘 연결하여 가르치시기도 합니다: "[예수님께서 이렇게] 제 여섯째 계명을 택하셔서 존재의 본질적 문제를 중심으로 사람의 생명에 대해서 어떻게 존중하는 마음을 품어야 할 것인가를 가르치셨습니다. 하나님 나라의 도리는 그러한 것이라고, 하나님 나라에 있어서 사람의 생명의 존재에 대하여 취하여야 할 근본적인 해석과 태도를 가르치신 것입니다."[7]

그러나 이로부터 우리들은 살인죄나 그와 같은 죄를 지은 사람들에 대해서도 공식적으로 사형을 선언하거나 시행하지 말아야 한다고 하는 것은 기본적으로 구약 명령의 빛에서는 있을 수 없는 것입니다. 알란 콜이 잘 표현하고 있는 바와 같이, "히브리 사람들은 이 구절에서 사형 선고가 배제된다고 결코 보지 않았으며", "구약 시대에는 절대적 평화주의자가 있지 않았습니다."[8] 또한 신약의 빛에서도 사형 폐지론이 견지되기는 어렵습니다.[9]

---

6 이는 김홍전, 『예수께서 가르치신 율법의 참 뜻』, 294f.에 나온 해석입니다.

7 김홍전, 『예수께서 가르치신 율법의 참 뜻』, 295.

8 R. Alan Cole, *Exodus*, Tyndale Old Testament Commentaries (Leicister: IVP, 1973), 159.

2. "살인하지 말라"는 금령의 좀 더 깊은 의미

여기서 좀 더 나아가 보십시다. 그렇게 자신과 다른 사람의 생명을 해하거나 빼앗지 않으면 이 계명을 다 지킨 것일까요? 이 금령을 주신 하나님의 입법자로서의 의도는 과연 어떤 것이었을까요? 이 명령의 법의 정신은 과연 무엇입니까? 예수님께서는 이 법을 내신 하나님의 의도를 잘 밝히시면서 "나는 너희에게 이르노니 형제에게 노하는 자마다 심판을 받게 되고, 형제에 대하여 '라가'라 하는 자는 공회에 잡혀 가게 되고, 미련한 놈이라 하는 자는 지옥 불에 들어가게 되리라"(마 5:22)고 하셨습니다. 예수님께서 밝혀 주신 율법의 정신에 의하면, "하나님은 온전하시다는 위치를 표준 삼아서 바라 볼 때에는 단순한 동기가 아니라 미미한 본질의 발생이 벌써 살의입니다."[10] 그래서 실제로 살인한 것만 아니고, 또한 살해하려는 동기만도 아니고, 그것을 위한 가장 미미한 시작인 미움도 역시 같은 죄에 해당한다고 하시는 것입니다. 앞에 언급한 구절에서 분노, 멸시, 모욕의 순서로 인간의 적의가 발전하는 것을 생각해 볼 수도 있습니다.[11] 또는 이것이 인간들이 행하는 잘못을 열거하면서 그것들이 모두 근본적 문제를 가지고 있다고 말씀하시는 것입니다. 또한 예수님께서는 우리들은 형제에게 원망들을 만한 일이 있지 않도록 하라고 하시고(마 5:23), 형제들과 화목하고 사화(私和)하는 것이 매우 중요하다고 하셨습니다(24, 25절).

그러므로 예수님께서 드러내주신 입법자의 의도에 의하면, 사람을

---

9 이 점에 대한 심각한 논의로는 이승구, "사형제, 존치냐 폐지냐",『광장의 신학』 (수원: 합신대학원출판부, 2010), 103-64, 특히 116-28을 보십시오.

10 김홍전,『예수께서 가르치신 율법의 참 뜻』, 278.

11 이렇게 해석한 대표적인 예로 김홍전,『예수께서 가르치신 율법의 참 뜻』, 286f.을 보십시오.

죽이는 것뿐만 아니라, 사람에게 분노하거나 욕하거나 무시하는 그 모든 일이 금지되어 있는 것입니다. 사람들은 그렇게 분노의 대상, 욕의 대상, 비하의 대상이 아니라 오히려 화목해야 할 대상이라는 것입니다. 그러므로 입법자의 의도에 의하면 사람들의 사회는 서로 미워하고 분노하고 대립하고 욕하고 비하하는 관계 속에 있어서는 안 됩니다. 인간을 창조하시고 인간 사회를 주신 하나님의 의도에 의하면 인간들은 서로가 화목하고, 용서하고, 감싸 주고, 서로를 높이고, 존중하며, 서로 귀하게 여기는 관계를 가져야 합니다.

　욕하는 우리 사회, 서로 비방하는 우리 사회, 서로 비하하는 우리 사회 속에서 이런 입법자의 의도를 잘 생각해 보는 것은 매우 의미심장한 일입니다. 이 모든 것을 염두에 두면서 이것을 분명히 하기 위해서 〈하이델베르크 요리문답〉은 〈제 105 문답〉에서 이렇게 묻고 대답하고 있습니다.

질문: 제 6 계명에서 하나님께서 무엇을 요구하십니까?

답: (제 6 계명에서 하나님께서 요구하신 것은)
생각으로나 말로나 몸짓으로나 더구나 행동으로
나의 이웃을 불명예스럽게 하거나, 미워하거나, 상하게 하거나,
나 자신이나 다른 사람들에 의해 죽이지 말 뿐만 아니라,
복수하려는 모든 욕망을 내려놓으라는 것입니다.
또한 나 자신을 해치지도 말고,
자신을 의도적으로 위험에 노출시키지도 말라는 것입니다.
이것을 위해서 위정자들은 살인을 막도록 하기 위해 칼로 무장하게 된 것입니다.[12]

---

[12] *Heidelberg Catechism* Q, 105: What does God require in the sixth commandment?

　Answer: That neither in thoughts, nor words, nor gestures, much less in deeds, I dishonour, hate, wound, or kill my neighbour, by myself or by another:

3. "살인하지 말라"는 명령의 더 적극적 의미

더 나아가서 "살인하지 말라"는 명령은 그저 사람의 목숨을 빼앗지 말라, 이에서 더 나아가서 사람을 미워하거나 해서는 안 된다는 정도에서 멈추는 것도 아닙니다. 진정한 성경의 독자들은 언제나 이 명령에서 우리는 자신과 다른 사람들의 생명의 증진을 위해 노력해야 한다는 아주 적극적 의미가 함의되어 있다는 것을 생각하고 주장해 왔습니다. 우리들은 그저 자신과 다른 사람들의 생명을 빼앗는 것을 하지 않는 정도에 머물러서는 안 되고, 이 명령의 적극적 함의를 생각해서 자신과 다른 사람들의 생명이 유지되고, 더 나아가 증진되도록 하는 일을 하도록 명령받은 것이라는 생각까지를 했습니다.

우리들은 그저 해를 가하지 않거나 하는 것 정도가 아니라 "형제를 지키는 자"들이라는 것입니다(창 4:9 참조). 자신과 형제의 생명이 보존되고, 더 좋게 되도록 힘쓰는 자들이라는 말입니다. 그러므로 우리들은 궁극적으로 생명의 질(quality of life)에 관심을 가지게 됩니다. 그저 사는 것이 아니라 진정한 생명이 있도록 힘쓰는 자들이 되어야 하는 것입니다.

〈하이델베르크 요리문답〉의 〈제 107문〉은 이런 뜻을 다음과 같은 말로 표현하고 있습니다.

(질문) 위에서 언급한 방식으로 어떤 사람을 죽이지만 않으면 충분하지 않습니까?

(답) 그렇지 않습니다.

---

but that I lay aside all desire of revenge: also, that I hurt not myself, nor wilfully expose myself to any danger. Wherefore also the magistrate is armed with the sword, to prevent murder.

왜냐하면 하나님께서 부러워함과 미워함과 분노를 금하셨을 때,

하나님께서는 우리들의 이웃을

우리들과 같이 사랑하라고 명령하신 것이기 때문입니다.

즉, 이웃에 대해서

인내와 화평과 온유함과 자비와 모든 친절함을

나타내라고 하신 것입니다.

또한 그가 손상 받는 것을

우리가 손상 받는 것과 같이 여겨 금하고,

우리 원수들에게도 선을 행해야 한다고

하시는 것이기 때문입니다.[13]

4. 이 모든 것의 기독교적 의미

이 모든 것의 기독교적 함의는 매우 분명합니다. 궁극적으로 우리들은
자신과 다른 사람의 생명이 가장 온전한 상태에 있도록 힘써야 합니다.
기독교적으로 볼 때 우리 생명의 가장 온전한 상태는 하나님과의 바른
관계를 지닌 상태에 있는 것입니다.[14] 결국 하나님이 생명의 근원이기
때문입니다. 그러므로 생명의 근원이신 하나님을 버린 것은 결국 생명
을 파괴하는 일입니다. 그러기에 이런 기독교적인 관점에서는 하나님

---

[13] *Heidelberg Catechism* Q, 107: But is it enough that we do not kill any man
in the manner mentioned above?

Answer: No: for when God forbids envy, hatred, and anger, he commands us
to love our neighbour as ourselves; to show patience, peace, meekness, mercy,
and all kindness, towards him, and prevent his hurt as much as in us lies; and
that we do good, even to our enemies.

[14] 기독교적 의미의 생명의 의미와 그 시각에 대한 자세한 논의로 이승구, 『인간 복제,
그 위험한 도전』, 제 1장, 17-34; 그리고 이승구, "생명관"과 "안락사?", 『광장의 신학』,
279-308을 보십시오.

과 상관없이 자신들 스스로 생명을 유지하고 발전시켜 보려는 모든 노력은 다 죄입니다. 매우 아이러니칼한 것이지만, 인간의 생명의 근원이 무엇인지에 맹목(盲目)인 채 인간의 생명 그 자체에만 몰두하는 것은 결국 진정한 생명을 빼앗는 일이 됩니다. 이 세상에서의 물리적 생명과 그 생명의 질에 대한 몰두가 어떻게 죄요, 사실은 진정한 생명을 앗아가는 것이 되는지가 여기서 드러납니다. 하나님의 의도와 하나님과의 관계를 저버리고서 인간 생명의 질을 발전시키는 노력, 인간을 발전시켜 보려는 교육이 사실은 인간을 파괴하며 그들을 진정한 생명으로부터 멀어지게 한다는 것을 우리들은 역사를 통해서도 잘 보아왔고, 근자의 우리들의 경험을 통해서도 피부에 와 닿게 아주 생생하게 느끼고 있습니다. 즉, 우리는 하나님을 무시하면서 우리 나름대로 인간 생명을 증진시키려고 노력을 하여 결국 생명을 죽이는 자들로 나타날 수도 있습니다. 마치 사단이 사람을 찔러 죽이거나 하지 않고서도 "처음부터 살인한 자"가 된 것처럼(요 8:44), 우리도 여러 방식으로 살인한 자가 될 수 있습니다. 그러므로 살인하지 말라는 금령을 기독교적으로 실현하려고 할 때는 결국 자신과 다른 사람들의 하나님과의 관계가 온전하게 되도록 힘써야만 합니다. 여기 진정한 생명 운동의 출발점이 있습니다.

하나님과의 관계가 회복되는 것을 "죄와 허물로 죽었던"사람을 하나님께서 "살리신 것"이라고 성경은 이야기합니다(엡 2:1, 5). 예수 그리스도의 구속 사역을 통해서 영적으로 다시 살아난 사람은 그 안에 진정한 생명을 가진 것입니다. 그리스도의 부활 생명이 그 안에서 약동하기 때문입니다. 그런 사람만이 참 생명인 영생을 가진 것입니다. 바로 그런 의미에서 진정한 생명, 즉 "영생은 곧 유일하신 하나님과 그가 보내신 자 예수 그리스도를 아는 것"입니다(요 17:3).

그렇게 하나님과의 관계가 회복된 사람들은 그것으로 만족하기만 하는 것이 아니라, 그 생명의 더 깊은 의미에로 날마다 들어가서 생명의 근원이신 하나님과 생명적 교제 관계를 계속 가지기에 날마다 더 "풍성한 삶"을 향해 나아가게 됩니다. 이것은 영적으로 더 깊이 있게 하나님과 교제하여 나간다는 말뿐이 아니라, 그 결과 이 세상 속에 진정한 생명이 어떤 것인지를 잘 드러내게 됩니다. 그리하여 그는 자신이 그리스도를 통해 누려가고 있는 이 진정한 생명이 다른 사람들에게도 있어서 그들도 더 풍성한 삶을 살아가도록 하는 일에 지극한 관심을 가지며, 그 일을 위해 힘쓰게 됩니다. 그리스도인들이 전도와 선교에 힘을 다하는 이유는 이것이 진정한 생명을 전달하는 것이라고 하는 것을 잘 알기 때문입니다.

　　더 나아가서, 이렇게 진정한 생명이 있도록 애쓰는 사람들은 인간의 물리적 삶(physical life)도 무시하지 않고, 자신과 다른 사람들의 물리적인 생명도 주어진 한도 내에서 최선의 상태에 있도록 애씁니다. 일단 물리적 삶이 있어야 그 안에 진정한 생명[영적인 생명]이 있을 수 있기 때문이며, 하나님의 의도에 의하면 그 어떤 사람의 물리적 생명도 무시되어서는 안 되기 때문입니다. 그러므로 영생을 강조하는 그리스도인들은 자신과 다른 사람들의 물리적인 삶도 이 세상에서 일정한 한도 내에서 증진되기를 위해 애쓰게 됩니다. 그러므로 그리스도인들은 이 땅에 살고 있는 모든 사람들의 생명의 유지와 복지(well-being)에도 상당한 관심을 가지고 그 일을 위해 애를 씁니다. 그리스도인이 가는 곳마다 병원을 세우고, 구호 기관을 마련하고, 학교를 세우는 일에 열심을 보인 것은 바로 이런 이유 때문입니다. 그들은 성경을 통해서 모든 인간의 생명이 존중 되어야 하고, 그 삶의 질이 점점 더 나아져야 하겠다는 가르침을 받았기 때문입니다.

또한 영생을 강조하는 그리스도인들은 인간의 물리적인 삶은 정자와 난자가 합쳐지는 수정 순간부터라는 것을 아주 자명한 것으로 여기기에 수정란과 배아와 태아들의 생명을 보호하는 일에도 힘을 다하게 됩니다.[15] 낙태 반대 운동에 힘쓰고, 미혼모들이 아이를 낳도록 권면하고, 입양에 앞장서며, 그 모든 것이 잘 이루어질 수 있도록 사회적 분위기를 만들고 재정적 지원을 감당하는 일에 힘쓰는 것입니다.

그리고 그 생명의 끝은 영혼이 몸으로부터 떠나가는 순간인 심폐사의 순간으로 보기에 그리스도인들은 그 어떤 형태의 안락사에 찬동하거나 동의하지 않고, 소위 말하는 존엄사가 진정한 존엄사가 아니며, 하나님께서 주신 물리적 생명이 자연스럽게 그쳐질 수 있도록 하는 일에 최선을 다하는 것입니다.[16]

이 모든 것은 우리의 생명이 우리의 것이 아니고 생명의 근원이시요 창조자이신 하나님의 것이라는 것을 겸허하게 인정하는 생명 운동에서 나오는 것입니다. 그러므로 그리스도인들은 〈제 6 계명〉과 성경 전체의 뜻에 근거해서 이 땅 가운데 진정한 생명 운동에 힘쓰는 사람이 됩니다. 진정한 생명 운동은 생명의 원천이신 하나님께서 시작하여 창조와 구속으로 지금까지 하고 계신 일임을 인정하면서 하나님의 생명 운동인 살리시며 살아가게 하시는 살림 운동에 적극적으로 참여하는 것입니다. 그러므로 진정한 생명 운동, 참된 살림의 꿈틀거림은 인간 스스로가 하는 것도 아니고, 인간들이 스스로의 힘으로 할 수 있는 것도 아닙니다. 이는 생명의 근원이신 하나님께서 하시는 운동이라는 것을 발견하고서 하나님에 의해 살게 되었고, 스스로 죽었으나 다

---

15 이 말의 자세한 함의에 대해서는 이승구, 『인간 복제, 그 위험한 도전』, 제 2 장을 보십시오.

16 이 문제에 대한 자세한 논의로는 이승구, "안락사?" 『광장의 신학』, 247–78을 보십시오.

시 살게 된 사람들이 하나님의 살리시는 살림 운동에 동참하여 가는 일일 뿐입니다.

　그러므로 그리스도 안에서 참 생명을 가지게 되었다고 하는 사람들이 이 땅 가운데서 생명 운동에 힘쓰지 않는다는 것은 그야말로 말이 안 되는[語不成說] 상황입니다.

5. 일반 은총적 함의: 사회적 생명 운동의 토대

그리스도인들은 하나님의 의도를 생각하면서 인간의 생명을 귀히 여기고, 그 생명이 참으로 인간 생명답게 되도록, 창조하시고 구속하신 하나님께 경배하며 찬양하고, 기도하고 의존하며, 그 하나님의 뜻을 가르침 받아서 그 뜻이 이 땅 가운데 구현 되도록 하는 일에 힘쓰지만, 불신자들은 그들이 믿고 돌아올 때까지는 계속해서 서로 죽이고 미워하고 비난하는 그 사망 운동을 계속하도록 내버려 두어야 하는 것일까요?

　깊이 있게 살펴보면, 결과적으로 그런 결과가 나타난다는 것을 부인할 수 없지만, 그러나 우리는 이 세상이 복음에로 돌아오기 전까지는 지옥과 같은 사회라고 하지 않습니다. 이 세상이 아무리 악하고 죄악이 성행해도 지옥은 아닙니다. 이 세상에는 아직 일반은총이 작용하고 있기 때문입니다.[17] 그러나 이 세상이 끝까지 하나님을 믿지 않고 나아가면 결국 그들은 지옥에 던져진다는 사실을 부인해서는 안 됩니다. 궁극적 지옥이 있다는 것은 이 세상이 아직은 지옥이 아니라는 것을 말해주는 것이기도 합니다. 여러 차이가 있지만, 첫째로 이 세상에서는 아직도 사람들이 복음을 믿고 하나님께로 돌아와 생명 운동에 동참할 가능성이 있습니다. 그리고 둘째로, 이 세상에는 하나님의 일반은총이 작용

---

[17] 일반 은총에 대해서는 제 10 계명에 붙인 각주 14를 보십시오.

해서 죄악이 극단적인 상황으로까지는 가지 않도록 억제하시는 효과가 어느 정도 작용하는 것입니다.

그러므로 우리들은 "살인하지 말라"는 급령의 일반은총적 함의도 생각해 보아야 합니다. 이 세상 사람들은 하나님께서 살인하지 말라고 하셨기에 살인하지 말아야 하겠다고는 생각하지 않습니다. 이 세상은 아주 극악무도하게 되기 전까지는 그래도 살인을 하면 안 된다는 느슨한 생각이 있습니다. 이런 것은 일반은총 가운데서 이 사회가 그래도 유지되도록 하신 죄의 억제의 한 방편으로 주어진 것이라고 할 수 있습니다. 그러나 은혜가 주어질 때 그 은혜에 대해서 저항(抵抗) 할 수 없는 특별은총과는 달리, 일반은총에 대해서는 사람들이 저항할 수 있으므로, 어떤 사회에서는 사람을 죽이면 안 된다는 생각이 상당히 무시되기도 합니다.

그렇기에 그리스도인들은 자신들로서는 위에서 언급한 기독교적 관점에 근거해서 사람들의 생명을 해하지 않고, 더 온전히 해가는 진정한 생명 운동의 길로 나아가면서, 그것을 일반 사람들도 어느 정도는 따라 오도록 하는 폭 넓은 사회 운동을 하게 됩니다. 같은 생명 운동인데 그것이 그리스도인 안에서는 구속하신 하나님께 너무 감사하여 자신을 헌신하여 하나님의 생명 운동에 자신을 드리는 것이지만, 이 세상 속에서는 그저 인간 생명을 존중하게 그것을 위한 운동을 펼치는 것입니다. 동기가 다르고 궁극적인 방향이 다르지만, 이 세상 속에서는 그저 인간 생명을 위하는 생명 운동에 그리스도인과 비그리스도인이 협력해 가는 모습을 보일 수 있습니다.

예를 들어서, 낙태 반대 운동이나 모든 종류의 "생명을 위하는 입장"(pro-life position)에 그리스도인과 비그리스도인이 같이 참여할 수 있습니다. 그리고 이 세상의 다른 비그리스도인들도 이런 생명을 위하는 활동에 참여할 수 있도록 권하고 노력하는 일이 필요합니다. 그리고 이때 그리스도인들은 인간 생명을 수정 순간부터 심폐사의 순간까지를 온전한 인간 생명으로 보기에 존중한다고 하면서 그런 가치를 보급하기도 해야 하지만, 이런 가치를 확산하는 비기독교적 설명도 같이 시도해야 합니다. 이 세상에 기독교적 이해를 가지지 않고서도 수정 순간부터 심폐사의 순간까지를 인간의 물리적 생명으로 여기며 그것을 보호하기 위해 애쓰는 사람들도 적기는 하지만 있으므로 그런 분들의 설명의 시도를 도와서 인간의 물리적 생명도 여러 방도로 보호해 가는 노력을 해야 합니다. 물론 이런 사유와 활동의 종국적이고 분명한 근거는 이 문제에 대한 기독교적 설명입니다. 그러므로 제 육계명은 오늘도 이 세상 속에서 강하게 선포되어야 합니다.

제 7 계명과 우리

본문: 출 20:14; 신 5:18

"간음하지 말라"는 단순한 말로 표현된 제 칠 계명은 상당히 포괄적인 함의를 지닌 명령들 가운데 하나라고 할 수 있습니다. 그러므로 어떤 의미에서 가장 포괄적인 〈제 1 계명〉과 〈제 10 계명〉과 함께 〈제 7 계명〉이 십계명 가운데서 가장 많이 범해지고 있는 계명이라고 할 수 있습니다. 이 계명의 말씀이 얼마나 포괄적인지를 이해하려면 먼저 이 계명의 **적극적 의미**부터 생각해야 합니다.

1. 〈제 7 계명〉의 가장 적극적 의미

가장 적극적인 의미에서 생각하자면 〈제 7 계명〉은 하나님께서 내신 각자의 **성적인 정체성과 성적인 관계를 가장 제대로 드러내라**는 뜻이라고 할 수 있습니다. 처음부터 하나님께서는 사람을 남자와 여자로 만드시려는 의도를 가지셨고(창 1:26), 남자와 여자가 혼인하여 함께 사는 것이 하나님의 의도에 부합하는 것이라는 것을 분명히 하면서(창 2:18) 사람을 남자와 여자로 만드셨습니다(창 1:27; 2:7, 18-22).

그러므로 가장 기본적으로는 남자는 하나님께서 의도하신 남자로서의 특성('하나님께서 의도하신 남성성')을, 그리고 여자는 하나님께서 의도하신 여자로서의 특성('하나님께서 의도하신 여성성')을 가장 충분히 드러내야 할 사명이 있는 것입니다. 구속함을 받은 우리들조차도 아직까지 무엇이 하나님께서 의도하신 남성성(masculinity)인지, 하나님께서 의도하신 여성성(femininity)인지 잘 모르고, 따라서 제대로 드러내고 있지도 못합니다. 그것을 잘 모르기 때문에, 심지어 하나님을 잘 섬겨나간다는 그리스도인들 가운데서도 과연 하나님이 의도하신 남성성(男性性), 하나님이 의도하신 여성성(女性性)이라는 것이 과연 별도로 있는지를 묻는 사람들도 있을 정도입니다. 지금까지는 남자는 하지 못하는 일인 아이를 낳는 것에서만 여자의 특성이 나타나는 것이 아닌가를 묻는 사람도 있습니다.

그러나 하나님 나라의 극치 상태에서는 아이 낳는 일이 없고,[1] 그럼에도 불구하고 모든 사람이 다 중성이 되는 것은 아니기에 아이 낳음 이외에 남자의 남자로서의 특성, 여자의 여자로서의 특성이라는 것이 아이 낳는 일과 그것과 연관된 기능들과 상관없이 있다고 말하지 않을 수 없습니다. 우리는 이 땅 가운데서 과연 그것이 어떤 것인지를 탐구하고 하나님의 의도에 비추어서 남자는 하나님께서 의도하신 남자답게, 여자는 하나님께서 의도하신 여자답게 나타나는 일에 힘쓰고, 급기야 부활한 상태에서 하나님이 의도하신 남성성과 하나님께서 의도하신 여성성의 진정한 모습을 드러내게 될 것입니다. 또한 그 때도 모든

---

[1] 이는 마태복음 22:30 말씀에 근거한 추론입니다. 그러나 대부분의 그리스도인들은 이 추론을 시도하였고 그렇다고들 여겼습니다.

사람이 다 똑 같은 특성을 가지지 않을 것이므로 극치 상태의 남성성과 여성성에도 **다양성**이 있다고 할 수 있을 것입니다. 각기 다른 남자들이 참으로 다르지만 모두가 참된 남성성을 드러낼 것이고, 각기 다른 여자들이 역시 각기 다르지만 모두 참된 여성성을 드러내게 될 것입니다. 그러므로 이 사회가 정한 통속적인(streo-type) 남성성, 통속적인 여성성을 생각하거나 적용하려고 하면 안 됩니다.

심지어 몸을 가지고 있지 않은 하늘 낙원에 있는 상태에서도[2] 남자의 영혼은 남자의 영혼으로서의 특성을 드러내고, 여자의 영혼은 여자의 영혼으로서의 특성을 드러낼 것입니다. 중세의 어떤 사람들이 잘못 생각하듯이 여성의 영혼은 무엇인가 문제 있거나 덜한 영혼이 아니고, 모두가 **동등한 영혼**이지만 여성의 영혼의 독특성이 있고, 남성의 영혼의 독특성이 있다고 해야 할 것입니다. 그러므로 남성성과 여성성이 몸의 형태와만 연관된 것도 아님을 알 수 있습니다. 하나님이 의도하신 사람의 모습을 잘 드러내되 하나님의 창조에 따라 어떤 사람은 남자로서의 인간적 특성을 드러내고, 어떤 사람은 여자로서의 인간적 특성을 드러내게 될 것입니다.

그러므로 이 땅에서 사는 사람들도 하나님의 의도를 따라 남자로 창조된 사람들은 남자로서의 사람의 온전한 특성을 드러내고, 또 여자로 창조된 사람들은 하나님께서 의도하신 여자로서의 특성을 드러내려고 애써야 합니다. 그렇게 자신의 인간적 특성을 온전히 드러내는 것이 하나님께서 창조하신 자신의 정체성을 온전히 의식하고 구현하는 사명입니다. 이 일은 어린 아이들도 해야 할 일이고, 할머니도, 할아버지도 해야 할 일이며, 하늘에 있는 온전케 된 의인들의 영혼도 하는

---

2 이에 대한 좀 더 자세한 언급으로 이승구, "예수 믿는 이는 죽으면 어떻게 되는가?: 성경이 말하는 신자들의 사후 상태", 이승구, 『기독교 세계관으로 바라보는 21세기 한국 사회와 교회』 (서울: CCP, 2018), 93-101을 보십시오.

일이며, 부활한 사람들도 할 일입니다. 우리의 남성성과 여성성의 드러 냄은 인간으로 창조함을 받은 우리들의 고유한 사명이라고 할 수 있습 니다. 할머니, 할아버지가 되면 점점 중성이 되어가는 것이 아니라는 점을 주목해야 합니다. 나이 들어가면서도 하나님께서 의도하신 남성 성의 나타남이 과연 무엇인지, 하나님께서 의도하신 여성성의 나타남 이 어떤 것인지를 성경은 잘 의식하면서 그에 부합한 교회 공동체 안 에서의 활동을 시사(示唆)하고 있습니다. 우리들은 이 점을 매우 의미 있게 생각해야 합니다.

특히 이 땅을 사는 동안 우리들은 하나님께서 의도하신 우리들의 정체성을 잘 구현하려고 노력해야 합니다. 사춘기에 이른 청소년들과 혼인 이전의 청년들도 그런 의미에서 자신들의 정체성의 한 부분인 성 정체성을 잘 의식하고, 앞으로 혼인하여 살 때 하나님께서 의도하신 성적인 관계를 잘 이루기 위해서 자신들을 순결하게 하며 잘 준비하여 가야 합니다. 그것도 〈제 7 계명〉을 잘 지켜가는 일의 한 부분입니다.

결혼 적령기에 이른 사람들은 이런 특성을 따라서 서로를 갈망하 게 되고, 하나님의 뜻 안에서 만나 혼인하여 하나님께서 의도하신 '남 자와 여자의 하나됨'의 실현을 모든 측면에서 이루어야 합니다. 영적 으로 하나님을 같이 추구하여 하나님의 의도를 이 땅 가운데서 구현하 기를 간절히 원하게 되고, 심리적으로 하나됨을 이루어야 합니다. 그리 고 그렇게 영적인 하나됨과 심리적 하나됨을 나타내는 일종의 표(sign) 와 상징(symbol)으로 물리적인 하나됨(육체적 하나됨)인 성적 관계를 하도록 하나님께서 의도하신 것입니다. 여기에 인간의 성적인 관계가 동물들의 성적인 관계인 짝짓기와 다른 점이 나타나는 것입니다. 이런 하나님의 의도를 의식하면서 성적인 관계를 하는 것이 〈제 7 계명〉의 적극적 함의입니다. 그렇기에 성적 관계는 혼인 관계 안에서만 허락된 것입니다. 혼인 관계 안에서 주어진 여러 축복들 가운데 하나가 성적인 관계를 가지는 일입니다. 혼인한 사람들은 함께 하나님을 섬겨가며, 함께 공동의 사명을 이루어 가며, 함께 약속의 열매요 생명의 열매를 받아 양육하는 은혜도 얻으며, 평생 서로 의지하며 서로 돕고, 사랑하며, 가장 가까운 친구로 있는 복 등의 여러 복을 누리도록 축복 받았는데 그 중의 하나가 성적인 교제를 가지는 일입니다.

그러므로 하나님께서 의도하신 각자의 정체성을 분명히 의식하며 드러내는 것의 한 부분으로 자신의 창조 받은 성적인 정체성을 잘 드러내려고 노력하는 것과 하나님께서 혼인 관계 아래 있도록 하신 기간 동안 영적, 심리적 하나됨의 표로 하나님의 의도하신 바에 따라 성적인 교제를 잘 누려 가는 것이 〈제 7 계명〉을 적극적으로 지키는 일입니다. 그러므로 성적인 관계는 함께 하나님을 사랑하며 섬기고 하나님의 의도대로 문화 명령을 수행하여 가는 부부가 하나님을 섬겨가는 일의 한 부분입니다.

〈하이델베르크 요리문답〉은 〈제 7 계명〉에서 하나님께서 원하시는 것에 대해서 언급하면서 사람들을 혼인 관계에 있는 사람과 독신(獨身)으로 있는 사람들로 분류하고, 그 어떤 상태에 있든지 "우리는 어떤 부정이라도 마음으로부터 미워하고, 순결과 단정한 생활을 해야 합니다."고 말하고 있습니다.[3] 그 순결과 단정한 생활은 그저 성적으로 순결한 것만이 아니라, 성적인 문제도 하나님과의 관계 가운데서 생각하고 사는 일을 포함하는 것입니다.

그런 의미에서 하나님과 관련 없이 자신의 정체성을 생각하는 사람, 하나님과 관계없이 어떤 사람을 사랑하며, 하나님과 관련 없이 그 사람과 혼인하여 나름대로 잘 살고 있는 사람도 사실은 하나님과 관련

---

3 『하이델베르크 요리문답』, 108문.

없이 살고 있다는 점에서 〈제 7 계명〉을 범하고 있는 것입니다. 그러므로 우리가 후에 언급할 것들만이 〈제 7 계명〉을 범하는 죄가 아니고, 하나님과 상관없이 사는 행위 전체가 다 〈제 7 계명〉을 소극적으로 범하는 것입니다.

2. 〈제 7 계명〉을 적극적으로 범하는 일

그렇다면 〈제 7 계명〉을 적극적으로 범하는 일은 무엇일까요? 그것은 "혼인 관계 밖에서의 모든 성적인 생각과 말과 행동"이라고 말할 수 있습니다.[4] 〈하이델베르크 요리문답 제 109문〉에서는 "모든 부정한 행동이나 몸짓, 말이나 생각이나 욕망, 그리고 그것들에로 유혹하는 모든 것"을 언급하고 있습니다.[5] 사람이 마음에 하나님 두기를 싫어할 때 인간은 모든 타락한 마음의 생각에 그대로 노출되어(롬 1:21-32) 온갖 성적인 범죄를 범하게 되는데, 그것을 막는 명령이 〈제 7 계명〉입니다.

물론 이중에서 가장 현저한 것이 혼인 관계 밖에서의 성적인 행동입니다. 그것을 실체화된 "간음"이라고 할 수 있습니다. 성경은 아주 명백히 간음을 금합니다. "모든 사람은 혼인을 귀히 여기고 침소를 더럽히지 않게 하라 음행하는 자들과 간음하는 자들을 하나님이 심판하시리라"(히 13:4)는 말씀 외에도 수없이 많은 구절들이 이를 금합니다. 간음은 인류의 생육과 번성을 위해 하나님께서 제정하신 혼인의 거룩성을 파괴하는 것이기 때문입니다.[6] 그러므로 하나님 나라 백성들은

---

4 특히 웨스트민스터 대요리문답과 웨스트민스터 소요리문답과 이에 대한 여러 해설서들은 일관되게 이런 점을 잘 지적하고 있습니다.

5 『하이델베르크 요리문답』, 109문.

6 이 점을 강조하는 C. F. Keil and Franz Delitzsch, *Commentary on the Old Testament*, vol. II, trans. James Martin, reprinted (Grand Rapids: Eerdmans,

그 어떤 형태의 간음도 그들 가운데 있지 않게 하려고 애써야 합니다.

그런데 사람들은 이러한 혼인 관계 밖에서의 성적인 행동만이 간음이라고 하기 쉽습니다. 예수님 당시의 유대인들의 그런 경향을 잘 아시는 우리 주님께서는 "여자를 보고 음욕을 품는 자마다 마음에 이미 간음하였느니라"(마 5:28)고 말씀하시면서 타락한 인간들의 문제를 잘 드러내셨습니다. 혼인 관계 외에 있는 사람에게 대하여 마음속으로 성적인 생각을 하여도 이미 간음한 것이라는 이 말씀의 의미를 잘 생각해야 합니다. 그래서 우리들은 과거 선배들의 가르침에 따라서 "혼인 관계 밖에서의 모든 성적인 생각과 말과 행동"을 다 〈제 7 계명〉을 어기는 죄라고 한 것입니다.

과거의 거의 모든 시대와 마찬가지로 우리 시대에도 성적인 죄를 그렇게 심각하게 여기지 않는 성향이 있습니다. 많은 사람들이 우리 시대는 더하다고 여길 정도입니다. 그리고 그것이 하나님을 섬긴다는 우리들에게도 깊이 들어와 있습니다. 그래서 우리 주변에 성적인 일탈들이 넘쳐납니다.[7] 그래서 우리들은 이 시대에 더욱 더 기도하고 조심해야 할 필요가 있습니다. 시대를 따라가는 것은 언제나 심각한 문제라고 성경이 늘 경고하고 있는 것인데(롬 12:1-2), 우리 시대에 우리들도 그런 상황 앞에 있기 때문입니다. 그러므로 우리들은 성적인 문제에 있어서도 이 시대를 따라 가지 않도록 늘 조심하고 경계하며 기도해야 합니다. 마음속으로부터 잘못된 생각이 나타나지 않도록 자신의 마음을 잘 지켜야 합니다. 그리고 그 누구도 자신과 다른 사람들을 믿

1976), 124도 보십시오.

7 이를 잘 드러내고 그로부터 피할 방도를 제시하는 책으로 그리 적극적으로 추천할 만한 것은 아니지만 Michael John Cusick *Surfing for God* (Nashville, TN: Thomas Nelson, 2012), 정성욱, 정인경 부부 옮김, 『하나님을 탐닉하라』 (서울: 홍성사, 2012)을 보십시오.

지 말아야 합니다. 하나님만 의지하는 원칙에 충실해야만 우리들은 〈제 7 계명〉을 범하는 일로부터 멀어질 수 있습니다.

우리가 이런 문제들과 적극적으로 싸우기 위해서는 (1) 우리 마음을 늘 하나님으로 가득하게 하는 일이 최선입니다. 항상 하나님을 생각하고, 하나님의 말씀을 읽고 듣고, 그에 대한 책들을 읽고 묵상하고, 하나님을 중심으로 하는 세계관을 가지고 이 세상의 모든 것을 바라보며, 그런 세계관에서 세상과 관여해야 합니다. 근본적으로 구속함을 받은 사람답게 하나님과 함께 살아야 합니다. 그리고 (2) 하나님께서 선물로 주신 가정을 잘 누려가야 합니다. 그것을 위해 (3) 건전한 교회의 구성원 역할을 제대로 감당하여가는 일이 큰 도움을 줄 수 있습니다. 교회 공동체의 지체 역할을 제대로 하여가면 하나님과 함께 살며, 제대로 된 가정을 누릴 수 있기 때문입니다. 이 세 가지는 서로가 서로를 지키는 것이라고 보면 됩니다. 교회 공동체의 지체 역할을 하지 않고, 건전한 가정을 누리지 않는 사람은 하나님과 함께 사는 것이 아닙니다. 하나님과 함께 사는 사람은 교회의 지체 역할을 하여 나가고, 하나님께서 선물로 주신 가정을 잘 지키게 되는 것이니 말입니다.

그리스도인들은 이 세상 사람들이 간음하지 말아야 할 이유 외에 또 하나의 더 큰 이유를 부여 받았습니다. 〈하이델베르크 요리문답〉도 그것을 생각하면서 "우리의 몸과 영혼이 모두 성령의 전이기 때문에 우리가 몸과 영혼을 순결하고 거룩하게 지키기 원하십니다."라는 말을 먼저 언급하고 있습니다.[8] 고린도전서에서 우리의 몸이 성령의 전이라고 말씀하신 것(고전 6:19)의 함의를 깊이 생각하면서 그 의미를 따라 우리의 존재 전체, 따라서 우리의 몸과 영혼이 모두 "성령의 전"이라고 고백한 하이델베르크 요리문답 작성자들의 온전한 이해를 우리도

---

8 『하이델베르크 요리문답』, 109문.

중요시하게 됩니다. 더구나 고린도전서에서는 구속함을 받은 성도들인 우리의 "몸이 그리스도의 지체인줄 알지 못하느냐?"고 묻기도 합니다 (고전 6:15). 그러므로 우리는 그 어떤 간음도 행해서는 안 된다고 하시는 것입니다. 그리스도의 지체를 가지고 창기의 지체를 만드는 일은 있을 수 없는 것이 아니냐는 공동의 의견에 호소하면서 강한 도전을 합니다(고전 6:15). 창기와 합하는 자는 저와 한 몸이 된다는 것을 처음 인간을 만드신 하나님의 의도를 말하는 창세기 2:24의 가르침의 빛에 비추어 제시하면서, 이에 근거하여 주와 합하는 자는 한 영이라고 하시면서(고전 6:17) 따라서 창기와 합하여 한 육체를 이루는 간음을 행할 수 없다는 것을 아주 명확히 합니다.

이 세상이 간통은 마치 죄가 아닌 것처럼 이끌어간다고 해도 성경은 원칙적으로 모든 사람들이 혼인 관계 안에서만 성적인 관계를 가져야 하고, 그것에서 어긋나는 것은 모두 간음죄라는 것을 분명히 합니다. 세상은 이런 하나님의 규정하심에 저항하면서 실천적으로도, 그리고 법률적으로도 벗어나 방종의 길로 가려고 합니다. 그래도 성적으로 모든 사람이 어떻게 살아야 한다는 하나님의 의도는 변함이 없이 존재하는 것입니다. 더구나 구속함을 받아 하나님 나라에 속했다고 하는 사람들은 자신들의 몸이 그리스도의 지체임을 생각할 때, 자신들이 주와 합하여 한 영임을 생각할 때 그 어떤 간음도 행해서는 안 된다는 매우 강한 가르침을 받습니다.

이렇게 성경은 성적인 것을 남자와 여자 사이에 있는 것으로 말하며, 혼인한 남자와 그와 혼인한 한 여자가 성적인 관계를 가지도록 하신 것이 하나님의 의도임을 아주 분명히 합니다.

3. 혼전 동거와 계약 결혼 등에 대하여

그리스도인들이 이 세상에 미칠 수 있는 간접적 영향 가운데 하나로 성경이 말하는 혼인의 의미를 잘 드러내는 삶을 사는 일이 있습니다. 특히 오늘날과 같이 혼인의 의미가 다 손상되어 가는 상황 가운데서는 이런 역할의 의미가 매우 강조되지 않을 수 없습니다. 혼인은 그저 사람들이 필요에 따라서 또는 관습에 따라서 하는 것이 아닙니다. 성경에 의하면 하나님께서 사람이 그런 방식으로 이 세상을 살도록 하셨기에 그 명령을 따라서 하나님의 명령을 수행하는 과정의 하나로서 혼인하여 사는 것입니다. 그러므로 특별히 혼자 사는 은사를 받지 않은 모든 사람들은 혼인하여 살면서 하나님께서 주신 사명을 감당해야 합니다.

오늘날 우리나라에도 혼전동거나 계약 결혼의 사례들이 증가하고 있습니다. 이것은 혼인에 대해서 하나님을 도외시할 때 나타날 수 있는 인간적 생각을 구체화한 것들의 예들입니다. 혼전동거는 혼인의 테두리 안에 하나님께서 허락하신 성적 교제(性的 交際)라는 원리에 충실하지 않으려는 마음과 혼인에 따르는 모든 책임을 다 감당하지 않으려는 마음이 함께 작용하여, 그저 일정 기간 동안 필요에 따라 같이 살아 보고, 그 결과를 가지고 혹시 혼인을 하려는 마음 등이 함께 작용하는 삶의 형태입니다. 인간 타락 상황이 아주 심각하여 그렇게 살다가 결국 혼인하려고 하는 사람들을 기특하게 여길 정도가 되었습니다. 이를 더욱 구체화하며 평생을 그와 같이 잠정적으로 살자고 하는 것이 계약 결혼입니다. 오래 전에 싸르트르(J. P. Sartre)와 보브와르(Simone de Beauvoir)가 구체적인 예를 제시하여 소위 지식인들 중에 그것을 모방하는 사람들이 있었습니다.

이 모든 문제의 극복은 우리의 삶에 대해서 생각할 때 하나님을 연관시키는 데서만 찾아 질 수 있습니다. 하나님을 도외시하면 결국 관습의 이름으로 다른 생각을 가진 사람들을 문제시하는 다수(多數) 중심의 논의를 할 수 있을 뿐인데, 이는 세월이 지나면 결국 그렇게 다르게 생각하는 사람들이 다수(多數)가 될 수도 있는 것이기에 문제의 진정한 해결책일 수 없습니다. 혼인 문제에서도 나와 너의 관계성 가운데 하나님께서 계시다는 것을 바르게 인식하는 것만이 우리들의 여러 문제들을 해결합니다. 기독교적으로 말하면 우리가 혼인하여 살 때 우리들은 하나님의 뜻에 따라서 같이 살아야 하는 것이므로 하나님의 뜻에서 어긋나는 혼전동거나 계약결혼은 있을 수 없는 일입니다. 교회 공동체 안에서부터 이 원리가 명확히 선언되고, 그 빛이 온 세상에 드러나도록 해야 합니다.

4. 동성애 문제와 〈제 7 계명〉

성경의 뜻을 존중하는 태도로 보면, 남성이 남성에 대하여 사랑하는 마음을 가지게 되고, 급기야 성적인 관계를 가진다든지, 여성이 여성을 사랑하게 되고 급기야 성적인 관계를 가기게 되는 이른 바 동성애적 정향과 동성애는 하나님께서 내신 창조 원리에 반하는 정향과 행동이라고 할 수 있습니다.[9] 이에 대해서는 로마서 1장 26절-27절을 잘 묵상해 보는 것이 좋습니다.[10] 우리는 그와 같은 성향을 타고 났으니 어쩔 수 없다고 주장하는 것도 심각한 문제입니다. 사실 그것은 사람들의

---

[9] 동성애 문제에 대한 좀 더 자세한 논의로 이승구, 『광장의 신학』 (수원: 합신대학원 출판부, 2010), 57-99를 보십시오.

[10] 그 외의 여러 성경 구절에 대해서도 앞서 언급한 『광장의 신학』을 보십시오.

동성애를 정당화하기 위해 하는 자기-주장의 하나일 뿐입니다. 많은 사람들이 오해하는 것과는 달리 오늘날의 연구는 동성애가 선천적이지 않다는 것을 상당히 드러내어 보여 줍니다.[11]

더 나아가 그 어떤 정황에서라도 우리는 성경에서 하나님께서 금하신 것을 옳다고 하면 안 됩니다. 그러므로 동성애적 정향과 동성애는 〈제 7 계명〉을 범하는 성향과 행동의 하나라는 것을 분명히 해야 합니다. 그러므로 이를 죄악된 성향과 죄악된 행동으로 인식하는 것이 중요합니다. 바울이 이를 인간의 악의 목록 가운데서 현저한 것의 하나로 여기면서 논의하였다는 것은 이것이 현저한 죄라는 것을 드러내는 것입니다.

그러나 동성애만이 〈제 7 계명〉을 어긴 죄인 것처럼 취급하는 것은 옳지 않습니다. 동성애도 타락한 사람들의 여러 가지 성적인 죄들 가운데 하나입니다. 그러므로 우리들은 이 모든 죄를 다 심각한 죄로 여겨야지 그 중의 어떤 것만이 더 큰 죄라고 여기지 말아야 합니다. 영국의 빅토리아 시대의 사람들이 동성애를 비롯한 특정한 죄를 아주 심각하게 여기면서도 그 시대의 대부분의 사람들이 이런 저런 죄 속에 있음을 잘 고발하는 소설들이나 영화들이 잘 드러내는 그 시대의 분위기, 즉 소위 빅토리아 시대의 젠체하면서 속으로 부정은 다 행하는 일 (victorian ethos)을 우리가 경멸하듯이, 우리들이 동성애 같은 것을 심각한 죄라고 하면서도 우리들 가운데 심각한 죄가 있으면 이 세상은 우리들을 경멸하고, 따라서 매우 안타깝게도 우리가 전하는 복음도 경멸하고, 심지어 하나님도 경멸하게 되는 것입니다. 그러므로 우리들은 동성애만이 아니라, 동성애를 비롯하여 "하나님께서 의도하신 혼인 관

---

11 서구의 최근 논의를 잘 정리하여 제시하는 김원평 외, 『동성애 과연 타고나는 것일까?: 동성애 유발 요인에 대한 과학적 탐구』 (서울: 라온누리, 2014)를 보십시오.

계 밖에서의 모든 성적인 생각과 말과 행동"이 다 〈제 7 계명〉을 적극적으로 어기는 죄악이라는 것을 아주 분명히 해야 합니다.

동성애적 정향을 느끼는 사람들은 인간에 대한 하나님에 의도를 잘 생각하면서 자신들의 성향을 고쳐 주시도록 하나님께 간구하며 모든 수단을 사용해서 바르게 될 수 있도록 노력해야 합니다. 그리고 가장 소극적으로는 그런 성향이 실제화되지(practice) 않도록 해야 합니다. 성령님께서 우리들을 온전히 하여 주시기를 간절히 바라면서 말입니다.

5. 나가면서

하나님께서 우리들에 대하여 의도하신 삶은 "영적이며-심리적이며-육체적인 삶"입니다. 그러므로 하나님께서 의도하신 그런 모습이 잘 드러나게끔 애쓰는 것이 〈제 7 계명〉을 잘 지켜가는 것입니다. 주님이 원하는 가정을 잘 드러나게 하는 일이 우리가 힘써 행할 일의 하나라는 말입니다. 가정 안에서 사랑도 있고, 같이 식사하는 일도 있듯이, 성 정체성도 있고, 성적인 관계도 있습니다. 하나님의 의도를 생각하며 하나님의 영광을 위한 삶에는 이 모든 것이 다 포함되어 있습니다. 그러므로 우리는 〈제 7 계명〉의 적극적 의도를 더 깊이 묵상하여 하나님께서 의도하신 남자들과 여자들과 하나님께서 의도하신 가정과 자녀와 하나님의 의도하신 가정의 모습이 드러나도록 힘써야 합니다. 그것이 〈제 7 계명〉을 지키는 것입니다.

제 8 계명과 우리

본문: 출 20:15; 신 5:19

구원함을 받은 거룩한 무리들, 즉 성도(聖徒)들이 이 세상을 살면서 행해야 할 일들 가운데 또 하나로 "도둑질하지 말 것"을 명하는 명령은 구약에서부터 주어져 있습니다(출 20:15; 레 19:11; 신 5:19). 구약 성도들도 이 말씀을 듣고 지켜야만 했고, 신약의 성도들도 그런 것입니다. 구원받은 성도들이 마땅히 해야 할 일 가운데 하나로 이를 명령하시는 것은 구원받았다고 해서 도둑질할 가능성이 아주 없어지는 것이 아니라는 것을 보여주는 것이기도 합니다. 즉, 우리가 받은 구원은 예수님을 믿음으로 구원받는 그 순간에 우리가 온전한 사람이 되는 그런 식으로 되는 것이 아니라는 것입니다. 그러므로 우리는 이 세상에 있는 동안 항상 우리 마음의 부패한 본성과 싸워가야 합니다. 우리의 이 영적인 싸움을 돕기 위해서 이런 명령이 주어졌습니다. 구원받은 사람들이 평생 싸워나가야 할 부패한 인간성의 발로의 하나가 도둑질하려는 성향인데, 우리들은 이 성향과 계속해서 싸움해야 합니다. 구원받은 사람들도 성령님에 의지해서 힘쓰지 않으면 부지불식간에 이런 부패한 성향에 따라가기 쉽습니다. 지난 번에 생각했던 살인, 간음 등의 문제도 마찬가지입니다. 그러므로 이와 같이 " ~ 하지 말라"는 부정적 형태의 금령은 우리의 상황을 매우 현실적으로 보여주면서 그 상황 가운데서 우리가 어떤 방향으로 나아가야 하는지를 제시하고 명령하는 것입니다.

성경은 죄악의 현실을 매우 현실적으로 다룹니다. 죄악된 인간의 모습을 가장 잘 드러내고 있는 것도 성경이고, 그 죄악과 그 결과로 주어진 비참함으로부터 구원받음을 유일하게 제시하는 것도 성경이고, 구원 받은 인간의 불완전함과 죄악을 잘 드러내는 것도 성경이고, 그런 부패한 인간성과의 힘 있는 투쟁의 필요성과 그 현실을 잘 제시하는 것도 성경입니다. 이 투쟁을 돕기 위해 주어진 금령 중의 하나가 이번에 우리가 생각하는 "도둑질하지 말라"는 말씀입니다. 이제 이 말씀의 의미에로 들어가 보기로 하겠습니다.

1. 도둑질하지 말라는 금령의 단순한 의미

이 금령은 일차적으로 그 어떤 형태의 도둑질도 하지 말라는 것입니다. 그러므로 이 계명이 본래는 목적격을 가지고 있어서 이스라엘 남자를 훔쳐서 종을 삼는 것을(the kidnapping of a free Israelite man) 금하는 법이었고, 10째 계명은 그 나머지 것에 대한 도적질을 금하는 것이었다는 알트의 논의는 전혀 설득력을 가질 수 없습니다. 모든 도적질을 금하는 이 계명은 다

---

¹ A. Alt, *Kleine Schriften zur Geschchte Volkes Israel*, 1 (Munich, 1959), 333-40, J. P. Hyatt, *Exodus*, The New Century Bible Commentary (London: Marshall, Morgan & Scott, 1971; reprint, Grand Rapids: Eerdmans, 1983), 215에서 재인용. 이는 비판적인 Hyatt 조차도 가능하기는 하지만 반드시 옳을 수 없으며, 본래 긴

른 정황에도 적용되지만 기본적으로 각자가 사유재산을 가지고 있는 것을 전제로 하는 말씀입니다. 후에 논의할 바와 같이 공동의 재산을 자신의 것으로 만들지 말라는 말도 이에 포함되지만, 기본적으로 이는 개개인들이 가지고 있는 다른 사람의 재산을 어떤 방법으로든지 자신의 것으로 만드는 일을 하지 말라는 것입니다. 그러므로 성경은 그 어떤 형태의 사유재산도 있어서는 안 된다는 입장에서 교훈을 주거나 명령하는 것이 아니라는 것을 분명히 해야 합니다.[2] 그러나 합법적으로 용인되는 사유 재산에 대한 생각은 잘못하면 수많은 문제를 일으킬 수도 있습니다. 즉, 인간의 욕심은 한이 없어서 어떤 방법으로라도 다른 사람들의 재산을 자신의 것으로 만들려고 하는 의도와 그런 행동이 나타나기 쉽습니다. 그런 인간의 의도를 잘 알기에 성경은 그런 시도를 일체 하지 말라고 말하고 있습니다.

이것은 적극적으로 남의 것을 부당하고 불법적인 방식으로 가로채는 것을 하지 말라는 것일 뿐만 아니라, 공적으로 주어진 것들을 사적인 용도로 사용하는 것도 일체 금하는 것입니다. 그러므로 사무실에서 업무를 위해 사용하도록 되어 있는 것들을 사적인 다른 용도로 전용하여 사용하는 것도 8계명에 어긋나는 것입니다. 또한 공적인 목적을 위해 사용하도록 되

계명이 짧게 되었을 수 없다는 근거에서 따르기 어려워하는 해석입니다.

2 8계명이 개인 소유권을 인정한다는 주장으로 Cornelis Neil Pronk, *Ten Commandments* (Calgary: Free Reformed Publications, 2009), 임정민 옮김, 『하이델베르크 요리문답으로 보는 십계명』(서울: 그책의 사람들, 2013), 126f.을 보십시오. 특히 "그렇기 때문에 그리스도인은 모든 형태의 사회주의나 공산주의를 거부합니다."는 말을 (126f.) 주의해서 보십시오.

또 다른 큰 문제로 "토지 공개념"도 오늘날과 같은 상황에서는 일반적인 원리로 주장되기 어렵다는 생각을 할 수도 있습니다. 통일 시대의 북한 땅에 대해서는 그런 개념으로 접근하면 좋을 것입니다. 그러나 이미 복잡해진 소유 관계를 가지고 있는 남한 땅들이 토지 공개념을 적용해 보려고 하는 것은 상당한 문제를 일으킬 수 있을 것입니다. 헨리 조오지(1839-1997)의 토지 사유제에 대한 비판과 대안 제시로 그의 *Progress and Poverty* (1879)를 번역하고, 이에 대한 논의를 담은 『진보와 빈곤』(서울: 살림, 2007)과 이 책에 소개된 이와 관련된 책을 참조해 보십시오. 그러나 토지 공개념에 대한 이런 비판이 이 땅에 만연한 땅 투기를 정당화하는 근거로 사용되어서는 안 될 것입니다. 후에 논의하겠지만 욕심에 근거한 땅 투기는 죄악이기 때문입니다.

어 있는 법인 카드를 사용하여 자신의 사적인 비용을 지불하는 것도 잘못된 것입니다. 기본적으로 우리 속에 있는 욕심이 문제가 됩니다.

이런 의미를 잘 드러내면서 〈하이델베르크 요리문답〉 〈제 110문〉에서는 아주 구체적으로 〈제 8 계명〉에서 하나님께서 금하신 것이 무엇인지를 지적하면서 다음 같이 언급하고 있습니다:

> 하나님께서는 세상 통치자들이 형벌하게 되어 있는 도적질이나 강도질만을 금하신 것이 아닙니다. 하나님께서는 도적질이라는 이름 아래 많은 것을 포괄하여 금하셨으니, 우리 이웃에게 속해 있는 재화를 우리의 것으로 만들기 위해 고안한 모든 사악한 사기나 방식을 모두 금하신 것입니다. 강압적인 방식으로 그리하는 것은 물론이거니와 공정하지 못한 추(unjust weights)를 사용하거나 그런 척도나 도량형을 사용하거나, 유사품을 만들거나 위조 동전이나 사전을 만드는 것이나 고리 대금을 하거나 하나님께서 금하신 그 어떤 방법을 사용하든지 간에, 합법적인 것처럼 보이는 방식으로라도 그리하는 것을 금하신 것입니다. 또한 하나님께서는 모든 탐심도 금하셨고, 하나님의 은사의 오용과 남용도 금하신 것입니다.

여기서 주목해 보아야 하는 것은 하나님께서 우리에게 주신 모든 것, 생명과 가족, 재산, 재능, 시간 등의 모든 것을 하나님의 선물이라고 규정하고, 하나님께서는 그것들이 조금이라고 오용되거나 낭비되는 것을 금하신다고 말하고 있는 점입니다. 하나님께서 주신 것을 낭비하거나 오용하는 것도 도둑질이라고 보는 것은 모든 것을 하나님 중심으로 바라보는 성경적 세계관을 가진 사람들의 마땅한 바일 것입니다.

2. 이 금령의 적극적 의미

그렇다면 이 금령은 그저 그렇게 남의 것을 불법적인 방도로 자신의 것으로 만들지 말라는 의미만을 지닌 것일까요? 이 금령에 대해서 깊이 생각하지 않으면 그렇게만 생각하기 쉽습니다. 그 정도로 생각하고 절대로 남의 것을 사취(詐取)하지 않는 것은 그 한도 내에서는 옳고 훌륭한 일입니다. 그래서 그 정도로만 생각하는 사람들 중에서 남의 것을 불법적으로 사취(詐取)하지 않은 사람들은 우리들은 이를 다 지켰다고 생각하고 그렇게 말하기 쉽습니다. 예수님 당시에 어떤 관리는 이 계명을 포함한 말씀을 듣자 "이것은 내가 어려서부터 다 지키었나이다"라고 담대히 말한 일도 있었습니다(눅 18:21, cf. 막 10:20). 그 사람이 이 금령을 표면적으로만 이해한 까닭입니다.

그러나 예수님과의 모든 논의가 이루어진 후에 결국 그 사람은 이 계명을 다 지킨 사람이 아니었음이 드러나게 됩니다. 그것은 이 사람이 살인을 하거나 간음을 하거나 실제로 도둑질을 한 사람이라는 것이 아니라, 이 사람은 이 금령의 더 적극적 의미를 잘 생각하지 않고, 그저 쉽게만 생각했었다는 말이지요. 우리들도 더 깊은 의미에로 들어가지 아니하면 이 사람처럼 이런 금령은 "우리가 다 지켰습니다"라고 잘못 주장할 수 있습니다. 그러나 하나님께서 이 금령을 우리에게 내셨을 때는 단순히 그 정도를 가지고 말씀하신 것이 아닙니다.

다른 분들도 더 나아가서 생각한 분들이 있지만, 특히 16세기와 17세기 우리 개혁신앙의 선배들은 이 금령의 적극적 의미를 깊이 생각하는 일에 앞장섰습니다. 예를 들어서, 17세기 문서인 〈웨스트민스터 대요리문답〉 141문에서는 "제 8 계명이 요구하는 의무는 무엇입니까?"라고 묻는 일을 먼저 하고 있습니다.[3] 이와 같이 제 8계명이 금하는 일이 무

---

[3] Cf. Johannes G. Vos, *The Westminster Larger Catechism: A Commentary*, edited by G. I. Williamson (Phillipsburg, New Jersey: P& R, 2002), 376f. 〈하이델베르크 요리문답〉은 〈제 110 문〉에서 금령의 의미를 먼저 묻고 대답한 후에 그 다음인 〈제 111 문〉에서 이 계명에서 하나님께서 원하시는 것을 찾아 가고 있습니다. 이에 비해서, 본문에서 말한 바와 같이, 〈웨스트민스터 대요리문답〉에서는 〈제 141 문〉에서 이 계명의 적

엇인지를 묻는 142문보다 적극적 의미를 더 앞에 놓고 있는 것을 볼 수 있습니다. 그리고는 다음과 같이 아주 적극적인 제시를 하고 있습니다:

> 〈제 8 계명〉에서 요구된 의무들은 사람과 사람 사이의 계약과 거래에서의 참됨과 신실함과 정의이고, 모든 사람에게 그에게 합당한 것을 주는 것이며, 합법적 소유주로부터 불법적으로 점유된 것들을 그 본 소유주에게 돌려주는 것이고, 우리 자신들의 능력에 따라서 그리고 다른 사람들의 필요에 따라서 거저 주고 빌려주는 것과 세상 재화에 대한 판단과 의지와 감정의 조절 (moderation)이고, 우리의 성질의 유지와 우리의 조건에 적합한 필요하고 적절한 재화들을 얻고, 보존하고, 사용하고, 없애는 일에 대한 신중한 관심과 연구, 그리고 합법적인 직업과 그에 대한 열심, 절약, 불필요한 소송이나 보증이나 그와 같은 관여를 피하는 것, 모든 정의롭고 합법적인 수단으로 우리 자신들의 것 뿐 아니라 다른 사람들의 재산을 얻고, 보존하고, 증진시키는 일에 대한 열심입니다.

이를 잘 살펴보면, 우리들은 17세기 우리 선배들이 얼마나 깊이 있게 그리고 바르게 생각했는지에 대해서 놀라지 않을 수 없으며, 더 나아가서 하나님의 말씀이 얼마나 포괄적인지를 생각하며 놀라지 않을 수 없습니다. 여기서 우리는 구원받은 하나님 백성의 재물관이 어떠해야 하며, 직업관이 어떠해야 하며, 이 세상에서 사는 방식이 어떠해야 하는지에 대해서 상당히 많이 배우게 됩니다.

〈제 8 계명〉의 적극적 의미의 기본적인 원칙이 제일 앞에 천명되는데, 그것이 바로 구원받은 성도들의 삶의 기본적 원리라고도 할 수 있습니다: **"사람과 사람 사이의 계약과 거래에서의 참됨과 신실함과 정의."** 우리는 이 세상에서 살 때 다른 사람과의 관계 가운데서 사는데

극적 의미를 묻고, 〈제 142 문〉에서 이 계명의 소극적 의미를 논하고 있습니다. 그런 점에서 〈웨스트민스터 대요리문답〉이 더 적극적이라고 할 수 있지만, 이것은 별로 큰 의미를 지닌 차이라고 하기는 어려울 것입니다.

그 때 그 모든 관계 가운데서 참됨(truth)과 신실함(faithfulness)과 정의(justice)를 지키고, 잘 드러내야 한다는 것입니다. 특히 "언약 공동체의 교제를 보호하기 위해"이 계명이 주어진 것입니다.4 그러므로 우리는 모든 관계 속에서 내가 참으로 참된지, 참으로 신실한지, 그리고 참으로 정의로운지를 물어야 합니다. 그렇지 않은 우리의 모든 것이 죄인 것이고, 그에 대해서 우리는 철저하게 회개하면서 우리의 모든 관계에서의 참됨과 신실함과 의로움을 지향해 나아가야 합니다. 구원 받은 우리의 삶은 적극적으로 그런 참됨과 신실함과 의로움을 간직하고 이 세상에 드러내기 위해 있는 것이라고 할 수 있습니다. 여기 구원 받은 우리의 일상생활의 적극적 의미가 잘 드러납니다. 우리의 일상생활이 참됨과 신실함과 의로움을 간직하고 드러내기 위한 것이라는 말입니다. 여기 구원 받았음의 증거가 있고, 진정 구원 받은 사람다운 삶이 있습니다.

3. "참됨과 신실함과 정의를 드러냄"의 구체적 의미

이것은 구체적으로 우리에게 어떻게 할 것을 요구하는 것입니까?

첫째로, 모든 사람에게 그에게 합당한 것을 주어야 합니다. 어떤 사람이 일을 했을 때 그에게 보수를 주는 것은 내가 선심을 베풀어주는 것이 아니고 그에게 합당한 것을 주는 것이라고 생각해야 합니다. 사업체의 주관자들이 그 사업체에서 일하는 사람들에게 정당한 보수를 줄 때에 우리가 주는 것이라고 생각해서는 안 됩니다. 각자가 일한 것에 대해서 그에 합당한 몫을 받는 것입니다. 마땅히 그들의 것을 그들에게 돌려주는 것이라고 생각해야 합니다. 그래서 구약에서도 "착취하

---

4 이 점을 강조하는 R. Alan Cole, *Exodus*, Tyndale Old Testament Commentaries (Leicister: IVP, 1973), 160를 보십시오.

지 말며, 품꾼의 삯을 아침까지 밤새도록 네게 두지 말며"(레 19:13)라고 했습니다. 이것은 그저 임금 체불을 하지 말 것을 명하는 정도가 아니고, 그 임금을 **그가 받을 마땅한 것이라고 생각해야만 한다**는 것을 강조하는 것입니다. 그에 대해서 정당하게 생각하지 않고, 바르게 행하지 않을 때에 하나님께서는 이렇게 말씀하십니다: "보라 너희 밭에서 추수한 품꾼에게 주지 아니한 삯이 소리 지르며, 그 추수한 자의 우는 소리가 만군의 주의 귀에 들렸느니라"(약 5:4).

이것은 또한 우리가 일할 때 어떤 마음으로 해야 하는지에 대한 함의도 지니고 있습니다. 합법적인 직업을 가지는 것과 그에 대한 열심이 〈제 8 계명〉이 우리에게 요구하는 의무 가운데 하나로 있다고 하는 것은 16세기와 17세기 우리 신앙의 선배들이 신앙을 얼마나 포괄적으로 생각하고 있었는지를 잘 보여 주는 것입니다. 합법적인 직업을 가지고 그에 열심을 내는 것이 우리들이 마땅히 할 바이고, 그로부터 우리가 마땅한 몫을 받는 것은 합당한 것이라는 것을 아주 분명히 하는 것입니다. 따라서 "필요하고 적절한 재화들을 얻고, 보존하고, 사용하고, 없애는 일에 대한 신중한 관심과 연구"도 필요하다고 말하며, 그것이 하나님 앞에서 책임있게 살아가는 일이라고 말하는 것입니다. 우리는 이런 일에 열심을 내야 하는데, 자기 자신이 아니라 우리의 참된 고용주 되시는 하나님을 위해 할 수 있는 대로 높은 이익을 내려고 애쓰는 사람이어야 하는 것입니다.[5] 그런 뜻에서 우리는 성경적 의미의 청지기들이고, 우리의 모든 경제 활동은 청지기로서의 역할을 열심히 하는 것이어야만 합니다. 사업을 하는 사람들만 그런 것이 아니고, 고용되어 일하는 사람도 그 인간 고용주에게 고용된 것일 뿐만 아니라

---

5 이런 의미를 잘 드러내고 있는 Pronk, 『하이델베르크 요리문답으로 보는 십계명』, 127을 보십시오.

결국은 하나님의 청지기로서 일을 하는 것입니다.

그러므로 그리스도인들은 고용된 사람이 "그 날 해야 하는 일을 정직하게 하지 않는 것도 도둑질"이라고 생각하는 것입니다.6 그러므로 "예수님께서 금지하시는 것은 물질이 아니라 물질에 대한 사랑"이라는7 일반적인 원칙은 늘 강조되어야 합니다. 맘몬이라는 단어는 본래 "사람이 신뢰하는 무엇 혹은 그와 같은 것들을 의미하는데, 사람이 신뢰하는 대상이 대부분 재화이기 때문에 이 단어가 결국 모든 물질적 재산, 즉 소득, 부, 돈 등을 가리키게 되었다"는 카슨의 설명을8 생각하면, 결국 문제는 우리가 궁극적으로 재화를 신뢰하는가 아니면 하나님을 신뢰하는가 하는 것이 종국적 문제임을 알게 됩니다.

그러므로 우리가 주의하지 않으면 재화에 온통 마음을 빼앗길 수도 있다는 것을 잘 알았던 우리 선배들은 "세상 재화에 대한 판단과 의지와 감정의 조절(moderation)"도 필요하다고 했습니다. 지나치게 재화의 문제에 마음을 빼앗겨서는 안 된다는 것이지요. 주어진 것에 대해서는 성실하게 감당하되 우리 개인적으로는 "우리가 먹을 것과 입을 것이 있은즉 족한 줄로 알 것이니라"(딤전 6:8)고 말씀하신대로 살며, "돈을 사랑하지 말고 있는 바를 족한 줄로 알"아야 할 것입니다(히 13:5). 또한 구약의 신실한 성도와 같이 "나를 가난하게도 마옵시고 부하게도 마옵시고 오직 필요한 양식으로 나를 먹이시옵소서"(잠 30:8)라고 기도해야 합니다. 이와 같이 모든 것에서 적절함(moderation)을 추구하는 것이 구원함을 받은 성도의 마땅한 바인 것이지요. 그러므로 기본적으로 절

---

6 많은 사람들이 이를 지적하지만 특히 Pronk, 『하이델베르크 요리문답으로 보는 십계명』, 131을 보십시오.

7 많은 분들이 이를 강조하지만 특히 카슨의 초기 책의 하나인 D. A. Carson, *The Sermon on the Mount: Mount: An Evangelical Exposition of Matthew 5–7* (Grand Rapids: Baker, 1982), 정광욱 옮김, 『산상설교』(서울: 기독지혜사, 1992), 119를 보십시오.

8 Carson, 『산상설교』, 126f.

약하고, 그렇기에 단순한 삶을 사는 것이 이 계명에 포함된 것입니다.

그렇기에 여기에는 "불필요한 소송이나 보증이나 그와 같은 관여를 피하는 것"도 포함되어 있습니다. 하나님의 백성들은 세상 법정에 호소해서는 안 된다는 말씀(고전 6:4)에 대한 고려와 함께 이런 소송이 대개는 재화를 더 얻으려는 마음으로 진행된다는 것을 감안한 생각인 것입니다. 복잡한 현대 사회에서 상대편이 고소하여 어쩔 수 없이 법정에서 다투어야 하는 경우가 아니면, 될 수 있는 대로 세상 법정에 호소하지 않는 것이 옳을 것입니다.

만일에 다른 분들이 갑자기 재화를 필요로 하게 되는 상황에 처하게 된 경우에는 어떻게 해야 할까요? 이 경우에도 "우리 자신들의 능력에 따라서 그리고 다른 사람들의 필요에 따라서 거저 주고 빌려주는 것"이 필요하다고 우리의 신앙의 선배들은 고백했습니다. 물론 자신의 능력에 넘치게 거저 주고 빌려주는 것은 자신의 능력 이상의 것을 하여 자신과 상대 모두를 어려움에 빠지게 하는 것입니다. 그러므로 능력에 넘치는 일을 하려고 해서는 안 됩니다. 그러나 능력이 있으면 다들 이와 같이 하는 것이 옳습니다. 우리에게 재화가 주어진 중요한 목적들 가운데 하나가 결국 사람들을 잘 돕도록 하려는 것이기 때문입니다. 그러므로 형편이 넉넉한 상황에서도 이런 일을 게을리하는 것은 과연 왜 우리가 재화를 소유하는지를 잘 생각하지 않는 것입니다.

그러나 이것이 은행 같은 것이 발달된 상황에서 그 어떤 이자도 받지 않는 것이 옳거나 더 정의롭다는 의미는 아닙니다. 단지 잘 아는 개인 간에는 능력의 한계 내에서 거저 주고 빌려 주는 것이 옳다는 것입니다. 앞서 말한 재화에 대한 지나친 집착은 이를 전혀 하지 못하게 할 것입니다. 그러나 그에 집착하지 않을 때 우리는 능력이 되는 한도 내에서 어려움에 처한 사람들에게 거저 주고 빌려주는 일에서 인색하지 않을 수 있습니다. 물론 도움을 받은 입장에서는 이런 일에 대해서 참으로 감사히 여기고, 최선을 다해 회복시켜서 자신이 다른 사람들을 도울 수 있는 사람이 되도록 노력해야 합니다. 이것은 절약과 검소하게 사는 삶의 방식을 통하지 않고서는 이루어질 수 없습니다.

4. 〈제 8 계명〉의 적극적 의미의 요약

이제까지 말한 〈제 8 계명〉의 적극적 의미를 요약한다면 그것은 "모든 정의롭고 합법적인 수단으로 우리 자신들의 것 뿐 아니라 다른 사람들의 재산을 얻고, 보존하고, 증진시키는 일에 대한 열심"이라고 말할 수 있을 것입니다. "도둑질하지 말라"는 말에 자신들의 재산을 정의롭고 합법적인 수단으로 얻고, 보존하고, 증진시키는 일에 열심을 가져야 한다는 것이 포함되어 있다는 것을 생각하는 것은 모든 것을 근원적으로 잘 미루어 살피는 사람들의 놀라운 추론입니다. 그렇게 하지 않는 것은 〈제 8 계명〉을 범하는 것이라는 말입니다. 또한 우리는 다른 사람들의 재산이 정의롭고 합법적인 방식으로 얻어지고, 보존되고, 증진되도록 하기도 해야 합니다. 참 하나님의 백성들은 자신의 재화뿐 아니라 다른 사람의 재화도 그 자체를 부정적으로 보지 않습니다. 합법적으로, 그리고 정의롭게 재산이 얻어지고 보유되고, 증진(增進) 되는 것에 항상 신경 써야 합니다. 그러나 자신의 재산의 증진을 위해서 다른 사람의 재산이 증진 되는 것을 막아서는 안 됩니다. 그렇게 할 때에만 참으로 합법적이고 정의로운 경쟁이 있을 수 있습니다.

　　진정한 하나님의 백성들은 그 어떤 형태의 "도둑질도 하지 않을" 뿐만 아니라, 자신들과 다른 사람들의 재산이 합법적으로 그리고 정의롭게 얻어지고, 보유되고, 증진 되는 것에도 관심을 가지고 그것을 위해 애쓰는 사람들입니다. 그러나 일반적인 사람들이 그리하듯이 재화 자체에 대한 지나친 관심 때문에 그리하는 것이 아니고, 그 모든 것이 주께서 자신들에게 부탁하고 맡기신 것이라는 것을 잘 의식하기에 주께서 맡기신 것을 제대로 활용하기 위해 최선을 다하는 것입니다. 그러므로 우리들 각자는 자신들의 속마음을 깊이 있게 살펴야 합니다. 우리에게 참으로 재물과 재화 자체에 대한 욕심이 없는지를 말입니다. 그런 욕심이 전혀 없이 주어진 것을 최선을 다해 수행해가는 사람이 참으로 구원받은 사람입니다.

〈하이델베르크 요리문답 제 111 문〉은 이 계명의 적극적 의미에 대해서 다음 같이 묻고 대답하고 있습니다.

> 문: 이 계명에서 하나님께서 원하시는 것은 무엇입니까?

> 답: 내가 할 수 있고 해도 좋은 경우에는 나의 이웃의 유익을 증진시키며,
> 내가 남에게 대접을 받고 싶은 대로 이웃에게 행하고,
> 더 나아가 어려운 가운데 있는 가난한 사람을 도울 수 있도록
> 성실하게 일해야 합니다.

5. 이 모든 것의 실천적 의미

그러면 이미 잘못한 상황에서는 어떻게 해야 합니까? 아주 구체적으로 자신의 죄악을 하나님 앞에 회개해야 합니다. 중요한 것은 그런 참된 회개와 통회의 심정을 가지는 것입니다. 위에서 언급한 모든 문제들에 저촉되는 모든 것에 대하여 하나님 앞에 진정으로 회개해야 합니다.

그리고 그 회개의 표로 남에게서 부당하게 얻은 것이 있으면 할 수 있는 한 그 이상의 것을 더하여 회복시키는 일에 앞장서야 합니다.

1세기 유대 사회에서 로마에 바치는 세금을 관리하고 그 과정에서 수많은 착복을 하였던 삭개오가 진정으로 회개하고서 서서 이르기를 "주여 보시옵소서. 내 소유의 절반을 가난한 자들에게 주겠사오며 만일 뉘 것을 토색한 일이 있으면 사배나 갚겠나이다"(눅 19:8)라고 말한 것을 참조하는 것이 좋습니다. 물론 이것이 율법처럼 그대로 4배를 갚아야 한다고 생각하기 보다는 그런 정신으로 착취한 재화를 회복하여 주어서 그들이 살 수 있도록 하는 일을 해야 한다는 것입니다.

혹시 우리가 사기당하거나, 강도당하는 일과 같은 일이 발생하면 어떻게 해야 합니까? 그것 때문에 분노하며 잠을 못 이루고 하는 것은 결국 우리가 재화에 온통 마음을 빼앗기고 있다는 증거가 됩니다. 그러므로 성령님을 의존하여서 재화 자체에 대해 초연한 태도를 가져야 하고, 그 잃어버린 재화에 대해서도 초연해 질 필요가 있습니다. 그저 자연에 자신의 삶을 맡기고 운명에 순응하라는 권면을 하였던 스토아 사상가들과는 다른 의미의 초연이 필요한 것입니다. 과연 성령님을 의존하고 사는 사람다운 초연함이 여기 있어서 하나님의 백성은 물질에 매여 있지 않을 뿐만 아니라, 스토아적인 초연함과도 다른 의연함을 늘 드러내야 합니다. 과거의 신실한 성도들은 그런 모범을 잘 드러내었습니다. 영국의 후기 청교도 목사요 주석가라고 할 수 있는 매튜 헨리(1662-1714)는 강도를 만나 상당한 액수의 돈을 빼앗긴 날에 자신의 일기에 다음과 같은 기도를 적었다고 합니다:

주님, 저는 (오늘 이전에는) 지금까지
한 번도 강도를 만나지 않았던 것에 대해서,
그리고 (이번에) 돈을 빼앗겼지만 생명은 빼앗기지 않은 것에 대해서,
그것도 오늘은 다 빼앗겼지만 그것이 그렇게 많은 것이 아닌 것에 대해서,
제가 강도를 당했지 강도짓을 하지 않은 것에 대해서 감사합니다.[9]

다른 사람들은 분내며 안타까워할 상황에서도 이런 4중의 감사를 할 수 있었던 옛 목사님은 참으로 하나님을 전적으로 의존하고, 재화에 마음을 두지 않았다는 것을 잘 드러내는 것입니다. 바로 이런 것이 바울이 말한 바 "어떤 상황에서도 자족하기를 배우는"(빌 4:11) 것이라고 할 수 있습니다. 우리도 그런 마음의 자세를 가지고 살아야 합니다.

우리는 참으로 하나님 한 분만으로 만족하는 일을 계속해서 연습해야 합니다. 만일 그렇게 하지 않는다면 우리 주님께서 "사람이 만일 온 천하를 얻고도 자기 목숨을 잃으면 무엇이 유익하리요?"(막 8:36) 하는 그 문제의 인물이 될 수도 있습니다. 그러므로 우리는 언제든지 주님께, "주님, 주께서 구속하여 당신님의 것으로 삼으신 저와 저의 소유와 저의 삶과 저의 가족이 다 주님의 것입니다"라고 말할 수 있어야 합니다. 중요한 것은 나의 소유도, 나의 사업도, 나의 업적도, 심지어 나의 삶도 아니고, 그것을 이루시는 하나님뿐이기 때문입니다. 왜냐하면 "이 세상과 그 즐거움도 다 지나가지만, 오직 하나님께서 우리 안에서 일하신 것만 남기" 때문입니다.[10]

이렇게 하나님으로만 만족하는 사람은 그저 아무것도 하지 않는 것이 아니고, 놀랍게도 자신의 재산의 획득과 보존과 증진만이 아니라, 다른 사람들의 재산의 획득과 보존과 증진을 위해 최선의 노력을 하게 됩니다. 어려운 가운데 있는 사람들을 돕기 위해서 열심히 일하여 재화를 얻어 그들을 돕는 일에 힘쓰게 됩니다. 여기 진정 은혜 받은 사람의 삶이 있습니다. 그러므로 진정한 그리스도인들은 항상 열심히 일하는 사람들입니다. 자신에게 여유가 있어서 일하지 않아도 좋은 상황에

---

9 Carson, 『산상설교』, 127에서 재인용.

10 많은 사람들이 이를 지적하지만 특히 Pronk, 『하이델베르크 요리문답으로 보는 십계명』, 134을 보십시오.

도 자신을 위해서가 아니라 결국 다른 사람을 돕기 위해 열심히 일해야 하는 것입니다. 4세기의 배교자 율리안 황제(Julian the Apostate, 331/332-363)가 기독교를 핍박하다가 그리스도인의 삶에 대해 놀라면서 스스로를 부끄러워하면서 했다는 다음 같은 말을 우리들도 마땅히 들어야 합니다: "저 나사렛파 사람들이 자기네 사람들뿐 아니라 우리네 사람들까지 먹여 살리는데, 우리네 사람들은 우리에게서 도움 받는 것이 하나도 없구나."[11] 우리도 과연 그런 반응의 대상이 되는 삶을 살아야 할 것입니다. 여기에 과거 진정한 성도들의 그 실천적 삶을 따라가는 우리의 모습이 있습니다.

---

[11] Carson, 『산상설교』, 146에서 재인용.

제 9 계명과 우리

본문: 출 20:16; 신 5:20.

이 말씀의 일차적인 문맥은 다른 사람들, 특히 이웃에 대하여 잘못된 증언을 하는 것을 금하는 것입니다. 이 명령의 원맥락에서 보면 언약 공동체의 일원인 '네 이웃에 대하여'(בְּרֵעֲךָ)[1] 증언하게 될 때에 "거짓된 증언"을 하지 말라는 것입니다. 물론 과거 이스라엘 가운데서나 우리들 사이에서나 '그러니 이웃이 아닌 사람에 대해서는 거짓 증언을 할 수 있다'든지,[2] '이웃에 대한 거짓 증언 이외에는 다른 거짓말을 할 수

---

[1] 이 점을 강조하는 B. S. Childs, *Exodus*, Old Testament Library (London: SCM, 1974), Childs, 424; 그리고 John I. Durham, *Exodus*, Word Biblical Commentary (Waco, Texas: Word Books, 1987), 297; Earl S. Kalland, "Deuteronomy,"in *The Expositor's Bible Commentary 3* (Grand Rapids: Zondervan, 1992), 59("another Israelite under the covenant")를 보십시오. 그러나 이를 강조하면서 챠일즈 처럼 후기 이스라엘 사회를 생각해서는 안 되고, 출애굽하여 나온 이스라엘 공동체가 이미 하나님과의 언약 관계에 있는 언약 공동체임을 의식해야 할 것입니다. 출애굽기 20-24이 언약의 맥락 가운데 있음을 강조해야 할 것입니다.

[2] 후에 나타나겠지만 프레임의 기발한 생각 속에 이런 함의가 나타나 있다고 여겨집니다. Cf. John M. Frame, *The Doctrine of the Christian Life* (Phillipsburg, New Jersey: P&R, 2008), 특히 89. 그는, 거의 모든 윤리학 책에 나오는 윤리적 딜레마의 경우들, 특히 2차 세계대전 중의 케쉬타포가 유대인을 찾을 때의 정황을 생각하면서 이를

있다'고 생각하거나 말하는 것은 성경이 말하는 진정한 의미를 참으로 무시(無視)하는 것이 될 것입니다. 그러므로 우리는 성경을 이와 같이 자기 식으로 사용하는 어리석음과 사악한 죄에서 벗어나야 합니다. 그러면 이 말씀이 의미하는 바의 뜻은 과연 무엇일까요?

1. 〈제 9 계명〉의 소극적 의미

소극적으로 이는 어떤 사태에 대하여 거짓된 것을 말하지 않을 것을 요구하는 명령입니다. 일차적으로 증언하는 데 있어서 그리하지 말라는 것입니다.[3] 출애굽기에서는 "거짓된"(שֶׁקֶר) 증언(עֵד)을 하지 말라고 되어 있고, 신명기 5:20에서는 "헛된, 신실하지 않은, 가치 없는, 근거 없는"(שָׁקֵר) 증언(עֵד)을 하지 말라고 되어있는데,[4] 이것은 근본적으로

생각하는 것입니다.

3 "이 구절의 언어는 법정의 언어"라는 점을 특히 강조하는 M. E. Andrew, "Falsehood and Truth: Ex. 20:16," *Interpretation* 17 (1963): 425–38, at 427; J. P. Hyatt, *Exodus*, The New Century Bible Commentary (London: Marshall, Morgan & Scott, 1971; reprint Grand Rapids: Eerdmans, 1983), 215; 넓은 의미의 활용을 반대하지 않으면서도 일차적으로는 법정적임을 강조하는 Ronald E. Clements, Exodus, The Cambridge Bible Commentary (Cambridge: University Press, 1972), 126; Durham, *Exodus*, 296; 그리고 Frame, *The Doctrine of the Christian Life*, 830을 보십시오.

그러나 그로부터 이 계명 자체가 이스라엘의 구체적인 사법 제도로부터 기인한 것이라고 표현하는 것(B. S. Childs, *Exodus*, Old Testament Library [London: SCM, 1974], 424)은 심각한 문제를 일으키는 것이 됩니다. 또한 Hyatt가 이 부분의 기록 연대를 늦추어 보려는 시도를 하는 것은 정당한 것이 아닙니다.

4 일반적인 것이나 이를 명시하는 C. F. Keil and F. Delitzsch, *Commentary on the Old Testament*, vol. 2: *The Pentateuch 2*, trans. James Martin, reprint (Grand Rapids: Eerdmans, 1976), 124를 보십시오: "עֵד is not evidence, but a witness." 또한 그는 출애굽기의 표현은 "a witness of a lie"로 번역하고, 신명기의 표현은 "vain, worthless, unfounded witness"로 제시하고 있습니다. 신명기의 표현이 다른 곳에 나타나지 않는 표현이라는 것에 근거해서 신명기 형태가 더 원형적이라고 하는 것도(Hyatt, *Exodus*, 215) 바른 것이라고 할 수 없습니다. 출애굽기의 표현이 증인과 이웃의 관계에 좀 더 초점을 맞춘 것이고 신명기 표현은 증인 자체의 악한 성격을 더 드러내는 표현이라고 하는 M. A. Klopfenstein (*Die Lüge nach dem Alten Teatament* [Zürich: Gotthelf-Verlag, 1964], 21)의 구별은 "구약안의 증거가 허용하는 것보다 더 정밀하려는

같은 의미를 지닌 것으로 받아들여져야 합니다.[5] 거짓된 증언이 헛된 증언이기 때문입니다. 다른 사람들에 대해서 있지도 않은 것을 더하여 자신이 상상한대로 말한다든지, 아니면 사태에 대해서 말하기는 하는 데 전체 사태를 다 말하지 않아서 사람들로 하여금 사태를 왜곡해서 파악하게 하는 말이 거짓 증언입니다. 이는 결국 듣는 사람들로 하여 금 사태를 정확히 파악하지 못하게 하는 결과를 내고 맙니다. 그러므로 결국은 재판을 그르치게 하고, 억울한 사람이 생기게 하는 결과를 내는 것입니다. 그렇기에 이러한 위증(僞證)을 하지 말라는 것이지요 (출 23:1 참조).

위증은 억울한 사람의 인격에 손상을 주고, 그의 경제적 상황에도 타격을 줄 수 있고, 때로는 그의 생명에도 손상을 줄 수 있는 것이기 에 이 금령은 앞선 다른 계명들과도 연관성이 있는 금령이 아닐 수 없 습니다.[6] 이스라엘에게 주어진 법에 의하면 증인이 처 죽이는 일에서 도 앞장 서게 되어 있으므로(신 17:7), "만일 그가 거짓말을 한다면 그 는 억울한 피를 흘리는 일을 하게 되는 것입니다."[7] 과거 이스라엘 사

것이다"는 Durham의 평가가(*Exodus*, 296) Hyatt에게도 적용되어야 할 것입니다.

 5 그래서 NIV는 이것이 동의어로(synonymous) 사용된 것으로 보아 구별 없이 둘 다 "false witness"라고 번역하고 있다는 설명으로 Kalland, "Deuteronomy,"59, n. 20을 보 십시오. 그러므로 프레임이 생각하는 것처럼 두 단어는 "뉘앙스의 차이는 있지만 상당히 바꾸어 쓸 수 있는 용어들"로 보는 것이 좋습니다(Frame, T*he Doctrine of the Christian Life*, 830, n. 1).

 6 그러므로 〈제 9 계명〉이 〈제 3 계명〉과 〈8 계명〉과만 밀접히 연관되어 있다는 챠 일즈의 말은(Childs, *Exodus*, 425) 의미 있지만 그것에만 한정하는 것은 옳지 않을 것입 니다. 오히려 "거짓된 증거 제시로 이웃의 생명과 혼인 생활과 재산이 위험에 처할 수 있 는 모든 경우를" 다 생각하는 카일의 생각이 더 옳을 것입니다(Keil and Delitzsch, *Commentary on the Old Testament*, vol. 2: *The Pentateuch 2*, 124). 카일의 이런 생 각이 〈제 8 계명〉부터 〈제 10 계명〉까지를 모두 소유에 대한 것으로 파악해 보려는 프레 임의 생각(Frame, *The Doctrine of the Christian Life* , 831)보다 더 나은 것으로 판단 됩니다.

 7 당시 상황을 생각하면서 이점에 환기시키는 R. Alan Cole, *Exodus, An Introduction and Commentary*, Tyndale Old Testament Commentaries (Leicester and

회에서만 그런 것이 아니고 "나의 평가라는 것이 붙거나 덜거나 하는 일이 생기면 무서운 해악을 불러일으키는 것입니다. 이런 일의 손해라는 것은 단순히 피증언자에게만 미치는 게 아니라 사회상 많은 해를 끼치고 나아가서는 하나님의 거룩한 이 산업과 경영하시는 그 나라에 대단히 큰 해를 끼칩니다."[8] 거짓 증언이 하나님 나라에 큰 해를 끼치는 일도 있다는 말입니다. 그래서 이런 것이 중요하기에 거짓 증언하지 말라는 명령을 별도로 내리신 것입니다. 그래서 시내 산에서 이스라엘 백성과 언약을 맺으신 여호와께서는 조금 후에 "거짓 일을 멀리하며, 무죄한 자와 의로운 자를 죽이지 말라. 나는 악인을 의롭다 하지 아니하겠노라"(출 23:7)라고 말씀하셨습니다.

그리고 거짓 증인은 성경에서 지속적으로 비판받고 있습니다: "신실한 증인은 거짓말을 아니하여도 거짓 증인은 거짓말을 뱉느니라"(잠언 14:5); "거짓 증인은 벌을 면하지 못할 것이요 거짓말을 뱉는 자는 망할 것이니라"(잠언 19:9); 그리고 "거짓말하는 자의 입은 막히리로다"(시 63:11)고 합니다.[9] 그러므로 특별한 이유가 없는데 자신이 알고 있는 것을 말하지 않는 묵비권 행사도 지나치면 이 계명을 어기는 것이 되는 것입니다.[10]

거짓 증언이 이렇게 심각한 것이므로 "재판장은 자세히 조사하여 그 증인이 거짓 증거하여 그 형제를 거짓으로 모함한 것이 판명되면,

---

Downers Grove: IVP, 1973), 161을 보십시오

[8] 김홍전, 『십계명 강해』(서울: 성약, 1997), 222-23.

[9] Cf. 잠언 21:28 ("거짓 증인은 패망하려니와"); 잠언 19:5; 시 5:6 ("거짓말하는 자들을 멸망시키시리이다"); 사 5:18 ("거짓으로 끈을 삼아 죄악을 끌며 수레 줄로 함 같이 죄악을 끄는 자는 화 있을진저").

[10] 조금 애매해서 다른 해석이 있을 수도 있지만 상식적으로 해석한다면 레위기 5:1이 이런 함의를 전달할 수 있을 것입니다: "만일 누구든지 저주하는 소리를 듣고서도 증인이 되어 그가 본 것이나 알고 있는 것을 알리지 아니하면 그는 자기의 죄를 져야 할 것이요 그 허물이 그에게로 돌아갈 것이며."

그가 그의 형제에게 행하려고 꾀한 그대로 그에게 행하여 너희 중에서 악을 제하라"(신 19:18-19)는 명령도 주어져 있습니다. 이와 같이 네 이웃에 대해여 거짓 증거하지 말라는 금령의 일차적 맥락은 이런 재판의 정황입니다. 그리고 증언의 역할이 매우 중요하기에 한 증인의 증거에 근거해서는 그 누구도 사형에 처하지 못하게 했습니다(민 35:30; 신 19:15 참조).

그러나 이 계명을 내신 입법자(立法者)이신 하나님의 의도에 비추어 생각해 보면 이런 재판 정황에서만이 아니라 다른 상황 속에서도 그와 같은 결과를 내도록 하는 말을 하는 것은 다 거짓말하는 것이 됩니다. 그러므로 이 계명은 어떤 정황에서도 거짓말을 하지 말라고 하는 것입니다.[11] 좀 더 적극적으로 말하자면, "삶의 모든 정황 가운데서 진리의 거룩성을 드러내기를 요청하는" 것입니다.[12] 즉, 이는 "언약 공동체 안에서의 신실함에 대한 일반적 관심을 고양시키는" 것입니다.[13] 그래서 시내 산에서 하나님과 언약한 이스라엘 백성에게 "너는 거짓된 풍설을 퍼뜨리지 말며 악인과 연합하여 위증하는 증인이 되지 말며"라고 말하십니다(출 23:1).[14] 신약 시대에 바울도 아주 분명하게 그리스도인들, 즉 하나님 나라 백성들은 이미 옛사람을 벗어 버리고 새사람을 입었으니, "너희가 서로 거짓말을 하지 말라"(골 3:9)고 명령합니다. 성

---

[11] 일반적인 것이나 이점을 강조하는 Durham, *Exodus*, 296; 정규남, 『출애굽기』 (서울: 햇불, 2006), 560도 보십시오. Walther Eichrodt, "The Law and the Gospel," trans. Charles F. McRae, *Interpretation* 11 (1957): 38도 같은 견해를 말한다고 인용하고 있습니다.

[12] Walter C. Kaiser, Jr. "Exodus,"in *The Expositor's Bible Commentary* 2 (Grand Rapids: Zondervan, 1990), 425: "… calls for sanctity of truth in all areas of life…".

[13] Frame, *The Doctrine of the Christian Life*, 831.

[14] 또한 레위기 19:16도 참조 하라: "너는 네 백성 중에 돌아다니며 사람을 비방하지 말며, 네 이웃의 피를 흘려 이익을 도모하지 말라. 나는 여호와이니라."

경은 "거짓 입술은 여호와께 미움을 받는"다는 것을 강조합니다(잠 12:22). 죄인들의 죄악을 열거하는 중에 거짓은 항상 언급됩니다: "그들의 입은 거짓을 말하며 그의 오른손은 거짓의 오른손이니이다"(시편 144: 8, 11); "그 부자들은 강포가 가득하였고 그 주민들은 거짓을 말하니 그 혀가 입에서 거짓되도다"(미가 6:14).[15]

예를 들어서, 나쁜 의도 없이 그저 남들의 기분을 맞추어주기 위해서 하는 말에 거짓이 포함되고 있을 수도 있습니다. 성경에서는 하나님의 백성들이 그런 말도 하지 않도록 하기 위해서 "여호와께서 모든 아첨하는 입술과 자랑하는 혀를 끊으시리니"(시편 12:3)라는 말도 하는 것입니다. 아첨하는 혀도 결국은 거짓말을 내는 것이요, 더 나아가 "이웃에게 아첨하는 것은 그의 발 앞에 그물을 치는 것"(잠 29:5)이 되기 때문에 결국 그 사람을 해치는 결과를 낳기 때문입니다. 그래서 잠언의 한 부분에서는 거짓말하는 것과 아첨하는 것을 병행법적으로 제시하면서 그 문제를 드러내기도 합니다: "거짓말 하는 자는 자기가 해한 자를 미워하고 아첨하는 입은 패망을 일으키느니라"(잠언 26:28). 심지어 하나님께 대해서도 그리하는 것을 지적하면서 그것이 죄악임을 드러내고 있습니다: "그들이 입으로 그에게 아첨하며 자기 혀로 그에게 거짓을 말하였으니"(시편 78:36). 이는 말로만 하나님을 공경한다고 하는 것이 사실은 거짓이라는 비난의 말로 해석할 수도 있습니다.[16]

---

15 또한 다음 구절들도 보십시오: 사 30:9 ("대저 이는 패역한 백성이요 거짓말 하는 자식들이요 여호와의 법을 듣기 싫어하는 자식들이라"): 사 59:3-4 ("이는 너희 손이 피에, 너희 손가락이 죄악에 더러워졌으며 너희 입술은 거짓을 말하며 너희 혀는 악독을 냄이라"); 렘 7:9 ("너희가 도둑질하며 살인하며 간음하며 거짓 맹세하며 바알에게 분향하며 너희가 알지 못하는 다른 신들을 따르면서"): 렘 9:5 ("그들은 각기 이웃을 속이며 진실을 말하지 아니하며 그들의 혀로 거짓말하기를 가르치며 악을 행하기에 지치거늘"); 호 4:2 ("오직 저주와 속임과 살인과 도둑질과 간음뿐이요 포악하여 피가 피를 뒤이음이라"); 믹 6:11; 시 10:7; 잠 6:17 ("교만한 눈과 거짓된 혀와 무죄한 자의 피를 흘리는 손과"): 잠 10:18; 마 15:19 ("마음에서 나오는 것은 악한 생각과 살인과 간음과 음란과 도둑질과 거짓 증언과 비방이니"); 행 13:10; 벧전 3:10; 딤전 1:9-10; 요일 2:4; 계 22:15.

성경은 하나님의 원수들인 죄인들의 죄를 열거하면서 아첨하는 일을 언급하기도 합니다. 예를 들어서, 그들의 악행을 열거하는 중에 "그들의 입에 신실함이 없고 그들의 심중이 심히 악하며 그들의 목구 멍은 열린 무덤 같고 그들의 혀로는 아첨하나이다"(시편 5:9)라고 말하 여 아첨하는 것도 죄악의 하나로 언급하고 있습니다. 또한 욥은 자신 의 무죄함을 선언하는 과정 가운데서 다른 것과 함께 아첨하지 않음을 언급하기도 합니다: "나는 결코 사람의 낯을 보지 아니하며 사람에게 아첨하지 아니하나니, 이는 아첨할 줄을 알지 못함이라 만일 그리하면 나를 지으신 이가 속히 나를 데려가시리로다"(욥 32:21-22). 또한 사도 바울도 자신들이 순전한 마음으로 하였음을 말할 때에 "너희도 알거니 와 우리가 아무 때에도 아첨하는 말이나 탐심의 탈을 쓰지 아니한 것 을 하나님이 증언하시느니라"(살전 2:5)라고 말하고 있습니다. 그러므 로 하나님의 백성들은 아첨도 하지 말아야 할 것이라고 하시는 것입니 다. 왜냐하면 "진실한 입술은 영원히 보존되거니와 거짓 혀는 잠시 동 안만 있을 뿐"이기 때문입니다(잠 12:19). 하이델베르크 요리문답도 이 런 점들을 의식하면서 인간의 거짓은 결국 "악마가 사용하는 수단이 며, 하나님의 무서운 진노를 초래합니다."고 고백하고 있습니다.[17] 그 러므로 "우리가 남에 대해서 좌우간 평을 할 자격이 없는 줄로 알면 하지 않는 것이 좋습니다."는 말을[18] 우리는 깊이 새겨들어야 합니다.

이 모든 것을 반영하면서 〈제 9 계명〉이 금하는 것이 무엇인지를 〈웨스트민스터 대요리문답〉 〈제 145 문〉에서는 다음 같이 풍성하게

---

16 NIV는 아예 그런 식으로 번역하고 있는 것을 보십시오: "But then they would flatter him with their mouths, lying to him with their tongues." ("그리고는 그들은 그 혀들로 하나님께 거짓말하면서 그들의 입으로 하나님께 아첨을 하니").

17 하이델베르크 요리문답, 112문.

18 김홍전, 『십계명 강해』, 225.

언급하고 있습니다:

〈제 9 계명〉이 금하고 있는 죄들은 다음과 같은 것들입니다: 특히 공적인 재판에서나 일반적으로도 진리에 대해서 편견을 갖게 하는 모든 것과 우리 자신의 이름뿐만 아니라 우리 이웃들의 선한 이름에 대해 편견을 갖게 하는 모든 것; 거짓된 증거를 제시하는 것; 거짓된 증언을 하는 것, 악하게 되는 것과 진리를 직면하지 않고 오히려 진리를 압도하면서 악한 명분을 편드는 것, 공평하지 못한 선고를 내리는 것; 선을 악하다고 하고 악한 것을 선하다고 하는 것; 사악한 자들에게 의로운 자들이 받을 보상을 주고, 의로운 자들에게 악한 자들이 받을 벌을 내리는 것; 사기; 의로운 주장에 대해 침묵함으로 진리를 가리는 것; 불의가 우리 자신의 비난을 불러일으키거나 다른 사람들의 불평이 일어나는 상황에서도 자신의 평안함을 추구하는 것; 적절하지 않은 때에 참된 것을 말하거나 잘못된 목적을 위해서 사악한 의도로 참된 것을 말하는 것, 진리나 정의에 대해 편견을 일으킬만한 의심스럽거나 다의적인 표현을 하는 것; 참되지 않은 것을 말하는 것; 거짓말하는 것, (있지도 않은 일을 말하여) 중상하는 것, 뒤에서 욕하는 일, 욕하여 비하하는 일, 고자질하거나 말을 만들어 퍼뜨리는 일, 수군수군 하는 일, 비웃는 일, 욕하는 일, 경솔하게 구는 일, 너무 심하게 구는 일, 편견에 찬 검렬; (다른 사람들의) 의도나 말이나 행동을 오해하도록 하는 일; 아첨하는 일; 헛된 자랑을 하는 일; 우리들이나 다른 사람들을 너무 높이거나 너무 낮추어 생각하거나 말하는 일; 하나님의 은사와 은혜를 거부하는 일; 사소한 잘못을 큰 것처럼 만드는 일; 죄를 자유롭게 고백할 수 있는 때에도 죄를 감추거나 핑계를 대고 모면하려 하거나 정상 참작하여 경감하도록 하는 일; 불필요한데도 공연히 남의 약점을 찾아내려고 하는 일; 거짓된 소문을 만드는 일; 나쁜 소문을 듣고 그와 같은 것이 퍼지는 것을 격려하는 일, 공정한 변호에 대해서 우리의 귀를 막으려 하는 일; 사악하게 의심하는 일; 다른 사람들이 마땅히 존중받는 것을 부러워하거나 욕심내는 일; 그것에 손상 주는 것을 힘쓰거나 원하는 일; 다른 사람들의 불명예와 오욕을 기뻐하는 것; 남을 비웃으면서 낮추어 보는 일; 남들의 존중을 즐기는 일; 합법적인 약속을 어기는 일; 남들에 대해 좋은 말을 하는 것을 게을리 하는 것과 다른 사람들의 명예를 실추시키는 일을 하거나 그리하는 것을 피하지 않거나 그리하는 것을 막지 않는 일. 이와 같은 것들이 제 9계명이 금하는 죄들입니다.[19]

그러므로 단순히 거짓말만 하지 않는 것으로 우리가 이 계명을 다 지킨 것이라고 하기 어렵습니다. 위에서 거의 한 페이지 이상으로 우리의 선배들이 언급하고 있는 것이 다 우리가 피해야 할 죄들입니다. 성경을 신중하게 생각하시던 분들은 다 그렇게 깊이 있게 사유해 나간 것입니다. 김홍전 목사님도 "우리가 하나님 나라의 거룩한 자태를 잘 드러내려 할 것 같으면 교인 상호간에 중상을 한다든지 다른 사람을 흠내는 말을 한다든지 깎아내리는 심정으로 슬그머니 말을 꾸며 한다든지 하는 일이 없어야 할 것입니다"고 말한 바 있습니다.[20] 왜냐하면, 프레임이 잘 표현한 바와 같이, "사람의 평판이란 매우 예민한 것이어서 한 번 그것이 손상된 후에는 쉽게 회복될 수 없는 것"이기 때문입니다.[21] 그러므로 우리는 그 어떤 방도로도 다른 사람의 명예와 이름을 실추시키지 않도록 세심한 노력을 해야 합니다. 더 나아가서 우리의 선배들은 이 계명의 소극적 의미에 대해서도 매우 풍성히 말하면서, 이 계명의 적극적 의미도 말하기를 즐겨 했습니다.

2. 〈제 9 계명〉의 적극적 의미

이 말씀의 적극적 의미는 항상 진실만을 말한다는 것입니다. 우선 재판의 정황에서나 다른 모든 정황 가운데서 자신이 참이라고 믿는 바만

---

[19] 〈웨스트민스터 대요리문답〉, 제 145 문답.

[20] 김홍전, 『십계명 강해』, 220.

[21] Frame, *The Doctrine of the Christian Life*, 842: "The reputation of a person is a delicate thing, not easily restored after it is compromised."

을 말하는 것을 요구하는 것입니다. 그것이 진실주의(眞實主義)의 일차적인 모습입니다. 인간적으로 보면, 참되다고 믿는 바를 바르게 말하는 것이 모든 것의 토대가 됩니다. 그래서 바울은 우리들에게 "거짓을 버리고 각각 그 이웃과 더불어 참된 것을 말하라"(엡 4:25)고 명합니다.

그러나 그렇게 하기 위해서는 우리가 **꾸준히 참된 것을 추구해 나가야 한다**는 것이 이 명령 배후에 들어 있다는 것도 잊지 말아야 합니다. 어떤 것에 대해서 잘 알지 못하는 상황에서는 자신이 참된 것이라고 믿는 바를 말하는 것이 사실 별 도움이 못 될 뿐만 아니라, 어떤 경우에는 문제를 복잡하게 만드는 것이 될 수 있습니다. 그러므로 거짓말을 참으로 하지 않으려면 우리가 끊임없이 진리를 추구해 나가야 합니다.

〈하이델베르크 요리문답 제 112 문답〉도 이 계명의 적극적 의미를 잘 알고 언급합니다. 그래서 〈제 9 계명〉이 가르치는 것에 대해서 설명하면서 뒷부분에서는 "오직 진리를 사랑하고 진실을 말하며, 공적으로 진실을 인정해야 합니다. 그리고 이웃의 명예를 보호하고 증진하기 위해 내가 할 수 있는 최선을 다해야 합니다."라고 부언하고 있습니다.[22]

〈웨스트민스터 대요리문답〉은 좀 더 구체적입니다. 그리하여 〈제 144 문〉에서 "〈제 9 계명〉이 요구하는 의무는 무엇입니까"라고 묻고는 다음과 같이 대답하고 있습니다:

> 〈제 9 계명〉이 요구하는 의무들은 사람과 사람 사이에 진리를 보존하고 증진시키는 것과 우리 자신의 이름뿐만 아니라 우리 이웃의 선한 이름을 보존하고 증진시키는 것과 참된 자들이 되고 진리를 위하여 서는 것과 판단과 정의의 문제에 있어서, 그리고 다른 모든 일에 있어서도, 마음으로부터 참되

---

22 하이델베르크 요리문답, 112 문답 뒷부분.

고 자유롭게, 그리고 분명하고도 온전하게 진리를 그리고 오직 진리만을 말하는 것과 우리 이웃이 참으로 존중되도록 하기 위해 그들의 선한 이름을[=명예를] 사랑하며 원하고 기뻐하며, 그들의 연약함에 대해서는 슬퍼하고 덮어 주며, 그들이 베풀어준 선물과 은혜들을 기쁘게 인정하고, 그들의 순전성을 변호하고, 그들에 대한 좋은 말들은 기꺼이 들으려 하고, 그들에 대한 나쁜 말들은 잘 받아들이지 않으려고 하며, 말을 전하는 사람들이나 아첨하는 사람들이나 중상하는 자들을 더 이상 그렇게 하지 못하게 하며, 우리들 자신의 선한 이름을[=명예를] 사랑하고 돌보며, 필요한 때에는 그것을 변호하며, 합법적인 약속을 지키고, 참되고, 바르고 사랑스럽고 선한 말들을 연구하고 그런 말들을 하는 것입니다.[23]

이것은 아마도 〈제 9 계명〉과 관련해서 인류 역사상 가장 폭 넓게 우리들이 무엇을 해야 하는지를 진술한 말일 것이라고 여겨집니다. 〈웨스트민스터 대요리문답〉의 작성자들은 바로 **성경으로부터** 이렇게 하는 것이 우리에게 부가된 의무라는 것을 이끌어 낸 것입니다. 특히 진리와 명예를 보존하고 증진시키는 것이 우리의 의무라고 밝히는 데서, 그리고 그렇게 하는 구체적인 방안을 일일이 생각하여 열거한 데서 우리는 〈웨스트민스터 대요리문답〉 작성자들이 얼마나 깊이 있게 생각했는지를 잘 알게 됩니다. 우리가 참된 자들로 나타나는 것(appearing the

---

23 웨스트민스터 대요리문답. 144 문답: "The duties required in the ninth commandment are, the preserving and promoting of truth between man and man, and the good name of our neighbour, as well as our own; appearing and standing for the truth; and from the heart, sincerely, freely, clearly, and fully, speaking the truth, and only the truth, in matters of judgment and justice, and in all other things whatsoever; a charitable esteem of our neighbours; loving, desiring, and rejoicing in their good name; sorrowing for, and covering of their infirmities; freely acknowledging of their gifts and graces, defending their innocency; a ready receiving of a good report, and unwillingness to admit of an evil report, concerning them; discouraging tale-bearers, flatterers, and slanderers; love and care of our own good name, and defending it when need requireth; keeping of lawful promises; studying and practicing of whatsoever things are true, honest, lovely, and of good report."

truth), 그리고 참된 것인 진리와 바른 대의를 위하여 서는 것(standing for the truth)을 그들은 바란 것입니다. 이 항목들을 깊이 묵상하면서 잘 실천하고 살아가면 우리들은 참으로 성경이 말하는 그리스도적인 인격을 잘 드러내는 사람들이 될 것입니다. 이 내용 하나하나를 읽으면서 그런 사람들이 되려고 성령님께 의지하여 끊임없이 노력하는 그것이 바로 성화를 이루는 삶이 될 것입니다. 그런 점에서 〈제 9 계명〉은 "모든 의에 대한 한 관점"(a perspective on all righteousness)이라고 말하는 프레임의 표현은 매우 적절합니다.[24]

결국 같은 것이기도 하지만, 이를 이루는 최선의 방법은 진리의 근원이요 원천이신 하나님을 바로 알아나가기를 힘쓰는 것입니다. 우리 하나님은 "진리(אֱמֶת)의 하나님이시고(사 65:16),[25] "거짓이 없으신 하나님"이라고 언급됩니다(딛 1: 2).[26] 그러므로 이런 하나님을 바르게 알

---

[24] Frame, *The Doctrine of the Christian Life*, 832. 그는 이것과 대조시키면서 거짓 증언은 "죄에 대한 한 관점"(a perspective on sin)이라고 표현합니다. 그러나 그로부터 프레임이 어떤 경우에 있어서 소위 "little white lie"는 거짓말이 아니라는 논리를 표는 것은(834-40, at 835) 이 계명의 의도를 혼란스럽게 하는 표현이라고 여겨집니다. 오히려 존 메레이와 같이 일반적 의미에서 진리의 거룩성(the sanctity of truth)에 대한 증언으로 생각하는 것이 좋을 것입니다. Cf. John Murray, *Principles of Conduct* (Grand Rapids: Eerdmans, 1957), 123-48. 프레임의 논의는 그가 동의하면 따르는 메레디뜨 클라인의 논의와 같이(Meredith Kline, "The Intrusion and the Decalogue," in his *The Structure of Biblical Authority* [Grand Rapids: Eerdmans, 1972], 154-71) 일정한 조건이 성립하는 경우에는 (클라인의 경우에는 하나님의 심판의 때와 같은 intrusion 때에는) 거짓말을 하거나 죽여도 죄가 안 될 수도 있다는 함의를 이끌어 내기에 (마땅히 생각해야 하지만) 상당히 불필요하며, 많은 논쟁을 불러일으키는 논의라고 여겨집니다. 그래서 클라인의 경우에는 '평상의 기독교 윤리'(normal Christian ethics)와 다른 '특정 시기의 윤리'(Intrusion ethics)도 언급하니 얼마나 복잡하게 하는가를 생각해 보십시오. 프레임 자신도 "성경은 두 가지 다른 윤리를 구별하지 않는다"고 말할 정도가 아닙니까? 그래서 그는 "제한되고 하나님에 의해 규정된 것을" 언급하는 것입니다(Frame, *The Doctrine of the Christian Life*, 838).

[25] 이 맥락에서 이 구절을 언급하는 이로 Kalland, "Deuteronomy,"59를 보십시오.

[26] 신 32:4 ("그는 반석이시니 그가 하신 일이 완전하고 그의 모든 길이 정의롭고 진실하고 거짓이 없으신 하나님이시니 공의로우시고 바르시도다"); 삼상 15:29 ("이스라엘의 지존자는 거짓이나 변개함이 없으시니")도 참조하십시오.

아 가고 항상 하나님과의 친밀한 관계성 가운데서 살지 않으려고 하는 것은 결국 〈제 9 계명〉을 범하는 결과가 된다는 것을 생각해야 합니다. 사실 십계명 자체에서도 이스라엘의 존재 자체를 포함한 모든 것이 그것에 의존하는 하나님과의 관계가 손상 받는 것이기에 거짓 증언이 심각하게 언급되었던 것입니다.[27] 진리의 하나님과 가까운 사람들은 진리의 편이 되고, 진리를 위해 서고, 진리를 위해 싸웁니다.

그와는 정반대로 마귀는 "진리가 그 속에 없으므로 진리에 서지 못하고 거짓을 말할 때마다 제 것으로 말하나니 이는 그가 거짓말쟁이요 거짓의 아비가 되었"습니다(요 8:44). 그러므로 성경은 참과 진리를 하나님과 연관된 것으로 말하고, 모든 거짓을 마귀와 연관시킵니다. "모든 거짓은 진리에서 나지 않기 때문"(요일 2:21)에 하나님에게 붙어 있는 사람은 항상 진리를 향해 나가야 하는 것이고, 그들에게는 그 어떤 거짓도 있어서는 안 됩니다. 그것은 하나님의 대적자인 사탄이 대표하는 것이기 때문입니다.

그러므로, 카이저가 잘 표현하고 있는 바와 같이, "진리를 무시한다는 것은 존재와 성격이 바로 진리이신 하나님을 무시하는 것이 됩니다."[28] 또한 하나님의 백성들은 세상에서 하나님의 증인인 존재들이기 때문에[29] 그들에게 거짓이 있어서는 안 됩니다. 이와 관련하여 성경에 증언하라(to witness)는 말이 없는 것을 보면서 깊이 생각하다가 이는 "이사야 43:10, 12과 사도행전 1:8이 말하고 있는 것과 같이 하나님께서 이미 우리들을 증인들로 삼으셨기 때문에 우리들은 이 문제에 있어서 선택의 여지가 없는 것이다"고 말하는 프레임의 경험과 묵상을 생

---

27 이점을 강조하는 Durham, *Exodus*, 97을 보십시오.

28 Kaiser, "Exodus,"425: "To despise the truth was to despise God whose very being and character are truth."

29 이 점을 강조하는 Durham, *Exodus*, 297도 보십시오.

각해보는 것도 도움이 될 것입니다.[30]

그렇기에 근원적으로 하나님을 알아가기에 힘쓰고 모든 사태에 대해서 하나님께서 어떻게 생각하시는지 그것을 추구해가야만 참으로 진리를 말할 수 있는 기반이 마련되는 것입니다. 그러므로 〈제 9 계 명〉은 결국 진리 운동으로 나타날 수밖에 없습니다. 진리의 근원이신 하나님께 붙어 있으려는 운동과 함께 그 하나님께서 생각하시는 바가 무엇인지를 탐구하며, 그의 뜻이 이 세상과 성경 가운데서 어떻게 나타나있는가를 추구하여 참으로 계시 의존 사색[啓示依存思索]을 하여가면서, 그렇게 바르게 파악한 바를 이 세상에 공표하는 일을 하는 진정한 학문을 하는 결과를 내게 됩니다. "이스라엘 가운데에서는 진리, 전체 진리, 그리고 오직 진리만이 가장 중요한 문제였습니다"고 말하는 얼 칼란드의 말에 전적으로 동의하면서,[31] 우리에게도 오직 진리만이 가장 중요한 문제가 되게 해야 합니다.

3. 마치는 말

그러므로 우리 시대에도 우리들은 온갖 거짓을 내어버리고, 특히 우리의 언어 생활에서 모든 거짓을 버리고 참된 것을 말하며 참된 것을 추구해나가는 일을 지속해야 합니다. "악은 어떤 모양이라도 버리라"라는(살전 5:22) 말이 여기에도 적용되어야 합니다. 일상 생활에서는 물론이거니와 심지어 인터넷 상에서도 항상 다른 사람을 배려하는 마음으로 말하고 행동해야 할 것입니다.[32] 이 일을 잘 하기 위해서 우리 선배

---

[30] Frame, *The Doctrine of the Christian Life*, 832.

[31] Kalland, "Deuteronomy," 59: "The truth, the whole truth, and nothing burt the truth was a most important matter in Israel."

들이 일일이 열거하였던 악들을 피하고, 일일이 언급했던 추구할 바를 하나하나 생각하면서 그와 같은 방향으로 나아가기도 해야하지만 근본적으로 모든 정황 속에서 "하나님의 기뻐하시고 온전하고 선한 뜻을 잘 분별"하여 나가려는(롬 12:2) 태도가 있어야 합니다.[33] 현대 사회는 더 복잡해져서 우리 선배들이 일일이 열거한 그것으로도 바 포섭되지 못할 죄악이 우리 주변에 도사리고 있기 때문입니다.

1563년의 〈하이델베르크 요리문답〉은 다음과 같이 간명하게 〈제9 계명〉이 우리에게 가르치는 것이 무엇인지를 설명하고 있습니다:

(제 112문) 〈제 9 계명〉이 요구하는 것은 무엇입니까?

(답) (제 9 계명이 요구하는 것은)
그 누구에 대해서도 거짓 증언을 하지 말고,
그 어떤 사람의 말도 거짓되게 만들지 말며,
뒤에서 욕하는 사람이나 중상(中傷)하는 사람이 되지 말고,
성급하거나 (상황에 대해서) 듣지 않고서 판단하거나
어떤 사람을 정죄하는데에 가담하지 말고,[34]
모든 거짓과 사기를 마귀의 적절한 행위들로 여겨 피하고,
그리하지 아니하면 하나님의 무거운 저주를 가져 올 것임을
분명히 하라는 것입니다.[35]
그와 같이, 판단에서나 다른 모든 일에서

---

32 인터넷을 사용하면서 그리스도인들이 이점에 주의해야 할 것을 당부하는 Frame, *The Doctrine of the Christian Life*, 843을 보십시오. 그는 "신학은, 특히 인터넷 상에서, 그리스도의 몸[교회]에 대해서 책임을 지려고 해야 한다"고 말합니다(843). 그의 개인적 경험이 녹아 있는 이 논의에 우리도 귀를 기울여야 할 것입니다.

33 이 구절의 의미에 대한 논의로 이승구, 『기독교 세계관으로 바라보는 21세기 한국 사회와 교회』 (서울: CCP, 2018), 49f.을 보십시오.

34 시편 15편; 잠언 19:5; 마태복음 7:1; 누가복음 6:37; 로마서 1:28-32.

35 레위기 19:11-12; 잠언 12:22; 13:5; 요한복음 8:44; 요한계시록 21:8.

진리를 사랑하고, 진리에 대해서 바르게 말하고 고백하며,[36]
할 수 있는 한 나의 이웃의 명예와 선한 성품을 변호하고
증진시키는데 힘쓰라는 것입니다.[37]

---

36 고린도전서 13:6; 에베소서 4:25.

37 베드로전서 3:8-9; 4:8.

제 10 계명과 우리

본문: 출 20:17; 신 5:21.

"네 이웃의 집을 탐내지 말라.
네 이웃의 아내나 그의 남종이나 그의 여종이나
그의 소나 그의 나귀나
무릇 네 이웃의 소유를 탐내지 말라"(출 20:17).

마지막 계명인 열 번째 계명은 한편으로 보면 마음에 집중하면서 이전에 말한 것에 대해서 다시 강조하는 것처럼 보이기도 합니다. 이웃의 집, 남종이나 여종, 소나 나귀, 무릇 이웃의 소유는 〈제 8 계명〉과 관련되고, 이웃의 아내는 〈제 7 계명〉과 관련되는 것처럼 보입니다. 그리고 그런 것들과 관련하여 거짓 증거와 살인이 자행되는 것을 생각하면 이 열째 계명은 〈제 6 계명〉과 〈제 9 계명〉과도 관련되어 보입니다. 그래서 프레임은 이 계명은 "모든 죄와 의에 대한 관점을(a perspective on all sin and righteousness) 제공하여, 사실상 다른 모든 계명들을 포괄하는" 것이라고도 말합니다.[1] 그렇다면 이는 그저 다른 모든 계명을 잘 지키도록 하기 위해 다시 한번 더 강조하며, 그 모든 것에 대한 관점을 제공하는 것에 불과한 것일까요?

그 이상의 의미가 있다는 것이 대부분의 사람들의 생각입니다. 물론 여호와 하나님께서 이 계명을 주셨을 때의 그 온전한 의미를 우리가 다 헤아리기는 어렵습니다. 그러나 이 계명이 모든 죄의 근원인 마음의 탐욕의 문제를 다루고 있다는 것은[2] 누구든지 쉽게 생각할 수 있을 것입니다. "욕심이 잉태한즉 죄를 낳고"(약 1:14)라는 말씀 때문에도 우리의 근원적인 문제가 마음속의 탐심이라는 것을 상당히 많은 사람들이 인정합니다. 이 마지막 계명으로 하나님께서는 다른 모든 죄가 나타날 수 있는 원천을 봉쇄하기 원하시는 것입니다. 우리의 마음에 탐심이 없으면 우리는 살인하지도 않고, 간음하지도 않고, 도적질하지

---

[1] John M. Frame, *The Doctrine of the Christian Life* (Phillipsburg, New Jersey: P&R, 2008), 848.

[2] 카일(C. F. Keil)은 "이웃에 대한 모든 죄가 그로부터 나오는 뿌리로서의 갈망(탐심)을 금하려는 것"이라고(directed against desiring [coveting], as the root from which every sin against a neighbour springs) 잘 지적합니다(C. F. Keil and Franz Delitzsch, *Commentary on the Old Testament*, vol. II, trans. James Martin [Reprinted, Grand Rapids: Eerdmans, 1976], 124). 또한 프레임은 이 계명이 "마음에 초점을 맞추고 있다"고 합니다(Frame, *The Doctrine of the Christian Life*, 844). 그러면서 "마음에 초점을 맞추는 것은 신약의 혁신(a New Testament innovation)이 아니다"라고 말합니다(845).

이와는 달리 특히 출 34:24과 시편 68:17에 의존하면서 여기 언급된 "탐내다"는 단어(חָמַד)가 단순히 감정과 내면의 탐심뿐만 아니라 그런 감정에서 나오는 행동까지를 포괄할 수 있다는 논의를 시작한 J. Hermann, "Das zehnte Gebot," *Sellin-Festschrift* (Leipzig, 1929), 69-82부터 이를 뒷받침하는 A. Alt (1949); L. Köhler, "Der Dekalog," *ThR*, NF 1 (1929): 161-84; J. J. Stamm (1961)의 논의와 이를 비판하는 W. L. Moran, "The Conclusion of the Decalogue (Ex. 20, 17= Dr. 5, 21," *CBQ* 29 (1967): 543ff.를 잘 요약하면서 J. Hermann 등의 견해가 너무 지나치다고 논의하는 Brevard S. Childs, *Exodus*, Old Testament Library (London: SCM Press, 1974), 425-27을 보십시오. 좀 더 비판적인 J. P. Hyatt도 이런 견해를 비판하고 있습니다(*Exodus*, The New Century Bible Commentary [London: Marshall, Morgan & Scott, 1971; reprint, Grand Rapids: Eerdmans, 1983], 216). 그러므로 10째 계명이 내면의 탐심을 중심으로 하고 있다는 전통적 견해가 견고히 유지되어야 할 것입니다.

도 않고, 거짓 증거도 하지 않게 될 것입니다. 그러므로 탐심을 금하는 이 계명이 마지막 계명으로 주어진 것은 매우 의미 있는 일입니다. "열 번째 계명은 모든 죄를 마음의 동기에로 돌이켜 생각하게 함으로 십계명의 적절한 클라이맥스를 형성하는 것입니다."[3]

출애굽기에서는 "네 이웃의 집을 탐내지 말라"는 말이 먼저 나오고, 신명기에서는 "네 이웃의 아내를 탐내지 말라"는 말이 먼저 나온 것은 그리 큰 문제가 아닙니다.[4] 사실 여기 언급된 "집"(ביח)이라는 말은, 카일이 잘 지적하고 있는 것과 같이, "단순히 거주하는 곳(the dwelling)만이 아니라 부인을 포함하든지 아니면 그녀를 제외하든지 집 안 전체(the entire household)"를 말하는 것이기 때문입니다.[5] 그러나 구체적으로 무엇을 탐내지 말아야 하는 것을 열거하는 것은 전포괄적인 금령임을 분명히 하고, 그 어떤 애매성도 있지 않게 하려는 것임도 분명히 해야 합니다.[6] 이렇게 구체적인 예들을 열거하는 긴 진술은 "이 계명의 보편성에 대해 예외를 찾아보려고 하는 우리"의 죄악된 시도들을 원천에서 봉쇄하는 것입니다.

---

3 Frame, *The Doctrine of the Christian Life*, 845.

4 Cf. Frame, *The Doctrine of the Christian Life*, 844.

5 Keil and Delitzsch, *Commentary on the Old Testament*, vol. II, 125. 카일은 그 예로 창세기 15:2과 욥 8:15을 들고 있습니다. 창세기의 상속자는 직역하면 "나의 집의 상속자"(ובן־משק ביתי)이기 때문입니다. 다른 예들을 더 언급하는 J. P. Hyatt, *Exodus*, The New Century Bible Commentary (London: Marshall, Morgan & Scott, 1971; reprint, Grand Rapids: Eerdmans, 1983), 216도 보십시오. 그러나 이로부터 이 계명의 본래 형태는 단순히 "네 이웃의 집"을 탐내지 말라 "는 것이었는데 후에 다른 것들이 부가되어 확장되었다는 논의는 Hyatt의 성경 비평적인 태도만을 드러내는 말이 될 뿐입니다. 계시를 존중하는 태도가 필요합니다.

6 이 점을 강조하는 Childs, *Exodus*, 427f.을 보십시오: "The function of the list is to be all-inclusive and to rule out any ambiguity as to the extent of a man's property."

1. 열 번째 계명이 명령하는 것

〈하이델베르크 요리문답 제 113문〉은 "제 10 계명의 목적은 무엇입니까?"라고 묻고는 다음과 같은 대답을 제시합니다:

> 하나님의 계명들 중 어떤 것에 대해서라도 반대되는
> 최소한의 욕망이나 생각도
> 우리의 마음에 일어나서는 안 된다는 것입니다.
>
> 오히려 우리들은 우리의 모든 마음을 다하여
> 항상 죄를 미워해야만 하고,
> 옳은 모든 것을 기뻐해야 한다는 것입니다.[7]

이로써 〈하이델베르크 요리문답〉을 작성한 우리의 믿음의 선배들도 이 계명이 이전 계명들과 연관되어 있음을 잘 의식하고 있었음을 드러내면서, 그런 이해에 근거하여 이 명령이 금하는 것이 무엇이고, 적극적으로 명령하는 것이 무엇인지를 잘 제시하고 있습니다.

이 계명이 금하는 것을 분명히 하는 일에서도 우리 선배들은 매우 적극적으로 강하게 말하고 있습니다: "하나님의 계명들 중 어떤 것에 대해서라도 반대되는 최소한의 욕망이나 생각도 우리의 마음에 일

---

[7] Q. What is the aim of the tenth commandment?

A. That not even the slightest desire or thought contrary to any one of God's commandments should ever arise in our hearts.

Rather, with all our hearts we should always hate sin and take pleasure in whatever is right. (*Heidelberg Catechism*, Q 113).

어나서는 안 된다는 것입니다." 하나님께서 주신 계명들 중 그 어떤 것에 대해서라도 그것들에 반대되거나 그것을 거역하는 최소한의 욕망이나 생각도 우리들의 마음에 일어나서는 안 된다는 것입니다. 이 얼마나 포괄적인 말입니까?

〈웨스트민스터 대요리문답 제 148 문〉에서는 "〈제 10 계명〉에서 금해진 죄들은 무엇입니까?"라고 묻고는 좀 구체적으로 다음 같은 대답을 제시합니다:

〈제 10 계명〉에서 금해진 죄들은
자신의 지위에 만족하지 않는 것;
우리 이웃의 재화를 (질투할 정도로) 부러워하거나 불만을 갖는 일;
그리고 그에게 속하는 그 어떤 것에 대한
바르지 않은 행동을 하거나 감정을 가지는 것입니다.[8]

〈웨스트민스터 대요리문답 제 148 문〉은 좀 더 구체적인 접근을 하고, 〈하이델베르크 요리문답 제 113 문〉은 좀 더 내면적인 접근을 하고 있다는 느낌을 받게 됩니다. 그러나 그 내용은 같은 것이라고 할 수 있습니다. 제일 먼저 언급된 것이 자신의 지위(estate)에 만족하지 않는 것입니다. 물론 이것이 신분제 사회에서 그 신분 제도를 고착화시키고 그에 대해서 그 어떤 불만도 가지지 못하게 하는 수단으로 악용되어서는 안 될 것입니다. 그러므로 항상 하나님의 뜻을 사람들이 다른 사람

---

8 *Westminster Larger Catechism*, **Question** 148:
What are the sins forbidden in the tenth commandment?

Answer: The sins forbidden in the tenth commandment are,
discontentment with our own estate;
envying and grieving at the good of our neighbor,
together with all inordinate motions and affections to anything that is his.

에게 적용하려 할 때는 항상 주의해야 합니다. 또한 자신들에 대해서도 이를 운명론적으로 생각하여 그 어떤 발전도 하지 않으려고 하는 데로 떨어져서는 안 됩니다. 그리스도인들은 항상 열심히 무엇인가를 하도록 되어 있기 때문입니다. 여기서 문제 삼고 있는 것은 자신의 지위와 재산에 대한 **원망에 찬 불만족**입니다. 이것은 결국 하나님께 대한 불평을 하는 것이기 때문입니다. 그러므로 진정한 의미에서 모든 정황에서 만족하는 것, 우리 말 성경에 "자족"한다(αὐτάρκης εἶναι)고 표현된 그 상태, 그래서 부한데 처할 수도 있고 가난한데 처할 수도 있으나 그 모든 상태 속에서 자족하는(content) 마음을 가지는 것(빌 4:11)이 이 계명이 명령하는 것입니다.

따라서 그런 사람은 이웃의 재화에 대해서 질투할 정도로 부러워하거나 그들이 그런 재화를 가진 것에 대해서 불만을 가지지 않아야 합니다. 물론 그것을 성경에서는 "이웃의 집, 남종이나 여종, 소나 나귀, 무릇 이웃의 소유" 등으로 그리고 "이웃의 아내"에 대해서 탐심을 가지지 말라고 구체화하여 표현하고 있습니다. 이렇게 속으로 질투할 정도로 부러워하거나 불만을 가지지 않을 뿐만 아니라, "그에게 속하는 그 어떤 것에 대한 바르지 않은 감정을 가지지 않고, 더 나아가서 "그에게 속하는 그 어떤 것에 대한 바르지 않은 행동을" 하지 않아야 한다는 것입니다.

〈하이델베르크 요리문답〉이나 〈웨스트민스터 대요리문답〉도 그것으로 마치는 것이 아니라 이 계명이 명령하는 적극적 의미도 밝히고 있습니다. 〈웨스트민스터 대요리문답〉은 사실 먼저 〈제 147 문〉에서 "〈제 10 계명〉에서 요구하는 의무들은 무엇입니까"를 묻고는 다음 같은 대답을 제시하고 있습니다:

〈제 10 계명〉에서 요구하는 의무들은
우리 이웃에 대한 우리의 모든 내면적 움직임과 감정이
그에게 속한 재화를 돌아보고, 증진시킬 정도로
우리들 자신의 조건에 온전히 만족하고,
우리 영혼을 비롯한 우리의 모든 존재가
우리 이웃에 대해서 자비로운 틀을 가지는 것입니다.[9]

먼저는 자신의 상태에 온전히 만족해야 한다고 했습니다. 하나님께서 제공해 주신 것이 충분하다고 인정하면서 그것에 대해 감사해야 합니다. 이것이, 위에서 말한 것과 같이, 자족하는 마음입니다. 이것이 없는 것은 하나님께서 주신 것으로 만족하지 않는 것이고, 따라서 하나님에 대한 믿음의 부족을 나타내는 것입니다.[10] 그러므로 우리는 그런 신앙의 부족을 나타내지 말아야 합니다. 그런 사람은 이웃에 대한 우리 영혼의 틀이 자비로운 것이어야(a charitable frame of the whole soul) 한다는 표현이 우리의 마음을 사로잡습니다. 우리가 과연 그런 자비로운 영혼의 틀을 가지고 있는지 생각해 보아야 합니다.

〈하이델베르크 요리문답〉은 좀 더 적극적입니다. 〈제 113 문〉에서 "오히려 우리들은 우리의 모든 마음을 다하여 항상 죄를 미워해야만 하고, 옳은 모든 것을 기뻐해야 한다는 것입니다."라고 하고 있으니, 더 적극적이라고 말한 것입니다. 항상 죄를 미워하고, 옳은 모든 것을

---

9 *Westminster Lager Catechism*, **Question** 147:
"What are the duties required in the tenth commandment?"

Answer: "The duties required in the tenth commandment are, such a full contentment with our own condition, and such a charitable frame of the whole soul toward our neighbor, as that all our inward motions and affections touching him, tend unto, and further all that good which is his."

10 이점을 지적하는 R. Alan Cole, *Exodus*, Tyndale Old Testament Commentaries (Leicister: IVP, 1973), 161을 보십시오.

기뻐하는데, 그것을 모든 마음을 다하여 그리하여야 한다는 것입니다. 이 짧은 말 속에 정상적인 그리스도인이 항상 어떤 태도를 가지고 어떤 방향으로 나아가야 하는지가 잘 나타나 있습니다. 이 때 선과 악의 기준은 물론 하나님께서 옳다고 하시는 것을 중심으로 한다는 것은 말할 나위 없는 것입니다. 그러므로 우리는 항상 '성경적인 신명령설'(biblical divine command theory)을 따르는 것입니다.[11]

2. 이 계명의 의미가 아닌 것

그런데 이 계명과 연관해서 우리 마음속에 모든 욕구가 없어져야 한다고 생각하는 것은 동양식으로 말하면 불교적이고, 서양식으로 말하면 스토아적인 것입니다. 그런 사고는 성경적 종교를 따르는 것이 아닙니다. 불교와 스토아적 사상이 아닌 성경적 이해에 의하면 그리스도인들은 욕구가 없는 사람들이 아닙니다. 그런데도 흔히 그런 식으로 오해하기 쉬운 성경 구절이 갈라디아서 5:24 말씀입니다: "그리스도 예수의 사람들은 육체와 함께 그 정과 욕심을 십자가에 못 박았느니라"(가장 오해가 많이 나타날 수 있으므로 일부러 개역 성경으로부터 인용하였습니다). 그러나 이 번역도 잘 읽어 보면 육체와 함께 "그 정과 욕심"을 못 박았다고 했으니, 여기서 말하는 "정"(πάθημα, passion)과 "욕심"(ἐπιθυμία=desire, longing, lust)이 육체와 연관된 정과 욕심임을 잘 알 수 있습니다. 그런데 한국 교회 상당수의 교우들은 여기 언급된 "육체"(σάρξ)라는 말을 바울이 말한 본 뜻인 "부패한 인간성"으로 이해하

---

[11] 이는 이 세상에는 다른 생각들도 존재하며, 성경적이지 않은 신명령설(divine command theory)도 있다는 것을 시사하는 것입니다. 성경적 신명령설에 대해서는 이승구, 『기독교 세계관이란 무엇인가』(서울: SFC, 2003), 제 7 장 기독교 가치관 부분을 보십시오.

기[12] 보다는 그저 우리의 몸과 관련하여 생각하는데서 또 다른 문제가 생겨납니다. 그리하여 결국 참된 그리스도인은 욕심이 없다는 단순한 생각에로 나아가는 것입니다.

그러나 바울이 말하는 것을 자세히 살펴보면 부패한 인간성의 "정과 욕심"(개정 개역에서는 "정욕과 탐심"으로 번역했습니다)이 있는데 그것이 십자가에 못 박혔다고 했고, 이제 성령을 따른 소욕, 즉 성령님이 "원하시는 바"가[13] 있다고 했으니, 중생한 사람 안에도 원하는 바가 있음을 잘 말해 줍니다. 그러므로 중생한 사람 안에도 "정"(πάθη μα, passion)이 있는데, 그것이 '성령을 따른 정'입니다. 마찬가지로 중생한 사람 안에도 원하는 바, 즉 우리말 번역으로 욕심, 소욕으로 번역된 것들이 있는데(ἐπιθυμία), 중생한 사람은 그것도 성령님께서 원하시는 것을 따른다는 것입니다. 그러므로 이 구절은 이제 그리스도인들

---

12 바울이 말하는 "육체"는 특히 이런 문맥에서는 우리의 몸을 지칭하는 말이 아니라 '부패한 인간성'에 대한 언급이라는 논의는 이제 일반적인 것이 되었지만(Baumgärtel, "sarks," *TDNT* 7:105–8, Robert Jewett, *Paul's Anthropological Terms. A Study of Their Use in Conflict Settings* [Leiden: Brill, 1971]), 특히 다음 책들을 보십시오: Herman Ridderbos, "The Redemptive-Historical Character of Paul's Preaching," in his *When the Time Had Fully Come. Studies in New Testament Theology* (Grand Rapids: Eerdmans, 1957; repr. Jordan Station, Ontario: Paideia, 1982), 52: "Flesh is the mode of existence of man and the world before the fullness of the times appeared. Flesh is man and world in the powers of darkness."; idem, *Paul: An Outline of His Theology* (Grand Rapids: Eerdmans, 1975), 93; F. F. Bruce, *Paul: Apostle of the Heart Set Free* (Grand Rapids: Eerdmans, 1977), chapter 19; G. E. Ladd, *A Theology of the New Testament* (Grand Rapids: Eerdmans, 1974), 469–74, esp. 72–73; Douglas Moo, "Sin in Paul,"in *Fallen: A Theology of Sin*, eds., Christopher W. Morgan and Robert A. Peterson, eds. (Chicago: Crossway, 2013): "Finally, sarx can designate the human condition in its fallenness (Gal. 5:16–17). This is what some call the 'ethical' use of sarx. This sense of sarx is quite common in Paul."

13 이를 표현할 때에 "에피뚜메오"(ἐπιθυμέω)라는 같은 단어를 사용합니다. 또한 히브리어에서도 "탐내다"는 단어(חָמַד)가 중립적인 단어인데, 그것이 다른 사람에게 속해 있는 것을 향할 때 문제가 되는 것이라고 잘 지적하고 있는 R. Alan Cole, *Exodus*, Tyndale Old Testament Commentaries (Leicister: IVP, 1973), 161도 보십시오.

에게는 그 어떤 욕구도 없다는 것이 아니라, 이제 성령님을 따르는 다른 욕구, 새로운 욕구, 거룩한 욕구가 있게 된다는 것입니다. 사실 그것이 열 번째 계명이 말씀하시는 것을 가장 잘 이루는 수단이 됩니다.

3. 어떻게 탐심을 끊을 것인가?

우리가 진지하게 이 계명에 대해서 생각하거나 이에 대해서 들으면서 우리들 마음속에는 그렇다면 "어떻게 탐심을 끊을 것인가?"라는 간절한 질문이 생겨날 것입니다. 그에 대한 대답이 바로 여기 있습니다. 욕심을 없애는 것이 아니라, 이제 욕심이 다른 데를 향하는 것입니다. 모든 정황 가운데서 성령님께서 원하시는(ἐπιθυμέω) 바를 우리도 따라서 원하게(ἐπιθυμέω) 되는 것 - 그것이야말로 우리가 바라는 상태이고, 그럴 때에만 이 열 번째 계명이 요구하는 것이 온전히 이루어지게 됩니다.

매순간 그리해야 하니, 그것이야말로 성령님께 온전히 순종하는 것이지요. 바로 그것이 "성령으로 충만하다"라는 말이 의미하는 진정한 의미입니다. 우리에게 익숙한 "성령 충만"이라는 용어는 우리가 주의하지 않으면 우리들을 오도(誤導)하기 쉽습니다. 자꾸 양적인 의미를 부과하여 이를 이해해 보려는 마음이 우리에게 나타납니다. 그러나 이 말은 사실 우리의 존재 전체가 오직 성령님께 순종하고, 성령 하나님의 생각으로 우리의 생각이 가득 차며, 성령님의 원하시는 바를 우리도 원하게 되고 하는 그런 상태를 지칭하는 말입니다. 그 때에 우리의 지성도 온전히 기능을 발휘하게 되고, 감성도 온전한 모습을 가지게 되며, 특히 우리의 의지도 온전해져서 이 세상에 그야말로 성령님께서 이루어내고자 하시는 바를 다 이루게 되는 결과를 낼 것입니다.

4. 〈제 10 계명〉과 〈제 1 계명〉

십계명의 말씀을 처음부터 끝까지 다 살펴 본 우리들은 골로새서 3:5 에서 말하는 "탐심(πλεονεξια)은 우상숭배(εἰδωλολατρεία)니라"라는 말씀을 제대로 이해할 수 있는 위치에 있게 되었습니다. 탐심(πλεονεξ ια)은 열 번째 계명에서 언급하신 말씀입니다. 그리고 문자에 사로잡 히지 않는다면, 이 문맥에서와 우리의 기본적 생각에서 우상 숭배는 근본적으로 〈제 2 계명〉이 금하는 상 숭배보다는 하나님 이외의 것을 하나님으로 섬기는 것(idolatry)을 문제 삼는 것이므로 〈제 1 계명〉에 관한 것입니다. 그러므로 이 말씀은 〈제 10 계명〉을 첫째 계명과 연관 시키는 말씀입니다. 왜 바울은 〈제 10 계명〉과 〈제 1 계명〉을 연관시 켜서 말하는 것일까요?

이것은 "누구든지 온 율법을 지키다가 그 하나를 범하면 모두 범 한 자가 되나니"라고 말하는 야고보서 2:10과 같이 다 잘 지키다가 10 번째에 가서 율법을 어긴 것도 결국 처음부터 다 어긴 것이 된다고 생 각하시는 분들도 있습니다. 물론 그것도 있을 수 있는 해석이고, 이렇 게 생각하는 것도 의미 있습니다만, 그것보다는 바울이 매우 의도적으 로 〈제 10 계명〉과 〈제 1 계명〉을 연관시키고 있다고 보는 것이 더 좋 을 것입니다. 마음의 탐심의 문제는 결국 그 마음에 하나님이 온전히 계시지 않은 문제라는 것이지요. 그 마음에 하나님이 전혀 없던가, 그 마음에 하나님이 계신다고 해도 그저 때때로만 생각되는 분이라면, 그 런 사람의 마음은 육체의 원하는 바로 가득 차게 될 것입니다. 그것이 바로 그런 사람들의 마음이 각종 욕심의 근원지가 되는 이유가 될 것 입니다. 그 마음에 하나님 두기를 싫어하여 버렸을 때에, 하나님께서는 그것을 제어하시는 은혜를 베푸시는 것을 상당히 거두시고[14] "그들을 마음의 정욕대로 더러움에 내버려 두사"(롬 1:24), 또 다른 말로는 "그들을 그 상실한 마음대로 내버려 두사"(롬 1:28) 나타난 결과가 일차적으로는 사람들이 "스스로 지혜 있다 하나 어리석게 되어, 썩어지지 아니하는 하나님의 영광을 썩어질 사람과 새와 짐승과 기어 다니는 동물 모양의 우상으로 바꾸었다"(롬 1:22-23)는 것입니다. 그리고 그에 따라서 온갖 죄악이 나타나게 되었는데, 그 첫 번째로 바울이 지적하는 것이 성적인 죄악이고("그들의 몸을 서로 욕되게 하게 하셨으니"- 롬 1:24. 그리고 이를 구체적인 예를 들어 설명하는 롬 1:26-27), 그 나머지 "합당하지 못한 일을 하게"(롬 1:28) 하신 것입니다. 그 중의 대표적인 것이 "탐욕"(πλεονεξία, covetousness)입니다. 그런데 이것이 바로 열 번째 계명에 언급한 인간들의 문제인데, 그 내용을 살필 때 우리는 위에서 그것이 다른 죄의 근원이 되는 것임을 살폈습니다.

그런데 여기서 바울은 그 근원이 되는 탐심이 사실 우상 숭배(idolatry)에서 오는 것이고, 그것 자체가 하나님 이외의 것을 제 일의 원리로 삼는 것이므로 우상 숭배라고 선언하는 것입니다.

그러므로 위에서 생각한 것과 같이 이 탐심(πλεονεξία)을 없애는 유일한 길은 참 하나님께로 가서 그에게 온전히 항복하고, 항상 그

---

14 이렇게 타락한 사람들에게도 미치는 일반 은총이 있기에 이와 같이 표현하는 것임에 유의하십시오. 이와 같이 죄를 억제하는 것을 비롯하여 일반은총에 대해서는 Herman Kuiper, *Clavin on Common Grace* (Grand Rapids: Smitterm 1928); John Murray, "Common Grace,"in *Collected Writings of John Murray*, 4 vols. (Edinburgh: Banner of Truth, 1976-82), 2:93-119; Cornelius Van Til, *Common Grace* (Philadelphia: P& R, 1947); idem, *Common Grace and Gospel* (Philadelphia: P& R, 1972), 특히 29-33, 82-83, idem, *The Reformed Pastor and Modern Thought* (Phillipsburg: P& R, 1971), 이승구 역, 『개혁신앙과 현대사상』, 개정역 (서울: SFC, 2009), 37-49; John Frame, *Cornelius Van Til: An Analysis of His Thought* (Phillipsburg: P& R, 1995), 215-30; 그리고 이승구, 『코넬리우스 반틸』 (서울: 살림, 2007), 98-102를 보십시오. 반틸이 일반은총을 부분적으로만 또는 소극적으로만 인정했다는 오해가 회자(膾炙)되기에 이에 대한 충분한 문헌을 제시하여 오해를 방지하려고 하였습니다.

하나님의 생각과 그 감정과 그 의지를 따라 가는 것입니다. 종교개혁의 모토가 "하나님으로 하나님 되게 하라"(Let God be God)이었는데,[15] 그것이 이루어지면 다른 모든 것이 다 제 자리를 찾게 되는 것입니다. 하나님을 대항하여 높아진 모든 것들이 다 제자리로 돌아가니, 인간들 가운데서 그 누가 하나님 앞에 서서 스스로 높일 수 있지도 않고, 따라서 이렇게 하나님 앞에 바로 선 사람의 마음도 정돈(整頓) 되어 하나님께서 원하시는 것을 자신도 원하게 되는 것입니다.

---

15 이 제목으로 루터의 생각을 잘 정리하여 제시한 Philip Saville Watson, *Let God be God: An Interpretation of the Theology of Martin Luther* (London: Epworth Press, 1947, reprint, Eugene, Oregon: Wipf & Stock, 2000)을 보십시오.

부 록

하이델베르크 요리문답

제 1문답 - 제 129문답

하이델베르크 요리문답

제 1 문답 - 제 129 문답

제 1 주일

(제 1 문) 생사간(生死間)에 당신의 유일한 위로는 무엇입니까?

> (답) 생사간의 나의 유일한 위로는
> 내가 나 자신의 것이 아니라,
> 사나 죽으나 몸과 영혼으로서의 전인이
> 오직 나의 신실하신 구주이신
> 예수 그리스도께 속한다는 것입니다.
>
> 그는 그의 고귀한 피로써
> 나의 모든 죄 값을 온전히 다 치루셨고
> 나를 악마의 독재(獨裁)에서 해방시키셨습니다.
> 그는 또한 하늘의 나의 아버지의 뜻이 아니고서는
> 머리카락 하나도 떨어지지 않도록 나를 돌보십니다.
>
> 내가 그에게 속하므로 그리스도께서는
> 그의 성령님으로 내게 영생을 확신시키시고,
> 나로 하여금 이제부터는 전심(全心)으로 기꺼이
> 그를 위해 살도록 준비하게 하십니다.

(제 2 문) 당신이 이 위로 가운데서 복되게 살고 죽기 위해서 꼭 알아야만 하는 것들은 무엇입니까?

(답) (이 위로 가운데서 복되게 살고 죽기 위해서는)
세 가지를 알아야 합니다.
첫째는, 죄와 그것이 가져온 비참(悲慘)함이
얼마나 큰지를 알아야 하고,
둘째는, 그 모든 나의 죄와 비참(悲慘)함으로부터
구속(救贖)함을 받는 방도를 알아야 하며,
셋째는, 그렇게 구속하심에 대해서
하나님께 감사할 방도를 알아야만 합니다.

제 1 부: 타락한 인간의 참상: 비참함

제 2 주일

(제 3 문) 당신은 어떻게 당신의 비참함을 알게 됩니까?

(답) 하나님의 율법이 나에게 가르쳐 줍니다.

(제 4 문) 하나님의 율법은 우리에게 무엇을 요구합니까?

(답) 그리스도께서는 우리에게 마태복음 22장에서
이를 요약적으로 가르치셨으니,
그것은 "네 마음을 다하고 목숨을 다하고 뜻을 다하여
주 너희 하나님을 사랑하라 하셨으니,
이것이 크고 첫째 되는 계명이요.

둘째는 그와 같으니
네 이웃을 네 몸 같이 사랑하라"는 것입니다.

(제 5 문) 당신은 이를 온전히 다 지키며 살 수 있습니까?

> (답) 아닙니다. 나는 하나님과 나의 이웃을 미워하는
> 자연적 성향을 가지고 있습니다.

제 3 주일

(제 6 문) 하나님께서 본래 사람을 그와 같이 사악하고 왜곡되게 창조하셨습니까?

> (답) 아닙니다. 오히려 하나님께서는 사람을 선하게,
> 하나님의 형상을 따라 창조하셨습니다.
> 즉, 의와 참된 거룩성을 가지게끔 창조하셔서,
> 그가 참으로 자신의 창조자 하나님을 알 수 있게 하시고,
> 전심(全心)으로 하나님을 사랑하게 하시고,
> 영원히 하나님을 찬양하고,
> 그의 영광을 위해 영원한 행복 가운데서
> 하나님과 함께 살도록 하셨습니다.

(제 7 문) 그렇다면 사람의 이 부패한 본성은 어디서 왔습니까?

> (답) 우리의 첫 부모인 아담과 하와의 낙원에서의
> 타락과 불순종에서 왔습니다.
> 이 타락은 우리의 본성을 물들여서
> 우리가 수태되면서부터 부패한 죄인들로 태어나게 합니다.

(제 8 문) 우리는 그 어떤 선도 전혀 행할 수 없으며,
　　　　모든 악에로 행하는 성향을 가질 정도로 그렇게 부패되었습니까?

(답) 그렇습니다.
하나님의 성령에 의해서 다시 나지 않으면 우리는 그러합니다.

제 4 주일

(제 9 문) 그렇다면 사람이 행할 수도 없는 것을 하나님께서 당신님의 율법 가운데서 사람에게 요구하시는 것은 너무한 것이 아닙니까?

(답) 그렇지 않습니다.
왜냐하면 하나님께서는 (처음에)
사람이 그것을 행할 수 있게 창조하셨으나,
사람이, 악마의 시사(示唆)를 따라서, 기꺼이[故意로] 불순종하므로
자신과 그의 모든 후손들로부터
그것을 행할 수 있는 능력을 스스로 제거한 것이기 때문입니다.

(제 10 문) 하나님께서는 그러한 불순종과 배교에 대해서
벌을 내리지 않으실 것입니까?

(답) 하나님께서는 우리의 타고난 죄와
스스로 행한 죄[自犯罪]들에 대해서
아주 불쾌하게 여기시고,
"누구든지 율법책에 기록된 대로 온갖 일을
항상 행하지 않는 자는 저주 아래 있는 자라"고
당신님께서 선언하신 대로,
그 죄들에 대해서 현세와 영원 가운데서
공정한 판단을 따라 형벌(刑罰)하실 것입니다.

(제 11 문) 그렇다면 하나님은 자비(慈悲)하시지는 아니하십니까?

(답) 물론 하나님은 참으로 자비하십니다.
그러나 그는 또한 공의로우십니다.

따라서 하나님의 가장 높은 엄위(嚴威)에 대해서 범해진 죄에 대해서는
가장 극심한 형벌, 즉 몸과 영혼의 영원한 형벌로 형벌하실 것을
하나님의 공의가 요구하는 것입니다.

제 2 부: 구원 (구출)

제 5 주일

(제 12 문) 그와 같이 하나님의 의로우신 심판에 의해서
　　　　우리가 마땅히 현세적 형벌과 영원한 형벌을 받아야만 한다면,
　　　　우리가 이 형벌을 피하고
　　　　다시 (하나님의) 애호를 받기 위해서는 무엇이 요구되어집니까?

　(답) 하나님께서는 당신님의 공의가 만족(滿足)되기를 원하십니다.
　그러므로 우리는 우리 스스로나 아니면 다른 분을 통해서
　하나님의 공의를 온전히 만족시켜야만 합니다.

(제 13 문) 우리 스스로 하나님의 공의를 만족시킬 수 있습니까?

　　　　(답) 우리는 오히려 날마다 우리의 죄책(罪責)을 증가시킬 뿐입니다.

(제 14 문) 어떤 단순히 피조물이기만 한 존재가 우리를 위하여
　　　　(하나님의 공의를) 만족시킬 수 있습니까?

　(답) 그럴 수 없습니다.
　왜냐하면,
　첫째로, 하나님께서는 사람 자신이 잘못하여
　죄책(罪責)이 있는 것에 대해서
　그 어떤 다른 피조물에게
　형벌을 내리시지 않으실 것이기 때문이며,

더 나아가서 (둘째로), 단순히 피조물이기만한 존재는
죄에 대한 하나님의 영원한 진노라는 부담을 지고서
다른 사람들을 그 진노로부터 구속할 수 없기 때문입니다.

(제 15 문) 그렇다면 우리는 어떤 종류의 중보자(中保者)와 구속자(救贖者)를 추구해
야 합니까?

(답) 참되고 죄 없는 사람이면서 동시에 모든 피조물보다 더 강력하신 분,
즉 동시에 참되신 하나님이신 분이어야만 합니다.

제 6 주일

(제 16 문) 우리의 중보자(中保者)는 왜 참되고 죄 없는 사람이셔야만 합니까?

(답) 왜냐하면 하나님의 공의는 죄를 범한 그 같은 인간성이 죄에 대해서
(하나님께) 만족을 드릴 것을 요구하기 때문이고,
또한 사람들은 그 누구나 그 스스로가 죄인이므로
다른 사람들을 대신해서 (하나님께) 만족을 드릴 수가 없기 때문입니다.

(제 17 문) 왜 우리의 구속자는 동시에 참된 하나님이시기도 해야 합니까?

(답) 왜냐하면 그의 신성의 능력으로
그의 인간성 가운데서
하나님의 진노를 담당하시고,
그럼으로써 우리에게 의와 생명을 얻고
회복시켜 주셔야만 하기 때문입니다.

(제 18 문) 그렇다면 (그와 같이) 동시에 참되신 하나님이시고,
참되고 죄 없으신 사람이신 중보자는 누구십니까?

(답) 온전한 구속과 의를 위하여 우리에게 값없이 주어지신
우리 주 예수 그리스도가 바로 그런 중보자이십니다.

(제 19 문) 당신은 이것을 어디서 알게 됩니까?

(답) 거룩한 복음(the Holy Gospel)으로부터입니다.
이 거룩한 복음은 하나님께서 낙원에서 처음 계시하셨고,
후에 거룩한 족장들과 선지자들을 통하여 선포하셨으며,
희생 제사들과 율법의 다른 의식들 속에서 미리 보여졌으며[豫表되었으며],
마침내 그의 사랑하시는 아들에 의해서 성취된 것입니다.

제 7 주일

**(제 20 문) 모든 사람이 아담 안에서 멸망한 것처럼
그 모든 사람이 다 그리스도에 의해서 구원함을 받습니까?"**

(답) 그렇지 않습니다.
오직 참된 신앙에 의해서
그리스도 안에 접붙여지고
그의 모든 유익을 얻는 사람들만이
구원함을 얻습니다.

(제 21 문) 참된 믿음이란 무엇입니까?

(답) 참된 믿음은
하나님께서 당신님의 말씀 가운데서
계시하신 모든 것이 참되다는
확실한 지식일 뿐만이 아니라,
복음을 통해서 성령님에 의해서 내 안에 창조된
마음속에 깊이 뿌리박힌 확신이기도 한데,
이는 순전한 은혜로 그리스도께서
다른 사람들을 위해서만 아니라,

나에게도 내 죄를 용서해 주시고,
영원히 하나님과 바른 관계에 있게 하시고
구원을 허락하셨다는 확신입니다.

(제 22 문) 그렇다면 그리스도인들이 반드시 믿어야만 하는 것은 무엇입니까?

(답) 우리의 보편적인 그리고 참으로 기독교적인 신앙의 조항들이
우리에게 요약적으로 가르쳐주고 있는
복음 안에서 우리에게 약속된 모든 것입니다.

(제 23 문) 이 신앙의 조항들이란 무엇입니까?

(답) 전능하사 천지를 만드신 하나님 아버지를 내가 믿사오며,
그 외아들 예수 그리스도를 믿사오니,
이는 성령으로 잉태하사 동정녀 마리아에게 나시고,
본디오 빌라도 치하에서 고난을 받으사
십자가에 못 박혀, 죽으시고, 장사지낸바 되었다가,
장사한지 삼일만에 (죽은 자들 가운데서) 다시 살아 나사,
하늘에 오르시고,
하나님 우편에 앉아 계시다가,
그곳으로부터 산 자와 죽은 자를 심판하러 오시리라.

성령을 믿사오며,
거룩한 공회(公會)와
성도가 서로 교통하는 것과
죄를 사하여 주시는 것과 몸이 다시 사는 것과
영원히 사는 것을 믿사옵나이다.

제 8 주일

(제 24 문) 이 조항들은 어떻게 나닙니까?

(답) 세 부분으로 나뉘니,
첫째 부분은 성부 하나님에 대한 것이고,
둘째 부분은 성자 하나님과 우리의 구속에 대한 것이며,
셋째 부분은 성령 하나님과 우리의 성화에 관한 것입니다.

(제 25 문) 오직 한 하나님이 있을 뿐인데,
왜 당신은 성부, 성자, 성령 삼위에 대해서 말합니까?

(답) 왜냐하면 그것이 하나님께서 당신님의 말씀 가운데서
당신님을 계시하신 방식이기 때문입니다.
이 세 가지 구별되는 위들이(these three distinct Persons)
하나의 참되고 영원하신 하나님이십니다.

성부 하나님에 대해서

제 9 주일

(제 26 문) "전능하사 천지를 만드신 하나님 아버지를 내가 믿사오며"라고 할 때
당신이 믿는 바는 무엇입니까?

(답) 무(無)로부터 하늘과 땅과 그 안에 있는 모든 것을 창조하셨고,
또한 그의 영원하신 경륜(經綸)과 섭리(攝理)로써
지금도 그것들을 붙드시고 다스리시는
우리 주 예수 그리스도의 영원하신 아버지께서
그의 아들 예수 그리스도로 인하여
나의 하나님과 아버지시라는 것을 내가 믿는 것입니다.
그가 나의 몸과 영혼에 필요한 것은
무엇이나 공급해주시리라는 것과
또한 이 슬픈 세상에서 그 어떤 역경을 나에게 보내시더라도
[그것을] 결국은 나의 선으로 바꾸실 것임을
의심하지 않을 만큼 하나님을 신뢰하는 것입니다.

그는 전능하신 하나님이시므로 그리하실 수 있고,
그는 신실하신 아버님이시므로 그리하시기를 원하십니다.

제 10 주일

(제 27 문) 하나님의 섭리(攝理)라는 말로써 당신이 이해하는 것은 무엇입니까?

  (답) 섭리란 전능하고 어디에나 미치는 하나님의 능력으로
  마치 그가 손으로 그리하시는 것처럼
  하늘과 땅과 모든 피조물을 붙드시고 통치하셔서,
  꽃잎이나 풀잎이나, 비나 가뭄, 풍년과 흉년,
  음식이나 음료, 건강이나 병, 부나 가난,
  참으로 이 모든 것들이 우연에 의해서가 아니라,
  그의 아버지다운 손길로부터 우리에게 온다는 것입니다.

(제 28 문) 하나님의 창조와 섭리에 대한 지식이 어떻게 우리를 도울 수 있습니까?

  (답) 우리는 사태가 우리에게 불리할 때 인내할 수 있으며,
  사태가 잘 되어 갈 때 감사할 수 있고,
  미래에 대해서도 우리를 그의 사랑에서 떼어놓을 수 없는
  우리의 신실한 아버지이신 하나님께 선한 신뢰를 둘 수 있습니다.
  모든 피조물들이 온전히 그의 손에 있어서,
  그의 뜻이 아니면 그들이 움직일 수도 없고
  움직여질 수도 없는 것입니다.

성자 하나님에 대해서

제 11 주일

(제 29 문) 왜 하나님의 아들이 예수, 즉 구원자라고 불립니까?

    (답) 왜냐하면 그는 우리를 우리의 죄로부터 구원해주시기 때문입니다.
그러므로 우리는 다른 데서 구원을 추구하거나 찾을 수 없습니다.

(제 30 문) 그렇다면 그들의 구원과 지복(至福)을 성인들과 자신들이나 다른 것에서
       찾는 사람들은 유일하신 구주 예수님을 믿는 것입니까?

    (답) 그렇지 않습니다. 비록 그들이 예수님을 자랑할지라도,
그들은 사실상 유일하신 구주 예수님을 부인하는 것입니다.
왜냐하면 예수님이 온전하신 구원자가 아니시든지,
아니면 참된 신앙으로 이 구주를 받아들이는 사람들은 (오직) 그 안에서만
그들의 구원에 필요한 모든 것을 가져야만 하겠기 때문입니다.

제 12 주일

(제 31 문) 그는 왜 그리스도, 즉 기름부음 받은 자로 불립니까?

    (답) 왜냐하면 그는 우리에게 우리 구속에 관한 비밀스러운 경륜과 하나님의
뜻을 온전히 계시해 주시는 우리의 주된 선지자요 교사로,

그리고 그의 몸을 단번에 드리심으로 우리를 구속하시고,
항상 살아계셔서 우리를 위해 성부(聖父)께 간구(懇求)하시는
우리의 유일한 대제사장(大祭司長)으로,

또한 그의 말씀과 영으로 우리를 통치하시며 우리를 변호(辯護)하시고,
우리를 위해 얻으신 구속 안에 우리를 견인(堅忍)시키시는 우리의 영원한 왕으로
아버지 하나님에 의해서 지정된 자(세워진 자, ordained of God the Father)요,
성령으로 기름 부음을 받은(anointed with the Holy Spirit) 분이시기 때문입니다.

(제 32 문) 그런데 당신은 왜 그리스도인이라고 불립니까?

(답) 믿음으로 나는 그리스도의 지체이고
따라서 그의 기름부음 받으심에 참여하는 자이기 때문입니다.
또한 나도 그의 이름을 고백하며,
나 자신을 감사의 산제사로 그에게 드리며,
자유로운 양심을 가지고
이 세상에서 죄와 악마와 싸우고,
후에는 영원에서 그리스도와 함께
모든 피조계를 통치할 수 있기 위하여
그리스도인이라고 불리는 것입니다.

제 13 주일

(제 33 문) 우리도 하나님의 자녀인데,
　　　　 왜 그는 하나님의 독생자(God's only-begotten Son)라고 불립니까?

(답) 그리스도만이 영원히 본래적인 하나님의 아들이신데 비하여,
우리는 그 덕분에 은혜로 양자됨에 의해서만 하나님의 자녀들이 되기 때문입니다.

(제 34 문) 당신은 그를 왜 '우리 주님'이라고 부릅니까?

(답) 그가 금이나 은으로가 아니라, 그의 보배로운 피로써
우리를 죄와 마귀의 모든 세력에서 구속하시고 사주셔서
그분 자신의 것이 되게 하셨기 때문입니다.

제 14 주일

(제 35 문) "성령으로 잉태하사, 동정녀 마리아에게 나시고"라는 말의 뜻은 무엇입니까?

(답) 참되고 영원하신 하나님이시고 계속 그런 분으로 계시는
하나님의 영원하신 아들이

성령님의 사역을 통해서 동정녀 마리아의 살과 피로부터
당신님 자신에게로 참된 인간성을 취하셔서
참된 다윗의 자손이 되시고,
죄를 제외하고서는 모든 면에서 그의 형제들과 같이 되신 것을 의미합니다.

(제 36 문) 그리스도의 거룩한 수태(受胎)와 탄생(誕生)으로부터 당신은 어떤 유익을 얻습니까?

(답) 그가 우리의 중보자이시라는 것과
그의 순수하심과 온전한 거룩하심이
하나님 앞에서 내가 타고난 (내가 그 안에서 난)
나의 죄를 덮으시는 유익을 얻습니다.

제 15 주일

(제 37 문) "고난을 받으사"라는 말로써 당신이 이해하는 바는 무엇입니까?"

(답) 유일한 대속적인 희생 제사(犧牲祭祀)인 그의 수난(受難)으로
우리의 몸과 영혼을 영원한 정죄에서 구원해내시기 위해,
그리고 우리에게 하나님의 은혜와 의와 영생을 얻어 주시려고,
그가 이 땅에 사시는 동안, 그리고 특히 그의 생애의 마지막에
그의 몸과 영혼으로
온 인류의 죄에 대한 하나님의 진노를 짊어지셨다는 것을 이해합니다.

(제 38 문) 왜 그는 재판장인 본디오 빌라도 치하(治下)에서 수난을 당하셨습니까?

(답) 그는 무죄하시지만 세속 재판관에 의해서 정죄되심으로써
우리를 우리가 [우리의 죄에 의해] 노출(露出)된
하나님의 엄중한 심판에서 구원하시기 위해서 그리하신 것입니다.

(제 39 문) 그리스도께서 다른 어떤 방식으로 죽으시는 것에 비해 그가 십자가에 못

박혀 죽으신 것에 그 어떤 유익이 더 있습니까?

(답) 그렇습니다. 십자가의 죽음은 하나님의 저주(詛呪)를 받은 것이므로,
이로써 나는 그가 내게 내려질 저주를 취하셨다는 것을 확신하게 됩니다.

제 16 주일

(제 40 문) 왜 그리스도께서 반드시 죽으셔야만 했습니까?

(답) 하나님의 공의와 진리는 우리의 죄들에 대해 마땅히 형벌함으로써
하나님의 공의가 만족될 것을 요구하는데,
하나님의 아들의 죽음 외에는 그 어떤 것도
이 요구를 만족시킬 수가 없기 때문입니다.

(제 41 문) 그는 왜 장사 지낸 바 되셨습니까?

(답) 그로써 그가 참으로 죽으셨음을 보여주기 위해서입니다.

**(제 42 문) 그렇다면 그리스도께서 우리를 위해 죽으셨음에도 불구하고
우리도 또한 죽어야만 하는 이유는 무엇입니까?**

(답) 우리의 죽음은 우리 죄에 대한 만족을 제공하는 것이 아니고,
죄들에 대해서 죽는 것이며 영생에로 들어가는 것입니다.

**(제 43 문) 그리스도의 십자가에서의 희생 제사와 죽음에서
우리는 또한 어떤 유익을 얻습니까?**

(답) 그의 능력으로 우리의 옛사람이
그와 함께 십자가에 못 박히고 죽고 장사 지낸 바 된 것입니다.
그래서 육의 악한 소욕(所欲)들이 더 이상 우리를 지배하지 않게 되었을 뿐만
이 아니라,

우리가 우리 자신을 감사의 제사로 그에게 드릴 수 있게 되었습니다.

(제 44 문) "그가 음부에 내려가사"라는 말은 왜 덧붙여져 있습니까?

(답) 개인적인 위기와 유혹의 때에
나의 주님이신 그리스도께서 특별히 십자가에서, 또한 그 이전에도
말할 수 없는 영혼의 고뇌와 고통과 공포를 감당하심으로써
나를 지옥의 고뇌와 고통에서 구원하셨음을
나에게 확신시켜 주시기 위해서입니다.

제 17 주일

(제 45 문) 그리스도의 부활에서 우리가 얻게 되는 유익은 무엇입니까?

(답) 첫째로, 그의 부활로 그는 죽음을 정복하셔서
그가 자신의 죽음으로써 우리를 위해 얻으신 의에 우리가 참여할 수 있게 하십니다.
둘째로, 우리는 또한 그의 능력으로 지금 새로운 생명에로 일으킴을 받는 것입니다.
셋째로, 그리스도의 부활은 우리의 복된 부활에 대한 분명한 보증이 됩니다.

제 18 주일

(제 46 문) "하늘에 오르사"라는 말로서 당신이 이해하는 바는 무엇입니까?

(답) 그리스도께서 그의 제자들이 지켜보는 가운데서
땅으로부터 하늘로 올리우셔서
산 자와 죽은 자를 심판하러 다시 오시기까지는
우리를 위해서 계속해서 하늘에 계신다는 것을 이해합니다.

(제 47 문) 그렇다면, 그리스도께서는 그가 약속하신 대로
　　　　세상 끝날까지 우리와 함께 계시지 않습니까?

　　(답) 그리스도는 참 사람이요 참 하나님이십니다.
　　그러므로 그의 인성으로는 그는 더 이상 땅 위에 계시지 않는 것입니다.
　　그러나, 그의 신성과 엄위(嚴威)와 은혜와 영으로는
　　그가 그 어느 때에도 우리에게서 떠나 계신 때가 없는 것입니다.

(제 48 문) 그러나 그렇게 그의 신성(神性)이 있는 곳마다 그의 인간성이
　　　　현존하지 않는다면, 그리스도의 양성은 서로 떨어져 있는 것이 아닙니까?

　　(답) 결코 그렇지 않습니다.
　　신성은 불가해적이고 어디에나 계시므로
　　그리스도의 신성은 그가 취하신 인간성의 한계를 뛰어넘는 것이라는 것은 분
　　명합니다.
　　그러나 그럼에도 불구하고 그의 신성은 그의 인간성 안에 덜 있는 것이 아니
　　고,
　　여전히 인격적으로 연합되어 있는 것입니다.

(제 49 문) 그리스도께서 하늘에 승천하신 것에서 우리가 얻는 유익은 무엇입니까?

　　(답) 첫째로 그가 하늘에서 그의 아버지의 면전(面前)에서
　　우리를 위한 변호자가 되어
　　우리를 위해 호소(呼訴)하시는 유익이 있습니다.

　　둘째로는 우리의 머리이신 그리스도께서
　　그의 지체(肢體)들인 우리들도
　　그가 계신 하늘로 취하실 것을 보증(保證)하는 것으로
　　우리 자신이 하늘에 있다는 유익이 있습니다.

　　셋째로 그는 또 하나의 보증으로 우리에게
　　그의 성령을 보내시는 유익이 있습니다.
　　성령의 능력으로 우리는
　　지상적인 것들을 우리의 삶의 목적으로 삼지 않고,

그리스도께서 하나님 우편에 앉아 계신,
위에 있는 것들을 우리의 삶의 목적으로 삼는 것입니다.

제 19 주일

(제 50 문) "하나님 우편에 앉아 계시다"라는 말은 왜 덧붙여져 있습니까?

(답) 그리스도는 바로 그 목적을 위해 하늘에 오르셨기 때문입니다.
거기서 그는 그가 교회의 머리이심을 보이시며,
아버지께서 그를 통하여 모든 것을 통치하시는 것입니다.

(제 51 문) 우리의 머리이신 그리스도의 이 영광으로부터 우리가 받는 유익은 무엇입니까?

(답) 첫째로 그의 성령으로 그의 지체들인 우리들에게
하늘의 은사(恩賜)들을 내려 주실 것이라는 것과
그의 능력으로 그가 모든 원수들에 대항(對抗)해서
우리를 보호하시며 보존(保存)하실 것이라는 유익을 얻습니다.

(제 52 문) 그리스도께서 죽은 자와 산 자를 심판하러 오시리라는 것이 당신에게는 어떤 위로를 줍니까?

(답) 나의 모든 고뇌와 핍박 중에서
나는 나의 눈을 들어 하늘을 향합니다.
그때에 나는 이미 자신을 내어 주셔서
하나님의 심판 앞에서 내 자리에 서시어
나의 모든 저주를 제거해 주신 바로 그분이
심판자로 오실 것을 확신을 가지고 기다립니다.
그의 모든 원수들과 나의 원수들을
그는 영원한 심판으로 정죄하실 것이며,
나와 그의 모든 택자(擇者)들을 그가 그와 함께
하늘의 기쁨과 영광으로 취하여 들이실 것이라는 위로를 줍니다.

성령님에 대해서

제 20 주일

(제 53 문) 당신은 성령님에 관해서 무엇을 믿습니까?

(답) 첫째로, 나는 성령이 성부와 성자와 함께
영원하신 하나님이심을 믿습니다.

둘째로, 나는 그가 개인적으로 내게 주어진 바 되었다는 것을 믿습니다.
그래서 그는 나로 하여금 참된 신앙에 의해서
그리스도와 그의 모든 축복에 참여하게 하시고,
나를 위로하시며,
나와 영원히 함께 하심을 믿습니다.

제 21 주일

**(제 54 문) "거룩한 공 교회"(the Holy Catholic Church)에 대해서
당신이 믿는 바는 무엇입니까?**

(답) 나는 세상의 처음부터 마지막까지의 온 인류 가운데서
하나님의 아드님께서, 그의 성령과 말씀을 통해서,
참된 신앙의 연합 가운데 있는 선택된 공동체를
당신님을 위하여 영생을 하도록
모으시고, 보호하시며, 보존하신다는 것을 믿습니다.
그리고 나는 지금도 그렇고 앞으로도
영원히 이 공동체의 산 지체인 것입니다.

(제 55 문) "성도들의 교통(交通)"이라는 말로써 당신은 무엇을 의미합니까?

  (답) 첫째로, 모든 신자들은 이 공동체의 지체들로서
  그리스도의 한 부분이며,
  그의 모든 보화와 은사들에 참여한다는 뜻이고,

  둘째로 각각의 지체들이 자신의 은사들을
  다른 지체들의 유익과 복지를 위해
  기꺼이, 그리고 즐겁게 사용하는 것을
  의무로 여겨야만 한다는 것입니다.

(제 56 문) "죄 용서"에 대하여 당신은 무엇을 믿습니까?

  (답) 나는 하나님께서 그리스도께서 이루신 만족[구속] 때문에
  나의 어떤 죄에 대해서나
  내 일생 동안 투쟁해 나갈 필요가 있는 나의 죄 된 본성도
  기억하지 않으시고 [문책하지 않으실 것을] 믿습니다.

  오히려 하나님께서는 은혜스럽게
  내가 영원히 정죄(定罪)에 이르지 않도록
  그리스도의 의(義)를 제공해 주십니다.

제 22 주일

(제 57 문) "몸이 다시 사는 것"을 믿음은 당신에게 어떤 위로를 줍니까?

  (답) 이 생이 끝나면 즉시로 나의 영혼이
  그 머리되신 그리스도께로 취(取)하여질 뿐만 아니라,
  이 나의 몸까지도 그리스도의 능력으로 일으킴 받아
  나의 영혼과 다시 연합하여
  그리스도의 영광스러우신 몸과 같아 질 것이라는 위로를 줍니다.

(제 58 문) "영원히 사는 것"에 대한 조항은 당신에게 어떤 위로를 줍니까?

(답) 지금도 내가 영원한 기쁨의 시작을
나의 마음 가운데서 경험하는 것과 같이,
이 삶이 마쳐진 후에도 나는 그 누구의 눈도 본 일이 없고,
그 누구의 귀도 들어 본 일이 없고,
그 어떤 인간의 마음으로도 상상하지 못할 그런 완전한 복됨,
즉, 영원토록 하나님을 찬양하는 복됨을 갖게 될 것이라는
위로를 나에게 줍니다.

제 23 주일

(제 59 문) 당신이 이 모든 것을 믿는다는 것이 당신에게 무슨 도움을 줍니까?

(답) 내가 하나님 앞에서 그리스도 안에서 의롭다는 것과
영원한 생명의 상속자라는 유익을 얻습니다.

(제 60 문) 당신은 하나님 앞에서 어떻게 의롭다함을 얻습니까?

(답) 오직 예수 그리스도에 대한 참된 신앙에 의해서입니다.

비록 나의 양심이 모든 하나님의 계명에 반해서
심각하게 죄를 지었음과
그 어느 하나도 결코 온전하게 지키지 못했음에 대해서
나에게 가책을 주고
또한 지금도 나에게 모든 악으로 향하는 성향이 있어도,
그럼에도 불구하고 내가 받을 만 하지도 않지만
순전한 은혜로써
하나님께서는 마치 내가 죄를 한 번도 짓지 않은 것처럼
또 죄인이 아니었던 것처럼,
또한 그리스도께서 나를 대신해서 복종하신 것처럼
내가 온전히 복종한 듯이
하나님께서는 그리스도의 온전한 만족, 의, 거룩하심을

내게 허락하시고 내 것으로 여겨주십니다.

내가 해야만 하는 것이라고는
이 하나님의 은사를 믿는 마음으로 받아들이는 것입니다.

(제 61 문) 당신은 왜 오직 믿음으로만 의롭다함을 받는다고 말합니까?

(답) 나는 나의 신앙의 가치에 근거해서
하나님에 의해 받아들여 질 수 있는 것이 아니고,
그리스도께서 이루신 만족, 의, 거룩함만이
하나님 앞에서 나의 의이기 때문이며,
나는 오직 믿음으로만
그것들을 받고 나 자신의 것으로 만들 수 있기 때문입니다.

제 24 주일

(제 62 문) 왜 우리의 선행이 하나님 앞에서 전혀 의(義)가 될 수 없는 것입니까?

(답) 왜냐하면 하나님의 심판대 앞에 설 수 있는 의는 철두철미 완전하고
하나님의 법에 전적으로 따르는 것이어야 하기 때문입니다.

그런데 이 세상에서의 우리의 최고의 선행조차도 모두 불완전하고,
죄로 물들어 있기 때문입니다.

(제 63 문) 우리는 어떻게 우리의 선행이 아무 공로를 가지지 못한다고 말하면서,
동시에 기독교적 선행을 하는 자들을
이 생에서나 오는 생에서 보상(報償)하시는 것이
하나님의 뜻이라고 말할 수 있습니까?

(답) (하나님의) 보상[상급, 賞給]은 공로(功勞)로 되는 것이 아니라,
은혜로 되는 것이기 때문입니다.

(제 64 문) 그러나 이 교리[以信稱義의 교리]는 사람들을
　　　　　 부주의하게 하고 세속적으로 만들지 않습니까?

　　(답) 그렇지 않습니다.
　　왜냐하면 참된 신앙으로 그리스도에게 심겨진 사람들은
　　반드시 의의 열매를 맺기 때문입니다.

제 25 주일

(제 65 문) 우리가 믿음으로써만 그리스도와 그리스도의 모든 유익에 참여하게 된다
　　　　　 면, 이 믿음은 어디서 옵니까?

　　(답) 성령께서는 거룩한 복음의 선포로 우리 마음 안에서 역사하시고
　　성례를 사용하셔서 그것을 확증시키십니다.

(제 66 문) 성례란 무엇입니까?

　　(답) 성례란 우리들로 보도록 하신 거룩한 표(標, signs)와 인호(印號, seals)
　　입니다.
　　하나님께서는 우리가 이 성례들을 사용하도록 제정하셨습니다.
　　그리하여 복음의 약속을 더 분명히 이해하도록 온전히 선포하시며,
　　그 복음의 약속을 우리에게 인(印)쳐 주시는 것입니다.

　　성례로 인쳐지는 하나님의 복음의 약속이란
　　십자가에서 완성된 그리스도의 유일한 희생 제사 때문에
　　아무 값없이 순전히 은혜로 그가 우리 죄를 용서하시고,
　　우리에게 영원한 생명을 주시는 것입니다."

(제 67 문) 말씀과 성례 모두가 우리의 구원의 유일한 근거인
　　　　　 십자가에서의 예수 그리스도의 희생 제사에 대한
　　　　　 우리의 믿음을 지향하게 하려는 의도를 가지고 있습니까?

(답) 바로 그렇습니다.
성령께서는 복음으로 우리를 가르치시며, 거룩한 성례를 통해서
우리의 구원 전체가 십자가에서의 우리를 위한 유일한 희생 제사에
근거하고 있음을 확신시켜 주십니다.

(제 68 문) 그리스도께서는 신약에서 얼마나 많은 성례들을 제정하셨습니까?

(답) 둘 뿐이니, 그것들은 거룩한 세례와 성찬입니다.

제 26 주일

(제 69 문) 십자가에서의 그리스도의 하나의 희생 제사가
개인적으로 당신을 위한 것임을
세례가 어떻게 상기시켜 주고, 확신을 줍니까?

(답) 그리스도께서 이 외적인 씻음을 제정하셨고,
이와 함께 마치 물이 몸에서 더러운 것을 씻듯이
그의 피와 성령이 분명히 내 영혼이 정결치 못함을,
다른 말로 하면 나의 모든 죄를 씻으시리라는
약속을 주셨기 때문입니다.

(제 70 문) 그리스도의 피와 영으로 씻음을 받는다는 것은 무슨 뜻입니까?

(답) 그것은 십자가에서의 그의 희생 제사에서
그가 우리를 위하여 쏟으신 그리스도의 피에 근거해서
은혜로 하나님께서 우리의 죄를 용서하신다는 뜻입니다.

그리고 우리가 성령에 의해서 새롭게 되고,
그리스도의 지체들로 거룩하게 되어,
우리가 점점 더 죄에 대해서는 죽게 되고,
거룩하고 흠 없는 삶을 살게 된다는 뜻입니다.

(제 71 문) 세례의 물과 같이 그의 피와 영으로 우리가 분명히 씻음을 받는다고
그리스도께서는 어디서 약속하셨습니까?

(답) 다음과 같이 말씀하신 세례의 제정에서 약속하신 것입니다:

"그러므로 너희는 가서
모든 족속으로 제자를 삼아
아버지와 아들과 성령의 이름으로 세례를 주고,
내가 너희에게 분부한 모든 것을 가르쳐 지키게 하라.
믿고 세례를 받는 사람은 구원을 얻을 것이요,
믿지 않는 사람은 정죄(定罪)를 받으리라".

성경이 세례를 중생의 씻음과 죄를 씻음이라고 부를 때
이 약속은 또 반복된 것입니다.

제 27 주일

(제 72 문) 그렇다면 물에 의한 외적인 씻음 자체가 죄를 씻음이 되는 것입니까?

(답) 아닙니다. 왜냐하면 오직 예수 그리스도의 피와 성령께서만이
우리를 모든 죄로부터 깨끗게 하실 수 있기 때문입니다.

(제 73 문) 그렇다면 왜 성령께서는 세례를 중생의 씻음과 죄를 씻는 것이라고 하셨
습니까?

(답) 하나님께서는 아무 이유도 없이 그렇게 말씀하신 것은 아닙니다.
그것은 우리들에게 몸의 더러움이 물에 의해서 씻겨지듯이
우리의 죄도 그리스도의 피와 영에 의해서 제거된다는 것을
가르쳐 주시기 위해서 그리하신 것이며,
또한 이 신적 맹세와 증표로서 하나님께서는
우리의 몸이 물로 씻겨지듯이

우리의 죄가 영적으로 참으로 씻겨진다는 확신을 우리에게 주시기 위해서
그렇게 말씀하신 것입니다.

(제 74 문) 유아들도 세례를 받아야만 합니까?

(답) 그렇습니다. 그들의 부모들만이 아니라, 어린아이들도
하나님의 언약 안에 있고 하나님의 백성입니다.
어린아이들도 어른에 못지 않게
그리스도의 피와 신앙을 생성시키는 성령을 통해서
죄 용서함을 받도록 약속되었습니다.
그러므로 그 언약의 표인 세례로써 어린아이들도
그리스도의 교회로 받아들여져야 하며,
불신자들의 자녀들과 구별되어야 합니다.
이것이 구약 시대에는 할례로써 이루어졌지만,
신약에서는 세례로 대체되었습니다.

제 28 주일

(제 75 문) 성찬에서 당신이 십자가에서 이루신 그리스도의 한 희생 제사와 그의 모든 유익에 참여한다는 것이 당신에게 어떻게 표해지고, 인쳐 집니까?

(답) 그리스도께서는 나와 모든 신자들에게 이 찢겨진 떡을 먹고,
이 잔을 마시라고 명령하셨습니다.
이 명령과 함께 그는 다음과 같은 약속을 주셨습니다.

첫째로는,
내가 나의 눈으로 나를 위하여 찢기신 주님의 떡과
나를 위해 주신 잔을 분명히 보듯이,
십자가에서 그의 몸이 나를 위하여 내어 준 바 되고 찢겨 졌음과
그의 피가 나를 위하여 부어졌음이 분명해 질 것이라는 약속입니다.

둘째로는,
내가, 섬기는 이의 손으로부터

그리스도의 몸과 피에 대한 분명한 표로써 나에게 주어진
주님의 떡과 잔을 받고 내 입으로 맛보는 것이 분명한 것과 같이,
그가 분명히 그의 십자가에 못 박히신 몸과 흘리신 보혈로써
영원한 생명에 이르기까지
나의 영혼을 먹이시고 새롭게 하신다는 약속입니다.

(제 76 문) 그리스도의 십자가에 못 박히신 몸을 먹고, 그의 흘리신 피를 마신다는
것은 무엇을 뜻합니까?

(답) 그것은 그리스도의 모든 수난과 죽음을 믿는 마음으로 받아들이고,
믿음으로써 죄에 대한 용서와 영생을 받음을 의미합니다.
그러나 그것은 또한 더 많은 의미를 가지니,
즉 그리스도 안에, 그리고 우리 안에 거하시는 성령을 통하여
우리가 점점 더 그리스도의 거룩한 몸에 연합되고,
그리하여 비록 그는 하늘에 계시고 우리는 땅에 있어도,
우리가 그의 살 중의 살이요, 뼈 중의 뼈가 되는 것입니다.
그리하여 마치 우리 몸의 각 지체들이 한 영혼의 지배를 받는 것과 같이
우리는 영원히 한 성령의 통치를 받아 살게 되는 것입니다.

(제 77 문) 그리스도께서는 우리가 쪼개진 떡으로부터 먹고
이 잔으로부터 마시는 것과 같이,
분명히 그의 몸과 피로 신자들을 먹이시고 양육하시리라는
약속을 어디서 주셨습니까?

(답) 다음과 같은 성찬 제정의 말씀을 하실 때 약속하신 것입니다:

주 예수께서 잡히시던 밤에 떡을 가지고 축사(祝辭)하시고 떼어 가라사대
"이것은 너희를 위하는 내 몸이니
이것을 행하여 나를 기념하라"하시고,
식후(食後)에 또한 이와 같이 잔(盞)을 가지시고 가라사대
"이 잔(盞)은 내 피로 세우는 새 언약이니
이것을 행하여 마실 때마다 나를 기념하라" 하셨으니
너희가 이 떡을 먹으며 이 잔을 마실 때마다
주의 죽으심을 오실 때까지 전하는 것이니라.

또한 이 약속은 성 바울이 다음과 같이 말할 때도 또한 반복되었습니다:
"우리가 축복하는 바 축복의 잔은 그리스도의 피에 참여함이 아니며,
우리가 떼는 떡은 그리스도의 몸에 참여함이 아니냐?
떡이 하나요, 많은 우리가 한 몸이니,
이는 우리가 다 한 떡에 참여함이라".

제 29 주일

(제 78 문) 그렇다면 떡과 포도주는 그리스도의 실재적인 몸과 피가 되는 것입니까?

(답) 아닙니다.
마치 세례의 물이 그리스도의 피로 변화하거나,
그 자체가 죄를 씻어내는 것이 아니라,
단지 하나님의 표(標)요 확신[印號]이듯이,
주의 만찬의 떡도 그리스도의 실제적 몸으로 변화되는 것이 아닙니다.
비록 우리가 성례의 성질과 언어에 따라서
그것을 그리스도의 몸이라고 부를지라도 말입니다.

(제 79 문) 그렇다면 왜 그리스도께서는 (성찬의) 떡을 그의 몸이라고 하시고
잔을 그의 피 또는 그의 피로 세우는 새 언약이라고 하셨으며,
바울은 그리스도의 몸과 피에 참여함이라고 했습니까?

(답) 그리스도께서 그렇게 말씀하시는 충분한 이유가 있습니다.
그는 우리에게 떡과 포도주가
우리의 현세의 생명에 영양을 공급하듯이
그의 십자가에 못 박히신 몸과 그의 흘리신 피가
영생을 위하여 우리의 영혼에 참된 영양을 공급한다는 것을
가르치시기를 원하시는 것입니다.

그는 이 눈에 보이는 표와 보증으로써
성령의 사역을 통해서
우리가 그를 기념하여 이 거룩한 표를 우리의 입으로 분명히 받을 때,

우리가 그의 참된 몸과 피에 참여한다는 것을 확신시켜 주시며,
그의 수난과 순종은
마치 우리가 개인적으로 수난을 받고, 우리의 죄를 위해 값을 치르는 것처럼
분명히 우리의 것임을 확신시켜 주시기를 원하는 것입니다.

제 30 주일

(제 80 문) 주의 만찬과 교황적 미사의 차이점은 무엇입니까? [1]

(답) 주의 만찬은 우리에게 예수 그리스도께서 십자가에서 단번에 이루신 한번
의 희생 제사로 우리의 모든 죄들에 대한 온전한 사죄가 주어졌음을
우리에게 증언하는 것입니다.
(그리고 성령에 의해서 우리가 그리스도께,
즉 그 몸으로 하늘에 오르셔서 하나님 우편에서 경배를 받으시는 그리스도께
접붙여졌다는 것을 증언하는 것입니다).

그러나 미사는 사제들에 의해서 그리스도를 산 자들과 죽은 자들을 위해서
날마다 (제사로) 드리지 않는 한(限),
그리스도의 수난에 의해서 산 자들과 죽은 자들이
죄 용서함을 받지 못한다고 가르칩니다.
(그리고 떡과 포도주의 형태 아래 그리스도께서 신체적으로 임재(臨在)해 계시
며, 따라서 그 안에서 경배를 받으신다고 가르치는 것입니다).
그러므로 미사는 결국 예수 그리스도의 한 희생 제사와 수난에 대한 부인이며
(따라서 저주받을 우상 숭배입니다).

(제 81 문) 누가 주의 만찬에 와야 합니까?

---

[1] "What difference is there between the Lord's Supper and the Popish Mass?"
이 질문은 하이델베르크 요리 문답 초판에는 없었으나, 초판이 나온 같은 해인 1653년 3
월 이전에 출판된 것으로 여겨지는 제 2 판과 같은 시기에 나온 라틴어 판에 삽입된 것입
니다. 올레비아누스는 자신이 선제후 프레데릭 3 세에게 이 문답을 덧붙이도록 격려했다
고 칼빈에게 편지한 바 있습니다. 그리고 같은 해 4월에 나온 제 3 판에 첨가된 것이 있
습니다. 그것을 본문 중에서 ( ) 안에 넣어 표하였음에 유의하십시오.

(답) 자신들의 죄에 대해서 자신들이 참으로 불만스러워하고,
그러나 그리스도의 수난과 죽음에 의해서 자신들의 죄가 용서되었고,
자신들의 남은 연약성이 (그리스도의 수난과 죽음에 의해서)
덮여졌다고 참으로 믿으며,
자신들의 신앙을 강화하고 더 나은 삶을 살려고
점점 더 열망하는 사람들은 모두 와야 합니다.
그러나 회개하지 않는 자들과 위선자들은
자신들에 대한 심판을 먹고 마시는 것입니다.

**(제 82 문) 그들의 말과 행위로 자신들이 믿지 않으며,
경건하지 않음을 나타내 보이는 사람들이
주의 만찬에 받아 들여져야 합니까?**

(답) 믿지 않고 불경건(不敬虔)한 자들이 (주의 만찬에) 허용되는 것은
하나님의 언약을 모독하는 것이며,
전체 회중(會衆)에게 하나님의 진노를 가져오게 하는 것입니다.
그러므로 그리스도와 그의 사도들의 가르침에 의하면,
기독교회는 천국의 열쇠를 공식적으로 사용함으로써
그런 자들이 그들의 삶을 고칠 때까지는
(주의 만찬에서) 배제(排除)시키는 것이 교회의 의무입니다.

제 31 주일

(제 83 문) (천국의) 열쇠의 직임(職任)이란[2] 무엇입니까?

(답) 거룩한 복음의 선포와 교회의 권징(勸懲)입니다.
이 둘로써 천국이 신자(信者)들에게는 열려지고
불신자(不信者)들에게는 닫혀지는 것입니다.

(제 84 문) 어떻게 천국이 거룩한 복음의 선포를 통해서 열려지고 닫히게 됩니까?

---

2 The Office of the Keys.

(답) 그것은 다음과 같습니다:

그리스도의 명령에 의하면,
모든 참 신자들 각자에게
그들이 복음의 약속을 참된 신앙으로 받아들일 때,
하나님께서는 그리스도의 공로 때문에
그들의 모든 죄를 참으로 용서하신다고 선포하고,
공적으로 선언함에 의해서
천국이 열려집니다.

그러나 그 반대로
모든 불신자들과 위선자들에게
그들이 회개하지 않는 한
하나님의 진노와 영원한 정죄(定罪)가 그들에게 머물러 있으리라고
선포하고 공적으로 선언함으로써 천국이 닫혀집니다.

현세에서나 오는 세상에서
이 복음의 증언에 따라
하나님의 심판이 내려지는 것입니다.

(제 85 문) 어떻게 천국이 교회의 권징(勸懲)에 의해서 닫혀지고 열려집니까?

(답) 그것은 다음과 같습니다:

그리스도의 명령에 의하면
그 자신을 그리스도인이라고 부르면서도 비기독교적인 가르침을 고백하거나
비기독교적인 삶을 사는 사람들과,
반복적인 형제로서의 사랑의 권고에도 불구하고
그들의 오류들과 사악한 삶을 버리기를 거부하는 사람들은
교회나 (교회의) 적법한 직원들에게 알려져야 하고,
그들의 권고에도 불구하고 그들의 권고에 대해서도 반응하지 않으면
(교회의) 직원들은 그와 같은 이에게는
성례를 베풀지 않음으로써
기독교적 교제에서 배제해야 하고,

그러면 하나님께서도 그들을
그리스도의 왕국에서 배제시키십니다.

그러나 그런 자들이라도 참된 변화를 약속하고 나타내 보이면
그리스도와 그의 교회의 지체들로서
다시 받아들여져야 합니다.

제 3 부: 감사

제 32 주일

(제 86 문) 우리가 우리의 비참함으로부터 우리의 공로에 의하지 않고
그리스도를 통해서 은혜로 구속함을 받았는데,
그런데 왜 우리는 선행을 행해야만 합니까?

(답) 우리를 그의 피로 구속하신 그리스도께서는
또한 그의 성령으로 우리를
그 자신의 형상을 따라 새롭게 하셔서,
우리의 전 삶으로
하나님께서 복 주신 것에 대해서 감사함을 나타내 보이고
우리를 통해 하나님께서 영광을 받으시도록 하시기 때문입니다.
그리고 또한 우리는 그 열매로 우리의 신앙을 확신하게 되고
우리의 선한 삶으로 우리의 이웃을 그리스도에게로 인도할 수 있기 위해서
그리하는 것입니다.

(제 87 문) 그렇다면, 계속해서 사악하고 감사하지 않는 삶 가운데서
하나님로 돌이키지 않는 사람들은 구원받을 수 없습니까?

(답) 결코 구원받을 수 없습니다.
왜냐하면 성경은 정결하지 않은 사람이나, 우상숭배자나, 간음하는 사람이나,
도적이나,

탐하는 사람이나, 술 취하는 사람이나, 중상하는 사람이나, 강도나 그와 같은 사람들은 하나님 나라를 상속받지 못한다고 선언하고 있기 때문입니다.

(제 88 문) 사람의 참된 돌이킴[變改 또는 回心]은 몇 부분으로 구성되어 있습니까?

(답) 두 부분으로 구성되어 있으니,
옛 사람을 죽임과 새사람을 살림입니다.

(제 89 문) 옛 사람의 죽임이란 무엇입니까?
(답) 그것은 우리가 우리들의 죄들로써 하나님의 진노를 불러 일으켰다는 것을 마음속에서 참으로 슬퍼하고
죄들을 점점 더 미워하고, 그들로부터 도망하는 것입니다.

(제 90 문) 새사람을 살림이란 무엇입니까?

(답) 그것은 가슴 속 깊은 곳으로부터 하나님을 즐거워하여
우리들로 하여금 모든 선한 일에
하나님의 뜻에 따라 사는 것을
즐거워하게 하는 것입니다.

(제 91 문) 그렇다면 선행이란 무엇입니까?

(답) 선행이란 하나님의 율법에 따라,
하나님의 영광을 위하여,
참된 신앙에서 행해지는 것들입니다.
그러므로 우리 자신의 의견에 따른 것들이나
사람들의 계명에 근거한 것들은 선행이 아닙니다.

제 34 주일

(제 92 문) 하나님의 법이란 무엇입니까?

(답) 하나님께서 이 모든 말씀을 하셨습니다.
출애굽기 20:1-17, 그리고 신명기 5:6-21.
하나님이 이 모든 말씀으로 말씀하여 이르시되
나는 너를 애굽 땅, 종 되었던 집에서 인도하여 낸 네 하나님 여호와니라.

제 1 계명: 너는 나 외에는 다른 신들을 네게 두지 말라.

제 2 계명: 너를 위하여 새긴 우상을 만들지 말고,
또 위로 하늘에 있는 것이나 아래로 땅에 있는 것이나
땅 아래 물속에 있는 것의 어떤 형상도 만들지 말며
그것들에게 절하지 말며 그것들을 섬기지 말라.
나 네 하나님 여호와는 질투하는 하나님인즉
나를 미워하는 자의 죄를 갚되 아버지로부터 아들에게로
삼사 대까지 이르게 하거니와
나를 사랑하고 내 계명을 지키는 자에게는 천 대까지 은혜를 베푸느니라.

제 3 계명: 너는 네 하나님 여호와의 이름을 망령되게 부르지 말라.
여호와는 그의 이름을 망령되게 부르는 자를
죄 없다 하지 아니하리라.

제 4 계명: 안식일을 기억하여 거룩하게 지키라.
엿새 동안은 힘써 네 모든 일을 행할 것이나,
일곱째 날은 네 하나님 여호와의 안식일인즉
너나 네 아들이나 네 딸이나 네 남종이나 네 여종이나
네 가축이나 네 문안에 머무는 객이라도 아무 일도 하지 말라.
이는 엿새 동안에 나 여호와가 하늘과 땅과 바다와 그 가운데 모든 것을 만들고
일곱째 날에 쉬었음이라.
그러므로 나 여호와가 안식일을 복되게 하여 그 날을 거룩하게 하였느니라.

제 5 계명: 네 부모를 공경하라.
그리하면 네 하나님 여호와가 네게 준 땅에서 네 생명이 길리라.

제 6 계명: 살인하지 말라.

제 7 계명: 간음하지 말라.

제 8 계명: 도둑질하지 말라.

제 9 계명: 네 이웃에 대하여 거짓 증거하지 말라.

제 10 계명: 네 이웃의 집을 탐내지 말라. 네 이웃의 아내나 그의 남종이나 그의 여종이나
그의 소나 그의 나귀나 무릇 네 이웃의 소유를 탐내지 말라.

(제 93 문) 이 계명들은 어떻게 구분됩니까?

(답) 두 판으로 구별되니,
그 첫째 부분은 하나님께 대해서 어떻게 행하여야 하는지를 가르쳐주고,
그 둘째 부분은 우리들이 이웃에게 어떤 의무를 가지고 있는지를 가르쳐줍니다.

(제 94 문) 제 1 계명에서 하나님께서 명령하신 것은 무엇입니까?

(답) (제 1 계명에서 하나님께서 명령하신 것은)
나 자신의 영혼의 구원을 참으로 열망하는 만큼
모든 우상 숭배(idolatry)와
사술(sorcery)과 점치는 것과 미신과
성자들이나 다른 피조물들을 부르는 것을 금하고 피하는 것과
유일하신 참 하나님을 바르게 알도록 배우는 것과
그만을 신뢰하고,
겸손과 인내를 가지고 하나님께 순복하며,
모든 선한 일을 오직 하나님으로부터만 기대하고,
나의 모든 마음을 다하여[全心으로]
하나님을 사랑하고 경외하며 영화롭게 하여,
하나님의 뜻에 조금이라도 어긋나는 것을 행해야 하는 상황에서라면
모든 것을 부인하고 버려야 한다는 것입니다.

(제 95 문) 우상숭배란 무엇입니까?

(답) 우상숭배란
당신님의 말씀 가운데서 당신님을 계시하신
참되고 유일하신 하나님 대신에 또는 그 외에
사람들이 의지하는 다른 대상을 가지는 것입니다.

제 35 주일

(제 96 문) 제 2 계명에서 하나님께서 요구하신 것은 무엇입니까?

(답) (제 2 계명에서 하나님께서 우리들에게 요구하신 것은)
그 어떤 방식으로도 하나님을 상(像, image)으로 표현하지 말고,
그의 말씀 가운데서 명령하신 것과는 다른 방식으로 그에게 예배하지 말라는
것입니다.

(제 97 문) 상들은 전혀 만들면 안 됩니까?

(답) 하나님은 그 어떤 방식으로 표상할 수도 없고, 표상화될 수도 없습니다.
물론 피조물의 형상은 만들 수는 있으나,
그것들을 예배하기 위해서나 그것들로 하나님을 섬기기 위해서
피조물의 상을 만들거나 그와 비슷한 것을 만드는 것은 금하신 것입니다.

(제 98 문) 그러나 성도들에게 보여 주기 위해서
상들을 예배당 안에서 사용하거나 하는 것은 허용될 수 있지 않습니까?

(답) 그렇지 않습니다. 우리들은 하나님보다 더 지혜로운 것처럼 하면 안 되니,
하나님께서는 당신님의 백성들을 말 못하는 상들로써가 아니라,
당신님의 말씀의 생동력 있는 선포로 교육시키기를 원하셨기 때문입니다.

제 36 주일

(제 99 문) 세 번째 계명에서 요구하신 것은 무엇입니까?

(답) (세 번째 계명에서 요구하신 것은)
저주나 위증으로만이 아니라 성급한 맹세로도
하나님의 이름을 세속적으로 사용하거나 잘못 사용하지 말라는 것입니다.
또한 침묵으로나 다른 사람들의 죄를 묵인함으로써
그들의 죄에 동참하는 자들이 되지 말라는 것입니다.
요약하자면, 하나님의 거룩한 이름을 참으로 경외하는 방식으로만 사용하라는
것입니다.
그리하여 우리들이 하나님을 바르게 고백하고
바르게 경배를 하며,
우리의 모든 말과 행동을 통해
하나님이 영광스럽게 되셔야 한다는 것입니다.

(제 100 문) 그렇다면 저주나 맹세 때에 하나님의 이름을 잘못 사용하는 것은
그렇게 하는 사람들뿐만 아니라,
그런 저주나 맹세하는 것을 막으려고 애쓰지 않는 사람들에게도
하나님의 저주가 쏟아 부어질 정도로 그렇게 심각하고 악한 죄입니까?

(답) 전혀 의심할 나위도 없이 참으로 그렇습니다.
하나님의 이름을 더럽히는 죄보다
하나님을 더 격동시키는 큰 죄가 없기 때문입니다.
따라서 하나님께서는 그런 자들은 죽음으로 처벌할 것을 명하셨습니다.

제 37 주일

(제 101문) 그렇다면 우리가 하나님의 이름으로
종교적으로 바르게 맹세할 수도 없는 것입니까?

(답) 할 수 있습니다.

통치자가 그 백성들에게 그렇게 맹세하도록 할 때든지,
아니면 하나님의 영광을 위하고
우리 이웃의 안전을 위하여
신실하게 진리를 증언해야 할 필요성이 있는 때는
하나님의 이름으로 맹세할 수 있습니다.
그런 맹세는 하나님의 말씀에 토대를 가진 것이고,
따라서 구약과 신약의 성도들이 바르게 사용하였던 것입니다.

(제 102 문) 우리들은 성자들이나 다른 피조물들의 이름으로 맹세할 수도 있습니까?

(답) 그럴 수 없습니다. 왜냐하면 합법적인 맹세는
하나님의 마음을 아시는 유일한 분으로,
그러므로 (내 마음의) 진리에 대해서 증거하실 수 있고
만일 내가 거짓으로 맹세하면 나를 벌하실 분으로 불러 아뢰는 것이기 때문입니다.
이와 같은 영예는 그 어떤 피조물에게 줄 수 없는 것입니다.

제 38 주일

(제 103 문) 제 4 계명에서 요구하신 것은 무엇입니까?

(답) (제 4 계명에서 하나님께서 요구하신 것은)
첫째로,
복음 사역과 이를 위한 교육이 유지되어져야 한다는 것입니다.
특히 안식일에는 하나님의 백성들의 모임에 나도 부지런히 참여해야 한다는 것입니다.
하나님의 말씀이 가르치는 바를 배우고,
성례에 참여하며,
하나님께 공적으로 기도하고,
가난한 자들을 위한 기독교적 헌금을 하도록 하기 위해서 말입니다.

둘째로,
세상에 사는 모든 날 동안에

주님께서 성령님으로 내 안에서 역사하도록 하시기 위해
악한 모든 것으로부터 쉬어야 한다는 것입니다.
그리하여 이 세상에서부터
영원한 안식을 시작하도록 하시는 것입니다.

제 39 주일

(제 104 문) 제 5 계명에서 하나님께서는 무엇을 요구하십니까?

(답) 내가 나의 부모님에 대해,
그리고 내 위에 권위를 지닌 모든 사람들에게(all in authority over me)
모든 공경과 사랑과 신실함을 보일 것을 요구합니다.
그래서 마땅한 순종하는 마음을 가지고서
나 자신을 그들의 모든 선한 가르침과 고쳐주심에 복속시키며,
그들의 연약함에 대해 인내할 것을 요구하십니다.
왜냐하면 그들의 손을 통해서 우리를 통치하시는 것이 하나님의 뜻이기 때문
입니다.

제 40 주일

(제 105 문) 제 6 계명에서 하나님께서 무엇을 요구하십니까?

(답) (제 6 계명에서 하나님께서 요구하신 것은)
생각으로나 말로나 몸짓으로나 더구나 행동으로
나의 이웃을 불명예스럽게 하거나, 미워하거나, 상하게 하거나,
나 자신이나 다른 사람들에 의해 죽이지 말 뿐만 아니라,
복수하려는 모든 욕망을 내려놓으라는 것입니다.
또한 나 자신을 해치지도 말고,
자신을 의도적으로 위험에 노출시키지도 말라는 것입니다.
이것을 위해서 위정자들은 살인을 막도록 하기 위해 칼로 무장하게 된 것입니다.

(제 106 문) 이 계명은 오직 살인에 대해서만 말하는 것입니까?

(답) 살인하는 것을 금하실 때에 하나님께서는
시기라든지, 미움이라든지, 분노라든지, 보복(報復)하려고 하는 욕망이든지,
살인의 원인이 되는 것들도 역겨워하신다고 가르치십니다.
그러므로 하나님께서는 이 모든 것들도 살인과 같이 여기시는 것입니다.

(제 107 문) 위에서 언급한 방식으로 어떤 사람을 죽이지 않는 것으로 족하지 않습
니까?

(답) 그렇지 않습니다. 하나님께서 시기와 미움과 분노를 금하셨을 때,
하나님께서는 우리 이웃을 우리와 같이 사랑하도록 명령하셨습니다.
즉, 그에게 인내와 평화와 온유함과 자비와 모든 친절함을 베풀라고 하셨습니다.
그리고 그가 해쳐지는 것을 우리가 해쳐지는 것만큼 금하라고 하셨습니다.
우리들로 선을 행하되, 원수들에게까지 그리하라고 하신 것입니다.

제 41 주일

(제 108 문) 제 7 계명이 우리들에게 가르치는 것은 무엇입니까?

(답) (제 7 계명이 우리들에게 가르치는 것은)
모든 부정함은 하나님께서 저주하시는 것이라는 것입니다.
그러므로 우리들은 거룩하게 혼인한 상태에서나 독신으로 있을 때에도
우리의 전심(全心)으로 부정함을 혐오해야 하고,
정숙하고 절제하면서 살아야 합니다.

(제 109 문) 하나님께서는 이 계명에서 간음이나 그와 같은 심각한 죄들만 금하신
것입니까?

(답) 하나님께서는 우리들의 몸과 영혼이 모두 성령님의 전(殿)이므로
전인을 순결하고 거룩하게 보존해야 한다고 명령하셨습니다.

그러므로 하나님께서는 사람들을 간음 등에로 이끌 수 있는
모든 정숙하지 않은 행동들과 몸짓과
말과 생각과 갈망들까지도 금하신 것입니다.

제 42 주일

(제 110 문) 제 8 계명에서 하나님께서 금하신 것은 무엇입니까?

(답) 하나님께서는 세상 통치자들이 형벌하게 되어 있는
도적질이나 강도질만을 금하신 것이 아닙니다.
하나님께서는 도적질이라는 이름 아래 많은 것을 포괄하여 금하셨으니,
우리 이웃에게 속해 있는 재화를 우리의 것으로 만들기 위해 고안한
모든 사악한 사기나 방식을 모두 금하신 것입니다.
강압적인 방식으로 그리하는 것은 물론이거니와
공정하지 못한 추(unjust weights)를 사용하거나
그런 척도나 도량형을 사용하거나,
유사품을 만들거나 위조 동전이나 사전을 만드는 것이나
고리 대금을 하거나 하나님께서 금하신 그 어떤 방법을 사용하든지 간에,
합법적인 것처럼 보이는 방식으로라도 그리하는 것을 금하신 것입니다.
또한 하나님께서는 모든 탐심도 금하셨고, 하나님의 은사의 오용과 남용도 금
하신 것입니다.

(제 111 문) 하나님께서 이 계명에서 요구하신 것은 무엇입니까?

(답) (하나님께서 이 계명에서 요구하신 것은)
내가 가질 수 있는 모든 기회에 나의 이웃의 유익을 증진시키라는 것입니다.
그리고 다른 사람들이 나에게 해 주었으면 하는 그런 방식으로 그를 대하고,
더 나아가 신실하게 노력해서 필요한 자들의 필요를 채우려고 하라는 것입니다.

제 43 주일

(제 112 문) 제 9 계명이 요구하는 것은 무엇입니까?

> (답) (제 9 계명이 요구하는 것은)
> 그 누구에 대해서도 거짓 증언을 하지 말고,
> 그 어떤 사람의 말도 거짓되게 만들지 말며,
> 뒤에서 욕하는 사람이나 중상(中傷)하는 사람이 되지 말고,
> 성급하거나 (상황에 대해서) 듣지 않고서 판단하거나 어떤 사람을 정죄하는데
> 에 가담하지 말고,
> 모든 거짓과 사기를 마귀의 적절한 행위들로 여겨 피하고,
> 그리하지 아니하면 하나님의 무거운 저주를 가져 올 것임을 분명히 하라는 것
> 입니다.
> 그와 같이, 판단에서나 다른 모든 일에서
> 진리를 사랑하고, 진리에 대해서 바르게 말하고 고백하며,
> 할 수 있는 한 나의 이웃의 명예와 선한 성품을 변호하고 증진시키는데 힘쓰
> 라는 것입니다.

제 44 주일

(제 113 문) 제 10 계명의 목적은 무엇입니까?

> (답) 하나님의 계명들 중 어떤 것에 대해서라도
> 반대되는
> 최소한의 욕망이나 생각도
> 우리의 마음에 일어나서는 안 된다는 것입니다.
>
> 오히려 우리들은 우리의 모든 마음을 다하여
> 항상 죄를 미워해야만 하고,
> 옳은 모든 것을 기뻐해야 한다는 것입니다.

(제 114 문) 하나님께로 돌이킨 사람들은 이 계명들을 완벽하게 지킬 수 있습니까?

(답) 그렇지 않습니다.
가장 거룩한 사람들이라도,
이 세상에서 사는 동안에는
마땅히 해야 하는 순종의 지극히 작은 부분을 순종하기 시작한 것 뿐입니다.
(have only a small beginning of this obedience)
비록 그럴지라도 그들은 진지한 결단으로 그저 몇 계명만을 따라서가 아니라,
하나님의 모든 계명들을 따라 사는 일을 시작한 것입니다.

(제 115 문) 이 세상에서는 그 누구도 이 계명들을 다 지킬 수 없다면,
　　　　　하나님께서는 십계명에 대해서 왜 그렇게 엄격하게 설교하게 하십니까?

(답) 무엇보다 먼저,
우리가 이 세상을 사는 동안 우리들의 죄된 본성을 더 잘 배워 알도록 하시며,
그럼으로써 그리스도 안에 있는 죄의 용서와 의를
더 진지하게 추구하도록 하시려는 것입니다.
또한 우리들로 하여금 끊임없이 노력하고 성령의 은혜를 간구하게 하셔서,
우리들이 점점 더 하나님의 형상에 합당하게 하시려는 것입니다.
급기야 오는 세상에는 우리에게 약속된 그 온전함에 이르기까지 말입니다.

제 45 주일

(제 116 문) 그리스도인들은 왜 기도할 필요가 있습니까?

(답) 왜냐하면 기도는 하나님께서 우리에게 요구하시는
감사의 가장 중요한 부분이기 때문입니다.

또한 하나님께서는 이 은사들을 하나님께 구하고,
그로 인해 감사하면서 끊임없이 기도하고
내적으로 신음하는 사람들에게만
그의 은혜와 성령을 주시기 때문입니다.

(제 117 문) 하나님께서 받으실만 하고 들으시도록 하기 위해서

우리가 어떻게 기도해야만 합니까?

(답) 첫째로, 우리는 당신님 자신을 그의 말씀에서 계시하셔서
모든 것에 대하여 구하라고 하신 한 분,
참 하나님께만
우리의 심령으로부터 기도해야만 합니다.

둘째로, 우리는 그 어떤 것도 숨기지 말고,
그의 엄위하신 임재 앞에 우리 자신을 낮추어서
우리의 필요와 비참함을 인정해야만 합니다.

셋째로, 비록 우리가 그것을 받을 만하지 못하지만,
우리의 주이신 그리스도 때문에
하나님께서 분명히 우리의 기도를 들으실 것이라는
이 흔들림 없는 기초에 근거해야 합니다.
그것이 하나님께서 그의 말씀 가운데서 약속하신 것입니다.

(제 118 문) 하나님께서는 우리에게 무엇에 대하여 구하라고 명령하셨습니까?

(답) 그리스도 우리 주님께서
친히 우리에게 가르치신 기도에 포함되어 있는 대로
영육간에 우리가 필요로 하는 모든 것에 대하여
(구하라고 하셨습니다.)

(제 119 문) 주께서 가르치신 기도는 무엇입니까?

(답) 하늘에 계신 우리 아버지여,
이름이 거룩히 여김을 받으시오며,
나라가 임하시오며,
뜻이 하늘에서 이루어진 것 같이
땅에서도 이루어지이다.
오늘 우리에게 일용한 양식을 주시옵고,
우리가 우리에게 죄 지은 자를 사하여 준 것 같이
우리 죄를 사하여 주시옵고,

우리를 시험에 들게 하지 마옵시고,
다만 악에서 구하시옵소서.
(대개 나라와 권세와 영광이
아버지께 영원히 있사옵나이다. 아멘.)

제 46 주일

(제 120 문) 왜 그리스도께서는 우리로 하여금
하나님을 "우리 아버지"라고 부르도록 하셨습니까? "

(답) 우리의 기도의 가장 앞부분에 그리스도께서는
우리 안에 우리의 기도에 가장 기본적인 것을 일으키기를 원하십니다.
어린 아이 같은 경외와 신뢰.
하나님께서 그리스도를 통하여 우리 아버지 되심을 말입니다.

우리의 아버지들이 이 세상에 속한 것들을 우리에게 주는 것보다
우리 아버지 하나님께서는
우리가 신앙으로 구하는 것을 더해 주실 것임이 분명합니다.

(제 121 문) "하늘에 계신"이라는 말이 여기 붙여진 이유는 무엇입니까?

(답) 우리들로 하여금 하나님의 천상적 엄위에 대한
어떤 지상적인 개념을 가지지 않도록 하기 위해서,
그리고 몸과 영혼을 위해 필요한 모든 것을
그의 전능한 능력에 기대하도록 하기 위해서
("하늘에 계신"이라고 고백하도록 하신 것) 입니다.

제 47 주일

(제 122 문) 첫째 기원은 무엇입니까?

(답) "이름이 거룩히 여김을 받으시오며"

즉

우리들로 하여금 하나님 당신님을 참으로 알며,

당신님의 모든 일에 대하여서와

그로부터 빛나는 모든 것에 대하여서,

즉 당신님의 전능하신 능력, 지혜, 인자하심, 의로우심, 자비,

그리고 진리를 축복하고, 경배하며,

찬양하도록 우리들을 도와주시옵소서.

또한

우리의 모든 삶을 잘 통제하도록 도우소서!

우리들이 생각하는 것, 말하는 것,

그리고 행하는 것을 말입니다.

그리하여 우리들 때문에 당신님의 이름이

결코 모독을 받지 않도록 하옵시며,

언제나 영광을 받으시고, 찬양을 받으시옵소서.

제 48 주일

(제 123 문) 둘째 기원은 무엇입니까?

(답) "당신님의 나라가 임하옵시며."

즉,

우리들이 점점 더 당신님께 순종해 가도록

우리들을 당신님의 말씀과 성령님으로 다스리시옵소서.

당신님의 교회를 강하게 하옵시며, 더하여 주시옵소서.

악마의 사역을 멸하시고,

당신님께 반역하는 모든 세력을 파괴하시며,

당신님의 말씀에 반하는 모든 모략을 멸하소서.

당신님의 나라가 온전하여져서

그 안에서 당신님이 모든 것 안에 모든 것이 되시기까지 그리하옵소서.

제 49 주일

(제 124 문) 셋째 기원은 무엇입니까?

> (답) "당신님의 뜻이 하늘에서 이룬 것처럼 땅에서도 이루어지리이다."
>   즉,
> 우리들과 모든 사람들이 우리들 자신의 의지를 버리고서
> 아무런 불평 없이 당신님의 뜻에 순종하게 도와주옵소서.
> 당신님의 뜻만이 선하옵나이다.
>
> 우리들 각자로 하여금 하늘의 천사들처럼
> 자원해서, 그리고 신실하게
> 우리들이 부름 받은 그 사역을 수행할 수 있도록 도우소서.

제 50 주일

(제 125 문) 넷째 기원은 무엇입니까?

> (답) "오늘 우리에게 일용한 양식을 주옵시며."
>   즉,
> 우리들의 모든 물리적 필요를 돌보아 주소서.
> 그리하여 우리들로 하여금 당신님만이 모든 선한 것의 유일한 원천이시요,
> 당신님의 축복이 없이는 우리의 노력이나 근심과 염려, 또 그 어떤 은사도
> 그 어떤 선을 이룰 수 없음을 알게 하여 주옵소서.
> 그리고 우리들로 하여금 그 어떤 피조물에게 신뢰를 두지 않고,
> 오직 당신님에게만 신뢰를 드릴 수 있도록 도우소서.

제 51 주일

(제 126 문) 다섯째 기원은 무엇입니까?

(답) "우리가 우리에게 죄 지은 자를 사하여 준 것같이
우리 죄를 사하여 주옵소서."
즉,
우리들 자신은 비록 심각한 죄인들이지만, 그리스도의 피를 보셔서
우리들이 행하는 그 어떤 죄나 우리들이 끊임없이 집착하는 악 때문에
우리들에게 대립하여 서지 마소서.
우리들 안에 있는 당신님의 은혜의 증거로서
우리들이 우리의 이웃을 용서하기로 온전히 결심하는 것처럼
우리들을 용서하여 주시옵소서.

제 52 주일

(제 127 문) 여섯째 기원은 무엇입니까?

(답) "우리를 시험에 들게 하지 마옵시고,
다만 악에서 구하시옵소서."
즉
"우리 자신만으로는 너무나 연약하여
우리는 한 순간도 스스로 설 수 없사오며,
우리의 불구대천(不俱戴天)의 원수인
마귀와 세상과 우리의 육신이
끊임없이 우리를 공격하나이다.
그러니 주님이시여,
당신님의 성령님의 힘으로써 우리들을 붙들어 주시고,
강하게 하여 주시옵소서.
그리하여 우리들이 이 영적 전투에서 패하지 않도록 하시며,
우리들이 온전한 승리를 종국적으로 얻기까지
우리들의 적들에게 확고하게 저항할 수 있도록 하옵소서.

(제 128 문) 주께서 가르치신 기도는 어떻게 마쳐집니까?

(답) "대개 나라와 권세와 영광이 영원히 아버지께 있사옵나이다."

즉,

우리들이 이 모든 것을 당신님께 구한 것은

당신님은 전능하신 왕이시요,

당신님은 모든 선한 것들을 우리들에게 주시기를 원하실 뿐 아니라,

실제로 주실 수 있기 때문이며,

우리들 자신이 아니라 당신님의 거룩하신 이름이

영원히 모든 찬양을 받으셔야 하기 때문입니다.

(제 129 문) "아멘"이라는 말은 무엇을 표현합니까?"

(답) "아멘"은 다음과 같은 것을 의미합니다:

이것은 분명히 이루어질 것입니다!

내가 나 자신이 기도한 것을 실제로 원하는 것보다도

하나님께서 나의 기도에 더 귀 기울이신다는 것은 분명합니다.

저자 소개

지은이는 개혁신학을 전문적으로 연구하는 이로서 현재 합동신학대학원대학교 조직신학 교수로 있다. 총신대학교 기독교 교육과를 졸업(B. A.)하고, 서울대학교 대학원에서 윤리학과 가치 교육에 관한 논문으로 석사 학위를 취득하고, 합동신학원을 졸업하였으며, 영국 The University of St. Andrews 신학부에서 연구(research)에 의한 신학 석사(M. Phil., 1985) 학위와 신학 박사(Ph. D., 1990)를 취득하였고, 미국 Yale University Divinity School에서 연구원(Research Fellow)으로 있다가(1990-1992) 귀국하여, 웨스트민스터신학원(1992-1999)과 국제신학대학원대학교(1999-2009)에서 조직신학 교수, 부총장 등을 역임한 후 지금은 합동신학대학원대학교의 조직신학 교수로 있다.

그 동안 한국장로교신학회, 한국개혁신학회 회장을 역임하였으며, 2020년 봄부터는 한국 복음주의신학회 회장으로 섬기고 있다.

그 동안 다음 같은 책을 내었다.

『현대 영국 신학자들과의 대담』 (대담 및 편집). 서울: 엠마오, 1992.

『개혁신학에의 한 탐구』. 서울: 웨스트민스터 출판부, 1995. 재판, 2004.

『교회론 강설: 교회란 무엇인가?』. 서울: 여수룬, 1996, 2판, 2002. 개정. 서울: 나눔
        과 섬김, 2010. 4쇄, 2016. 재개정판. 서울: 말씀과 언약, 2020.

『하이델베르크 요리문답 강해 1: 진정한 기독교적 위로』. 서울: 여수룬, 1998, 2002.
        개정판. 서울: 나눔과 섬김, 2011. 2쇄, 2013. 3쇄, 2015.

『하이델베르크 요리문답 강해 2: 성령의 위로와 교회』. 서울: 이레서원, 2001,
        2003, 2009, 2013, 2015.

『인간 복제: 그 위험한 도전』. 서울: 예영, 2003, 개정판, 2006.

『기독교 세계관이란 무엇인가』. 서울: SFC, 2003, 개정판 5쇄, 2009. 재개정, 2014, 2016.

『기독교 세계관으로 바라보는 21세기 한국 사회와 교회』. 서울: SFC, 2005; 2쇄,
        2008; 5쇄, 2016. 개정판. 서울: CCP, 2018.

『사도신경』. 서울: SFC, 2005, 개정판, 2009. 재개정판, 2013, 2015.

Kierkegaard on Becoming and Being a Christian. Zoetermeer: Meinema, 2006.

『21세기 개혁신학의 동향』. 서울: SFC, 2005, 2쇄, 2008. 개정판. 서울: CCP, 2018.

『한국 교회가 나아갈 길』. 서울: SFC, 2007, 2011. 개정판. 서울: CCP, 2018.

『코넬리우스 반틸』. 서울: 도서출판 살림, 2007, 2012.

『전환기의 개혁신학』. 서울: 이레서원, 2008, 2쇄, 3쇄, 2016.

『광장의 신학』. 수원: 합신대학원출판부, 2010, 2쇄.

『우리 사회 속의 기독교』. 서울: 도서출판 나눔과 섬김, 2010, 2쇄.

『개혁신학 탐구』. 서울: 하나, 1999, 2001. 개정. 수원: 합신대학원 출판부,
        2012.

『톰 라이트에 대한 개혁신학적 반응』. 수원: 합신대학원 출판부, 2013. 2쇄.

『거짓과 분별』. 서울: 예책, 2014.

『우리 이웃의 신학들』. 서울: 도서출판 나눔과 섬김, 2014. 2쇄, 2015.

『위로 받은 성도의 삶』. 서울: 나눔과 섬김, 2015. 개정판, 서울: 말씀과 언약, 2020.

『묵상과 기도, 생각과 실천』. 서울: 도서출판 나눔과 섬김, 2016.

『성경신학과 조직신학』. 서울: SFC, 2018.

저자 번역선

Bavinck, Herman. *The Doctrine of God*. 『개혁주의 신론』 서울: 기독교문서선교
회, 1988, 2001.

Berkouwer, G. C. *Church*. 나용화와 공역. 『개혁주의 신론』 서울: 기독교문서선
교회, 2006.

Bockmuehl, K. *Evangelical Social Ethics*. 『복음주의 사회 윤리』 서울: 엠마오,
1988.

Bloesch, Donald. *Ground of Certainty*. 『신학 서론』 서울: 엠마오, 1986.

Clark, James Kelly. *Return to Reason*. 『이성에로의 복귀』 서울: 여수룬, 1998.

Harper, Norman E. *Making Disciples*. 『현대 기독교 교육』 서울: 엠마오, 1984.
개정역. 서울: 토라, 2005.

Holmes, Arthur. *The Contours of a World View*. 『기독교 세계관』 서울: 엠마
오, 1985. 서울: 솔로몬, 2016.

Helm, Paul. *The Providence of God*. 『하나님의 섭리』 서울: IVP, 2004.

Hesselink, I. John. *Calvin's First Catechism: A Commentary*. 조호영과 공역.
『칼빈의 제 1차 신앙교육서: 그 본문과 신학적 해설』. 서울:
CLC, 2009.

Hick, John, Clark Pinnock, Alister E. McGrath et al., 『다원주의 논쟁』 서울:
CLC, 2001.

Klooster, Fred H. *A Mighty Comfort*. 『하이델베르크 요리문답에 나타난 기독교
신앙』 서울: 엠마오, 1993. 개정역. 『하나님의 강력한 위로』.
서울: 토라, 2004. 개정판. 나눔과 섬김, 2015. 재개정역. 서울:
도서출판 개혁, 2020.

Ladd, G. E. *Last Things*. 『마지막에 될 일들』 서울: 엠마오, 1983. 개정역. 『개
혁주의 종말론 강의』 서울: 이레서원, 2000.

Lee, F. Nigel. *The Origin and Destiny of Man*. 『성경에서 본 인간』 서울: 엠마
오, 1984. 개정역. 서울: 토라, 2006.

Melanchton, Philip. *Loci Communes, 1555*. 『신학 총론』 서울: 크리스천 다이제
스트사, 2000.

Morris, Leon. *Cross in the New Testament*. 『신약의 십자가』 서울: CLC, 1987.

_____. *Cross of Christ*. 조호영과의 공역. 『그리스도의 십자가』 서울: 바이블리더스, 2007.

Noll, Mark and Wells, David, eds. *Christian Faith and Practice in the Modern World* 『포스트모던 세계의 기독교 신학과 신앙』 서울: 엠마오, 1994.

Packer, J. Ⅰ. *Freedom, Authority and Scripture*. 『자유, 성경, 권위』 서울: 엠마오, 1983.

Reymond, Robert L. *The Justification of Knowledge*. 『개혁주의 변증학』 서울: CLC, 1989.

Selderhuis, Herman. 『우리는 항상 죽음을 향해 가고 있다』. 수원: 합신대학원 출판부, 2019.

Stibbs, A. M. and Packer, J. Ⅰ. *The Spirit Within You*. 『그리스도인 안에 계신 성령』 서울: 웨스트민스터 출판부, 1996.

Van Til, Cornelius. *The Reformed Pastor and Modern Thought*. 『현대사상과 개혁신앙』 서울: 엠마오, 1984. 개정역. 서울: SFC, 2009.

_____. *An Introduction of Systematic Theology*. 『개혁주의 신학서론』 서울: CLC, 1995. 강웅산과의 개정역. 서울: 크리스챤, 2009.

Vos, Geerhardus. *Biblical Theology*. 『성경신학』 서울: CLC, 1985; 개정판, 2000.

_____. *Self-Disclosure of Jesus*. 『예수의 자기 계시』 서울: 엠마오, 1987. 개정역. 서울: 그 나라, 2014.

_____. *Pauline Eschatology*. 오광만 교수와 공역. 『바울의 종말론』 서울: 엠마오, 1989.

Weber, Robert. *Secular Saint*. 『기독교 문화관』 서울: 엠마오, 1985. 개정역. 토라, 2008.

Wells, David. *The Person of Christ*. 『기독론: 그리스도는 누구신가?』 서울: 엠마오, 1994. 개정역. 서울: 토라, 2008. 개정판. 서울: 부흥과 개혁사, 2015.

Yandel, Keith E. *Christianity and Philosophy*. 『기독교와 철학』 서울: 엠마오, 1985. 개정역. 서울: 이컴비즈니스, 2007.